Erfüllungsmodalitäten im internationalen Schuldvertragsrecht

Studien zum vergleichenden und internationalen Recht -
Comparative and International Law Studies

Herausgeber: Bernd von Hoffmann und Erik Jayme

Band 36

PETER LANG
Frankfurt am Main · Berlin · Bern · New York · Paris · Wien

Petra Krings

Erfüllungsmodalitäten im internationalen Schuldvertragsrecht

PETER LANG
Europäischer Verlag der Wissenschaften

Die Deutsche Bibliothek - CIP-Einheitsaufnahme

Krings, Petra:

Erfüllungsmodalitäten im internationalen Schuldvertragsrecht / Petra Krings. - Frankfurt am Main ; Berlin ; Bern ; New York ; Paris ; Wien : Lang, 1997
(Studien zum vergleichenden und internationalen Recht ; Bd. 36)
Zugl.: Trier, Univ., Diss., 1996
ISBN 3-631-31116-8

NE: GT

D 385
ISSN 0930-4746
ISBN 3-631-31116-8

Vorwort

Die vorliegende Arbeit wurde im Sommersemester 1996 vom Fachbereich Rechtswissenschaft der Universität Trier als Dissertation angenommen. Sie entstand im wesentlichen während meiner Tätigkeit als Wissenschaftliche Mitarbeiterin am Lehrstuhl für Zivilrecht, Internationales Privatrecht und Rechtsvergleichung von Herrn Prof. Dr. Bernd von Hoffmann.

Herr Prof. Dr. von Hoffmann hat nicht nur das Dissertationsthema angeregt. Vielmehr hat er meine wissenschaftliche Ausbildung seit Beginn meines Studiums an der Universität Trier stets gefördert und mir dabei auch in schwierigen Zeiten mit einer hartnäckigen Zuversicht geholfen. Für all dies danke ich ihm sehr.

Herrn Prof. Dr. Rolf Birk danke ich für die Erstellung des Zweitgutachtens.

Für "moralische Unterstützung" danke ich meinen langjährigen Kolleginnen und Kollegen am Lehrstuhl von Herrn Prof. Dr. von Hoffmann und Frau Marion Schmitz. Für technische Unterstützung danke ich Herrn Manfred Silwanus und für einen guten Rat Herrn Dipl.-Volkswirt Dr. Lukas Mangelsdorff.

Petra Krings

Nortorf (Holstein), September 1996

Inhaltsverzeichnis

TEIL A:

EINFÜHRUNG

I. Vorentwurf 1972/1978

Während vor Inkrafttreten des Gesetzes zur Neuregelung des Internationalen Privatrechts vom 25.7.1986[1] am 1.9.1986 das Recht der Schuldverhältnisse völlig unkodifiziert war[2], findet sich nun in Artt. 27 - 37 EGBGB eine umfassende Regelung dieser Materie.

Inhaltlich geht die Neuregelung auf das Römische EWG-Übereinkommen über das auf vertragliche Schuldverhältnisse anzuwendende Recht - EVÜ - vom 19.6. 1980[3] zurück, dessen Vorschriften in die deutsche Kodifikation inkorporiert wurden[4].

1. Entstehung

Vorgänger des EVÜ war der Vorentwurf eines Übereinkommens über das auf vertraglich und außervertragliche Schuldverhältnisse anwendbare Recht von 1972[5].

Der Vorschlag zur Erarbeitung eines derartigen Übereinkommens ging vom ständigen Vertreter Belgiens aus, der im Namen seiner und der Regierungen der Niederlande und Luxemburgs der Kommission der Europäischen Gemeinschaften eine Einladung zukommen ließ, in der er die Erarbeitung eines solchen Übereinkommens durch Experten der Mitgliedsstaaten anregte[6]. Basis einer solchen Ver-

---

1 BGBl. I 1142.

2 Zur Verfassungsmäßigkeit dieses Rechtszustandes kritisch Beitzke, Grundgesetz und Internationales Privatrecht, Heft 7 der Schriftenreihe der Juristischen Studiengesellschaft Berlin, 1961.

3 BGBl. II 810.

4 Dazu Sandrock, RIW 1986, 841 - 855; Pirrung, in: von Bar (Hg.) 39 - 55.

5 Deutsche Fassung abgedruckt in RabelsZ 38 (1974) 211 - 219; französische Fassung: Rev crit dr i p 62 (1973) 209 ff.; englische Fassung: AmJCompL 21 (1973) 584 ff.; Bericht Giuliano/Lagarde/van Sasse van Ysselt (französisch) abgedruckt in: Lando/von Hoffmann/Siehr 241 ff.

6 Bericht Giuliano/Lagarde/van Sasse van Ysselt a.a.O. (Fn. 5) 241.

einheitlichung sollte der Vorentwurf eines Einheitlichen Gesetzes über das Internationale Privatrecht der Benelux-Staaten von 1968 sein[7].

Im 1969 fand daraufhin eine Versammlung von Experten der Regierungen statt, der Th. Vogelaar, Generaldirektor der Europäischen Kommission für den Binnenmarkt und die Annäherung der Gesetzgebung als Präsident vorstand. Dieser hob in seiner Begrüßungsrede hervor, daß der große Vorteil einer Vereinheitlichung des IPR auf dem Gebiet der damals Europäischen Gemeinschaft darin liege, daß

- die Rechtssicherheit erhöht werde,
- der internationale Entscheidungseinklang bezüglich der Frage des anwendbaren Rechts erleichtert werde und
- daß wohlerworbene Rechte einen größeren Schutz genießen würden[8].

Auch die Kommission war zu dem Ergebnis gekommen, daß zumindest einige Teile des IPR vereinheitlicht werden sollten. Dabei waren im wesentlichen drei Überlegungen ausschlaggebend:

Zum einen habe der Wunsch nach Vereinheitlichung eine lange Tradition[9].
Zweitens bestehe eine dringende Notwendigkeit, Rechtssicherheit auf Gebieten von großer wirtschaftlicher Bedeutung zu schaffen[10]. Bereits die einheitliche Ordnung der internationalen Zuständigkeit und die Gewährleistung der Urteilsanerkennung durch das GVÜ wurde als Verbesserung des gerichtlichen Schutzes privatrechtlicher Beziehungen und damit als wesentlicher Beitrag zum Funktionieren des angestrebten Gemeinsamen Marktes angesehen[11]. Mit einer Vereinheitlichung des IPR sollte verhindert werden, daß die von Art. 17 GVÜ gegebene Möglichkeit für die Parteien, frei einen Gerichtsstand zu wählen oder die sich für den Kläger ergebende Wahlmöglichkeit zwischen konkurrierenden Gerichtsständen (Artt. 2, 5 GVÜ) dazu führt, daß diese Vereinbarung bzw. Wahlmöglichkeit danach getroffen wird, welches Kollisionsrecht sich am jeweils am günstigsten darstellt, mit anderen Worten: ein "forum shopping" sollte verhindert werden[12].

---

7 Traité Benelux portant loi uniforme relative au droit international privé (1968), unterzeichnet am 3. 7. 1969 in Brüssel (abgedruckt in Bulletin Benelux 1969-10); dazu Ferid, StAZ 22 (1969) 241 ff.; der Vertrag ist nie in Kraft getreten; North, Contract Conflicts 4.

8 Bericht Giuliano/Lagarde/van Sasse van Ysselt a.a.O. 242.

9 Nadelmann, NTIR 19 (1972) 107 ff.; von Caemmerer, Festschr. Hallstein 63 ff., 65 ff.; Zweigert, ebenda 555 ff., 566.

10 Lando, RabelsZ 38 (1974) 6.

11 König, EuR 10 (1975) 291.

12 König a.a.O.; Lando, RabelsZ 38 (1974) 7; Vander Elst, J trib 88 (1973) 250; kritisch zur Notwendigkeit der Vereinheitlichung Collins, IntCompLQ 25 (1976) 35 f.; Lipstein, Harmonisation, 1 f.

Drittens sollte einer Verstärkung der Ungleichheiten zwischen den verschiedenen Regelungen des IPR zuvorgekommen werden[13], die durch Reformbestrebungen in einigen Mitgliedstaaten zu befürchten waren[14].

Rechtsgrundlage der Vereinheitlichungsarbeiten war nach übereinstimmender Auffassung, obwohl dies nicht ausdrücklich hervorgehoben wurde, Art. 220 EWGV[15].

Die Kommission stimmte den Ergebnissen der Versammlung zu, und das Kommittee der ständigen Vertreter der Mitgliedstaaten bei der Kommission übertrug darauf anläßlich seiner Versammlung vom 15. Januar 1970 einer Gruppe von Experten das Mandat, die Arbeiten zur Rechtsvereinheitlichung auf dem Gebiet des IPR fortzuführen[16].

In der Versammlung vom 2. bis 3. Februar 1970 wurden Berichterstatter für diejenigen Materien gewählt, die nach Ansicht der Gruppe Priorität genießen sollten. Die Vorschläge für das Recht der vertraglichen und außervertraglichen Schuldverhältnisse sollte dabei die italienische Delegation unter Vorsitz von M. Giuliano erarbeiten.

Vertreter der Commission Bénélux und der Haager Konferenz für Internationales Privatrecht nahmen an den Vorbereitungen als Beobachter teil[17].

In der Versammlung vom 1. bis 4. Juni 1970 entschloß man sich schließlich, daß die weiteren Versammlungen ausschließlich der Prüfung des Berichts von Giuliano zum auf vertragliche und außervertragliche Schuldverhältnisse anwendbaren Recht dienen sollten sowie der Prüfung der Berichte von Lagarde (Form der Rechtsgeschäfte, Beweis) und van Sasse van Ysselt (allgemeine Fragen) insofern, als deren Gegenstand Bezug zur von Giuliano behandelten Materie habe.

---

13 Bericht Giuliano/Lagarde/van Sasse van Ysselt a.a.O. 243 f.

14 Neben dem bereits erwähnten Benelux-Entwurf (oben Fn. 7) wurde auch in Frankreich im Jahr 1967 ein Projekt zur Ergänzung des Code Civil im Hinblick auf das IPR geplant: Avant-projet de loi complétant de Code civil en matière de droit international privé, veröffentlicht in: Rev crit dr i p 59 (1970) 835 ff.; in Italien: Progetto di legge sul diritto internazionale privato (Vitta), in: Prospettive del diritto internazionale privato - Un simposio (Milano 1968) 261 ff.

15 Bericht Giuliano/Lagarde/van Sasse van Ysselt a.a.O. 245; im gleichen Sinne auch König a.a.O. 291; Pocar, RIW/AWD 1979, 385; Siehr, AWD 1973, 569; kritisch Pirrung in: von Bar (Hg.) 34 ff.; North, Contract Conflicts 5.

16 Bericht Giuliano/Lagarde/van Sasse van Ysselt a.a.O. 245.

17 König a.a.O. (Fn. 11) 293; Jessurun d'Oliveira, NILR 22 (1975) 194 kritisiert, daß nicht der Haager Konferenz die Aufgabe der Erarbeitung einer solchen Vereinheitlichung übertragen worden war; ebenso Nadelmann, Law and Contemporary Problems 41 (1977) 54, 71; scharfe Proteste hat dieser Umstand auch bei der amerikanischen Delegation auf der 12. Sitzung der Haager Konferenz hervorgerufen (Bundesministerium der Justiz, Bericht der deutschen Delegation über die XII. Haager Konferenz für internationales Privatrecht - unveröffentlicht - S. 56).

Auf ihrer Versammlung im Juni 1972 beendete die Gruppe die Vorarbeiten zum Übereinkommen über das auf vertragliche und außervertragliche Schuldverhältnisse anwendbare Recht und beschloß, den Text sowie die Berichte, die anläßlich der Versammlung vom 27. bis 28. September 1972 fertiggestellt wurden, dem Kommittee der ständigen Vertreter zur Weiterleitung an die Regierungen der Mitgliedsstaaten der Gemeinschaft zu überreichen[18]. An der letzten Sitzung der Gruppe im Februar 1973 nahmen auch Experten aus Dänemark, Großbritannien und Irland teil[19].

Der Vorentwurf sollte nach dem Beitritt dieser Staaten zu den Europäischen Gemeinschaften im Jahr 1973 von einer entsprechend erweiterten Gruppe von Sachverständigen überprüft werden. Nach einer längeren Unterbrechung dieser Arbeiten faßte die Gruppe im Jahr 1978 den Beschluß, das Übereinkommen auf vertragliche Schuldverhältnisse zu beschränken[20]. Nach einer endgültigen Überarbeitung, die sich auch mit der Frage der Auslegung durch den EuGH befaßte, wurde das Übereinkommen am 19. 6. 1980 von den Bevollmächtigten Belgiens, der Niederlande, der Bundesrepublik Deutschlands, Frankreichs, Irlands, Italiens, Luxemburgs und der Niederlande unterzeichnet[21].

2. Art. 15 Abs. 2 Vorentwurf

Wie bereits erwähnt, beschränkte sich der Vorentwurf schließlich entgegen der ursprünglichen Zielsetzung auf die Regelung des Schuldrechts - allerdings unter Einschluß von Delikten, Gefährdungshaftung, ungerechtfertigter Bereicherung und Geschäftsführung ohne Auftrag - und der allgemeinen Fragen.

Die hier interessierende Vorschrift über die Art und Weise der Erfüllung war im Vorentwurf in Art. 15 Abs. 2 geregelt:
"Hinsichtlich der Art und Weise der Erfüllung wird das Recht des Staates berücksichtigt, in dem die Erfüllung erfolgt."

Der Bericht von Giuliano, Lagarde und van Sasse van Ysselt begründete die Einführung dieser Vorschrift damit, daß es sich um eine Regel handele, die, ohne ausdrücklich normiert zu sein, Bestandteil des nationalen Rechts bestimmter Länder (v. a. Italiens) sei, und daß sich einige Autoren dafür ausgesprochen hätten. Als Beispiele wurden dabei Feiertagsregelungen, Modalitäten der Untersu-

---

18 Bericht Giuliano/Lagarde/van Sasse van Ysselt a.a.O. 247.
19 Vander Elst, J trib 88 (1973) 250.
20 Bericht Giuliano/Lagarde, BTDrucks. 10/503, 39.
21 Bericht Giuliano/Lagarde a.a.O. (vorige Fn.) 40.

chung der Ware sowie die im Fall von deren Zurückweisung zu treffenden Maßnahmen angesehen[22].

3. Reaktionen

Die Vorschrift gehörte - im Gegensatz etwa zu Artt. 4 und 7 Vorentwurf - nicht gerade zu den viel diskutierten.

Von angelsächsischer Seite[23] wurde festgestellt, daß die Vorschrift einer Regel des englischen Rechts ähnlich sei, nach der die Art und Weise der Erfüllung (als verschieden von der Substanz der Verpflichtung) sich nach dem Recht des Erfüllungsorts richte[24].

An Beispielen für den Anwendungsbereich wurden genannt:

- Regelungen des Zahlungsortes über die Währung, in der die Schuld zu tilgen ist[25], insbesondere auch bezüglich Fremdwährungsschulden[26];
- Vorschriften, die dem Schuldner einen Zahlungsaufschub gewähren;
- die Möglichkeit, mit Scheck statt in bar zu zahlen;
- Vorschriften über den Beginn der Liegezeit bei Schiffen[27].

Was hingegen die vom Bericht genannten Beispiele der Modalitäten der Untersuchung der Ware sowie die Feiertagsregelungen angeht, wurde deren Behandlung durch Art. 15 Abs. 2 Vorentwurf zumindest bezweifelt: Es sei vielleicht nicht wünschenswert, die Modalitäten der Untersuchung sowie die im Fall der Verweigerung der Annahme zu ergreifenden Maßnahmen vom Geltungsbereich des Vertragsstatuts auszuschließen[28]; die Untersuchungsmodalitäten sollten zweckmäßigerweise dem Untersuchungs-, nicht dem Erfüllungsort unterliegen[29].

Die Feiertagsregelungen andererseits fielen nicht unter Art. 15 Abs. 2 Vorentwurf[30]. Zwar habe Art. 15 Abs. 3 Benelux-Entwurf, auf den Art. 15 Abs. 2 Vorentwurf zurückzuführen sei, diese erfassen wollen. Allerdings habe jene Vor-

---

22 In: Lando/von Hoffmann/Siehr 297.
23 Collins, IntCompLQ 25 (1976) 49; Lipstein, in: Lando/von Hoffmann/Siehr 160.
24 So auch Lagarde, Trav Com fr dr i p 32-34 (1971-1973) 158.
25 Lando, RabelsZ 38 (1974) 46; Siehr, AWD 1973, 584; von Hoffmann, in: Lando/von Hoffmann/Siehr 27.
26 König, EuR 10 (1975) 305.
27 Lando a.a.O. (Fn. 25).
28 Von Hoffmann, in: Lando/von Hoffmann/Siehr 27.
29 König a.a.O. (Fn. 26).
30 König a.a.O. (Fn. 26); von Hoffmann a.a.O. (Fn. 28).

schrift die Geltung zwingenden Rechts regeln wollen[31]. Im Vorentwurf sei dieser Bereich von Art. 7 geregelt, unter den eben auch die Feiertagsregelungen des Erfüllungsortes fielen[32].

Diejenigen Autoren, die sich eingehender mit der Regelung auseinandersetzten, kritisierten generell deren unklares Verhältnis zu Art. 7 Vorentwurf und stellten die Frage nach der dogmatischen Grundlage der Vorschrift[33]. Sollten von Art. 15 Abs. 2 Vorentwurf auch öffentlichrechtliche Normen wie z.B. Importverbote erfaßt werden, liege ein Spezialfall zu Art. 7 Vorentwurf - *lois de police* - vor[34]. Derartige Erfüllungshindernisse der lex loci solutionis solle man wie in Art. 7 Vorentwurf nur berücksichtigen, wenn und soweit ihre Art und ihr Zweck ausschließlich ihre Berücksichtigung rechtfertigen könnten[35]. Insoweit scheine Art. 7 Vorentwurf durch Art. 15 Abs. 2 Vorentwurf zum Teil ergänzt zu werden[36].

Andererseits weise Art. 15 Abs. 2 Vorentwurf eine gewisse Ähnlichkeit mit der Regel der lex loci actus beim Formstatut (Art. 18 Vorentwurf) auf insoweit, als in seinen Anwendungsbereich Vorschriften fielen, die den Parteien oder einer von ihnen Leistungs- und Abnahmehandlungen erleichtern sollten[37].

Schließlich sei es auch denkbar, von einer stillschweigenden Rechtswahl der Parteien im Sinne der von Art. 15 Abs. 2 Vorentwurf getroffenen Regelung auszugehen[38].

Jedenfalls wurde allgemein die Unsicherheit des Anwendungsbereichs der Vorschrift kritisiert[39]. Der Vorschlag, negativ von der Substanz der Verpflichtung abzugrenzen[40], sei nicht präzise genug[41]. Der unsichere Anwendungsbereich berge trotz Art. 23 Vorentwurf, der die einheitliche Auslegung und Anwendung der Vorschriften fordere, die Gefahr der national verschiedenen Auslegung, was - ebenso wie der Vorschlag der Gruppe, den Begriff nach der lex fori zu qualifizieren - zu einer Unvorhersehbarkeit der Ergebnisse führe[42] und dadurch gleichzeitig ein forum shopping begünstige[43].

---

31 König a.a.O. (Fn. 26).
32 Von Hoffmann a.a.O. (Fn. 28); König a.a.O. (Fn. 26).
33 Siehr, AWD 1973, 578, 584; Foyer, Clunet 103 (1976) 635.
34 Foyer a.a.O.
35 Siehr a.a.O. (Fn. 33) 584.
36 Siehr a.a.O. (Fn. 33) 528.
37 Siehr a.a.O. (Fn. 33) 584; Foyer a.a.O. (Fn. 33).
38 Foyer a.a.O. (Fn. 33).
39 Lando a.a.O. (Fn. 25); Foyer a.a.O. (Fn. 33).
40 Lagarde, Trav Com fr dr i p 32 - 34 (1971 - 1973) 158.
41 Foyer a.a.O. (Fn. 33).
42 Von Hoffmann a.a.O. (Fn. 28); Foyer a.a.O. (Fn. 33).
43 Lando a.a.O. (Fn. 25).

Damit spiegelt sich in der Kritik an Art. 15 Abs. 2 Vorentwurf das wider, was von einigen als Hauptschwäche des Vorentwurfs angesehen wurde: Die relative Unbestimmtheit der Vorschriften. Es handele sich um *"non-rules"*, um *"legal impressionism"*, dessen Nützlichkeit für die Rechtsvereinheitlichung insbesondere dann fraglich sei, wenn mehrere Rechtssysteme vereinheitlicht werden sollten[44]. Die große Freiheit für den Richter sei nicht mit dem Ziel der Rechtsvereinheitlichung zu vereinbaren[45].

4. Zusammenfassung

Zusammenfassend läßt sich feststellen, daß dem Anwendungsbereich des Vorschrift des Art. 32 Abs. 2 EGBGB bzw. des gleichlautenden Art. 10 Abs. 2 EVÜ Regelungen des verschiedensten Inhalts zugesprochen wurden: zwingende Vorschriften des Erfüllungsorts, Fragen der Zahlungswährung, die Möglichkeit gerichtlichen Zahlungsaufschubs, Untersuchungsmodalitäten, um nur einige zu nennen. Auch die Frage nach der dogmatischen Begründung der Berücksichtigung des Rechts des Erfüllungsorts in bezug auf die von der Vorschrift angesprochenen Tatbestände blieb dementsprechend offen. Als mögliche Rechtfertigungen wurden jedoch der stillschweigende entsprechende Parteiwille, das Institut der lois de police oder auch die Regel *locus regit actum* genannt. Je nach Begründung stellt sich darüberhinaus die Frage, ob Art. 32 Abs. 2 EGBGB dispositives Recht darstellt oder nicht. Beruht die Regelung auf dem Willen der Parteien, muß es diesen auch möglich sein, etwas Abweichendes zu vereinbaren. Sind Geltungsgrund hingegen die *lois de police*, ist die Vorschrift nicht abdingbar. Schließlich bleibt unklar, was unter "Berücksichtigung" von Rechtsvorschriften zu verstehen ist, insbesondere, ob es sich um eine Sonderanknüpfung handelt oder ob beispielsweise dem Gedanken des sogenannten Auslandssachverhalts Rechnung getragen werden soll.

Im Hinblick auf diese ungeklärten Fragen scheint es zunächst nützlich, sich die Grundzüge der Regelung des neugefaßten Schuldvertragsrechts zu verdeutlichen,

---

44 Nadelmann, AmJCompL 24 (1976) 10 ff., 17 ff.

45 Bischoff, Comité français de droit international privé, in: Rev crit dr i p 62 (1973) 378; Francescakis, ebenda 380.

insbesondere den Grundsatz der Einheitlichkeit des Vertragsstatuts und die Ausnahmen hiervon.

II. Grundsatz der Einheitlichkeit des Vertragsstatuts

Im Bereich der vertraglichen Schuldverhältnisse beansprucht das sich aus freier Rechtswahl, Art. 27 EGBGB, oder objektiver Anknüpfung, Art. 28 EGBGB, ergebende Vertragsstatut grundsätzlich Geltung für das gesamte Vertragsverhältnis einschließlich Zustandekommen, Gültigkeit (Art. 31 EGBGB), Inhalt der Ansprüche und deren Erlöschen (Art. 32 Abs. 1, 3 EGBGB)[1]. Es gilt also der Grundsatz der Einheitlichkeit des Vertragsstatuts[2].

Von diesem Grundsatz gibt es jedoch zweierlei Ausnahmen: Zum einen die in Art. 27 Abs. 1 S. 3 EGBGB vorgesehene Möglichkeit für die Parteien, vertraglich die Anwendung eines bestimmten Rechts nur für einen Teil des Vertrages zu vereinbaren. Dieser Regelung entspricht bei objektiver Anknüpfung Art. 28 Abs. 1 S. 2 EGBGB. Zum anderen bleiben verschiedene Teilfragen gesetzlich von der Anknüpfung an das Vertragsstatut ausgenommen. Es sind dies ordre public (Art. 6 EGBGB), Rechts- und Geschäftsfähigkeit (Artt. 7, 12 EGBGB), Form (Art. 11 EGBGB), Schweigen (Art, 31 Abs. 2 EGBGB), Vertretungsmacht (Art. 37 Nr. 3 EGBGB) sowie verschiedene Sonderanknüpfungen zwingenden Rechts (Verbraucherschutzvorschriften, Art. 29 EGBGB; arbeitsrechtliche Vorschriften, Art. 30 EGBGB; zwingendes Inlandsrecht, Art. 27 Abs. 3 EGBGB). Für die sogenannten "Eingriffsnormen" ist eine Regelung nur für deutsches international zwingendes Recht in Art. 34 EGBGB getroffen; Art. 7 Abs. 1 EVÜ, der die Behandlung von ausländischem zwingenden Recht betrifft, wurde nicht inkorporiert. Hier sind also weiter die bisher von Rechtsprechung und Lehre entwickelten Ansätze heranzuziehen[3].

Es fragt sich, wie die Regelung des Art. 32 Abs. 2 EGBGB in dieses Gefüge einzuordnen ist. Die Vorschrift unterscheidet sich einmal von den angeführten Regelungen dadurch, daß sie nicht die Anwendbarkeit des Rechts des tatsächlichen Erfüllungsortes vorsieht, sondern lediglich dessen Berücksichtigung. Auch läßt sie anders als die aufgezählten Ausnahmen nicht erkennen, ob sie im Interesse der Parteien oder im überwiegenden staatlichen Interesse besteht. Aufgabe der vorliegenden Arbeit ist es daher, zu untersuchen, ob eine der vorgeschlagenen traditionellen Auslegungen der Vorschrift[4] mit dem System des deutschen Internatio-

---

1 MünchKomm-Martiny[2] Rz. 5 vor Art. 27 EGBGB.
2 Lagarde, Trav Com fr dr i p 32 - 34 (1971 - 1973) 158.
3 Näher dazu unten S. 103 f.
4 Oben S. 19

nalen Schuldvertragsrechts und des zugrundeliegenden EVÜ zu vereinbaren und damit auch konsensfähig in den übrigen Vertragsstaaten ist, oder ob eine von traditionellen nationalen Vorstellungen unabhängige Auslegung erforderlich ist.

TEIL B:

DIE AUSLEGUNG VON ART. 32 ABS. 2 EGBGB

I. Allgemeines

Das mit dem EVÜ verfolgte Ziel der Rechtsvereinheitlichung kann nur erreicht werden, wenn die Bestimmungen in den Vertragsstaaten einheitlich ausgelegt und angewendet werden[1]. In Anlehnung an den Wortlaut von Art. 7 Abs. 1 UN-Kaufrecht[2] findet sich in Art. 18 EVÜ/Art. 36 EGBGB jedoch im Gegensatz zum GVÜ erstmals auf "Gemeinschaftsebene"[3] eine ausdrückliche entsprechende Regelung.

Der deutsche Gesetzgeber hat sich entschlossen, das EVÜ *speziell* zu transformieren, es also in eine nationale Kodifikation einzuarbeiten[4]. Dabei hat er allerdings nicht alle Vorschriften des EVÜ übernommen, und die übernommenen Vorschriften sind nahezu ausnahmslos im Wortlaut geändert[5]. Diese Form der Transformation, die "Inkorporierung" oder "Inkorporation"[6], hat auch Konsequenzen für die Auslegung: Gegenstand der Auslegung sind zunächst die gegenüber dem EVÜ veränderten (deutschen) Vorschriften des EGBGB und nicht die des EVÜ. Im folgenden soll kurz dargestellt werden, welche praktischen Konsequenzen die Regelung des Art. 36 EGBGB für die einheitliche Auslegung hat und anhand welcher Methoden die inkorporierten Vorschriften auszulegen sind.

1. Art. 36 EGBGB

Gemäß Art. 36 EGBGB ist bei der Auslegung und Anwendung der für vertragliche Schuldverhältnisse geltenden Vorschriften "zu berücksichtigen", daß die ihnen zugrundeliegenden Regelungen des EVÜ in den Vertragsstaaten einheitlich

---

1 MünchKomm-Sonnenberger[2], Einl. Rz. 195 f.

2 Wiener Übereinkommen über Verträge über den internationalen Warenkauf vom 11. 4. 1980 (BGBl. 1989 II 588).

3 Junker, RabelsZ 55 (1991) 676; der Begriff wird hier in Anführungszeichen gesetzt, weil durchaus umstritten ist, ob es sich um Gemeinschaftsrecht im technischen Sinne handelt; vgl. dazu u.a. Siehr, BerGesVR 27 (1986) 117; Meyer-Sparenberg 49 ff. m. w. N.

4 Matscher BerGesVR 27 (1986) 22.

5 Vgl. die Übersicht bei Kohler, EuR 19 (1984) 156.

6 Zur Terminologie vgl. Meyer-Sparenberg 39.

ausgelegt und angewandt werden "sollen". Art. 18 EVÜ, der dieser Vorschrift zugrundeliegt, spricht demgegenüber davon, daß bei der Auslegung und Anwendung der einheitlichen Vorschriften dem "Wunsch Rechnung zu tragen" ist, eine einheitliche Auslegung und Anwendung dieser Vorschriften zu erreichen. Beide Vorschriften postulieren nur scheinbar in unterschiedlichem Maß eine einheitliche Auslegung: Das im Vergleich zu der Forderung, der Einheitlichkeit "Rechnung zu tragen" (Art. 18 EVÜ) schwächere "berücksichtigen" (Art. 36 EGBGB) wird durch das gegenüber dem bloßen "Wunsch" (Art. 18 EVÜ) stärkere "sollen" (Art. 36 EGBGB) kompensiert[7]. Beide Vorschriften statuieren somit in gleichem Umfang eine Rechtspflicht zur einheitlichen Auslegung[8].

Damit ist jedoch noch nichts über die Methode gesagt, mit der eine solche einheitliche Auslegung erreicht werden kann. Einerseits stellt Art. 36 EGBGB *autonomes deutsches* Kollisionsrecht dar, so daß grundsätzlich die für die Auslegung deutschen Rechts entwickelten Methoden anwendbar sind. Andererseits handelt es sich um Kollisionsnormen *staatsvertraglichen Ursprungs*, so daß insofern ein Rückgriff auf die Grundsätze zur Auslegung völkerrechtlicher Verträge, wie sie nunmehr in Artt. 31 - 33 der Wiener Vertragsrechtskonvention - WVK -[9] niedergelegt sind, naheliegt. Eine unmittelbare Anwendung dieser Vorschriften wäre allerdings selbst, wenn die WVK zeitlich anwendbar wäre[10] ausgeschlossen, denn nach Art. 1 Abs. 2 des Zustimmungsgesetzes zum EVÜ[11] ist die *unmittelbare* Geltung der Artt. 1 - 21 EVÜ ausgeschlossen, so daß Gegenstand der Auslegung immer nur das (deutsche) EGBGB und nicht der zugrundeliegende Staatsvertrag, das EVÜ sein kann. Diese Unsicherheit in bezug auf die Methode der Auslegung ist einer von zahlreichen Kritikpunkten, die sich der Gesetzgeber an seiner Entscheidung, das EVÜ zu inkorporieren, anstatt eine generelle Transformation, also eine Übernahme des EVÜ als ganzem in das deutsche Recht[12] vorzunehmen, hat gefallen lassen müssen[13]. Art. 36 EGBGB kann daher, soll die Vorschrift überhaupt einen Sinn haben, nur so verstanden werden, daß im Interesse einer möglichst einheitlichen Anwendung die für (generell) transformierte Staatsverträge geltenden Auslegungsgrundsätze *entsprechend* herangezogen wer-

---

7 Meyer-Sparenberg 157.

8 MünchKomm-Martiny[2], Rz. 7 zu Art. 36 EGBGB.

9 Wiener Übereinkommen über das Recht der Verträge vom 23. 5. 1969 (BGBl. 1985 II 927). Das Übereinkommen ist am 27. 1. 1980 in Kraft getreten, für die Bundesrepublik Deutschland allerdings erst am 26. 10. 1987 (BGBl. 1987 II 757).

10 Die WVK gilt nach ihrem Art. 4 nicht für Verträge, die vor ihrem Inkrafttreten geschlossen wurden.

11 Gesetz vom 25. 7. 1986 (BGBl. 1986 II 809).

12 Matscher, BerGesVR 27 (1986) 22.

13 Vgl. dazu u.a. von Hoffmann, IPRax 1984, 12; Kohler, EuR 19 (1984) 168; Jayme/Kohler, IPRax 1989, 343; Ebke, in: EuGemR 91; Siehr, BerGesVR 27 (1986) 126 f.

den[14]. Auf die Frage, ob darüberhinaus die Grundsätze der Auslegung von Gemeinschaftsrecht heranzuziehen sind, weil es sich beim EVÜ um solches handele, soll hier nicht eingegangen werden[15], denn die praktischen Konsequenzen wären nur gering: Das Gemeinschaftsrecht soll sich vom Völkerrecht vor allem dadurch unterscheiden, daß es stärker als dieses darauf ausgerichtet ist, durch Rechtsvereinheitlichung eine fortschreitende Integration der Staaten der Europäischen Gemeinschaft zu erreichen. Da jedoch im Völkerrecht, soweit es sich um IPR handelt, wie im Gemeinschaftsrecht der Vereinheitlichungsgedanke im Vordergrund steht, ergäben sich nur geringe Unterschiede[16].

2. Auslegung internationalen Einheitsrechts

Nicht nur die Existenz eines einheitlichen Vertragstextes, auch einheitliche Kriterien zu seiner Auslegung leisten einen Beitrag zur - ja mit dem EVÜ angestrebten[17] - Erhöhung der Rechtssicherheit[18]. Der Sache nach haben sich auch auf der Ebene des Völkerrechts und damit des staatsvertraglichen Kollisionsrechts die vier klassischen Auslegungskriterien der grammatischen, systematischen, historischen und teleologischen Interpretation durchgesetzt[19]. Aufgrund der Natur des EVÜ als internationalem Einheitsrecht ergeben sich jedoch zum einen für die einzelnen Methoden einige Besonderheiten, zum anderen tritt als Auslegungsmethode die rechtsvergleichende Interpretation hinzu.

Im folgenden soll eine Auslegung des Art. 32 Abs. 2 EGBGB anhand dieser Auslegungsmethoden vorgenommen werden. Um dem aus dem deutschen IPR kommenden Leser jedoch eine Vorstellung davon zu vermitteln, was überhaupt unter den in dieser Vorschrift behandelten "Erfüllungsmodalitäten" verstanden werden kann, soll bei der Anwendung der Auslegungsmethoden von der üblichen Reihenfolge[20] abgewichen und die rechtsvergleichende Auslegung an den Anfang gestellt werden.

---

14 Meyer-Sparenberg 161.

15 Die wohl überwiegende Meinung nimmt an, daß es sich nicht um Gemeinschaftsrecht handele, vgl. dazu Meyer-Sparenberg 49 ff. m. w. N.; Siehr, BerGesVR 27 (1986), 117; vermittelnd Junker, RabelsZ 55 (1991), 682 f.

16 Meyer-Sparenberg 161 f.

17 S.o. S. 14.

18 Kropholler, Einheitsrecht 262 f.

19 Vgl. Artt. 31, 32 WVK.

20 Übereinstimmung über eine Rangfolge besteht ohnehin nicht, vgl. Bernhardt 187; Kropholler, Einheitsrecht 261.

II. Rechtsvergleichende Auslegung

Die rechtsvergleichende Auslegung trägt der Tatsache Rechnung, daß Texte des internationalen Einheitsrechts nicht aus dem luftleeren Raum entstehen, sondern mehr oder weniger auf nationalen Vorschriften oder auch auf verwandtem Einheitsrecht beruhen.

Für die Auslegung des EVÜ sind also in erster Linie die nationalen Rechtsordnungen heranzuziehen, die bei seiner Ausarbeitung maßgeblich waren. Da aber letztlich ein Ergebnis angestrebt wird, das von allen Vertragsstaaten akzeptiert werden kann, müssen auch die Rechtsordnungen von Staaten, die dem EVÜ erst später beigetreten sind, berücksichtigt werden. Die Rede ist hier vor allem vom englischen Recht.

Die Begriffe "Art und Weise der Erfüllung" bzw. *"modalités d'exécution"* oder *"manner of performance"* finden sich in den Rechtsordnungen bzw. in der Rechtslehre mehrerer Staaten, worauf auch schon der Bericht *Giuliano/Lagarde* hinweist[1]. Eine rechtsvergleichende Auslegung muß daher zunächst versuchen, die Grenzen des Konsenses unter diesen Rechtsordnungen zu finden[2]. Da andererseits letztlich die Autonomie des Einheitsrechts angestrebt wird, ist die rechtsvergleichende Auslegung nicht an den so gefundenen Minimalkonsens gebunden, sondern erhält so lediglich eine Orientierungshilfe [3].

Neben dem autonomen nationalen Zivilrecht sind auch die ausländische Rechtsprechung und Lehre zu dem auszulegenden Einheitsrecht zu beachten[4], ohne daß allerdings eine Bindung an Präjudizien einträte: Da das Einheitsrecht nicht nur dem formalen Zweck der Rechtsvereinheitlichung, sondern auch dem Ziel der materiellen Gerechtigkeit dient, hindern auch ausländische Entscheidungen, die in eine bestimmte Richtung weisen, den Richter nicht, abweichend zu entscheiden, falls die ausländischen Entscheidungen seiner Überzeugung nach auf einer unrichtigen Auslegung beruhen[5].

Hier sollen zunächst Rechtsprechung und Lehre derjenigen Vertragsstaaten dargestellt werden, in denen der Begriff der "Erfüllungmodalitäten" im weitesten

---

1 Näher unten S. 147.
2 Kropholler, Einheitsrecht 279.
3 Kropholler a.a.O.
4 MünchKomm-Martiny[2], Rz. 21 zu Art. 36 EGBGB.
5 Kropholler, Einheitsrecht 281 f.

Sinne eine internationalprivatrechtliche Tradition hat. Es sind dies vor allem England, Frankreich und Italien. Im Anschluß daran soll untersucht werden, wieweit der Begriff im deutschen IPR eine Bedeutung hat. Schließlich soll auch ein kurzer Blick auf die schweizerische Rechtslage geworfen werden. Die Schweiz ist zwar kein Vertragsstaat des EVÜ. Jedoch haben sich Rechtsprechung und Lehre dort intensiv mit der Behandlung der Erfüllungsmodalitäten beschäftigt, so daß eine Anregung für eine konsensfähige Auslegung nicht ausgeschlossen erscheint.

Die rechtliche Behandlung der Erfüllungsmodalitäten in den eben genannten Staaten kann nur korrekt erfaßt werden, wenn ihre Einordnung in das Gesamtsystem des jeweiligen IPR berücksichtigt wird. Es sollen daher, soweit zum Verständnis erforderlich, zunächst die Grundzüge des Internationalen Vertragsrechts des jeweiligen Staates und darauf aufbauend die Einzelheiten der kollisionsrechtlichen Behandlung der Erfüllungsmodalitäten dargestellt werden.

1. England

Die Regeln des englischen internationalen Privatrechts beruhen wie das englische nationale Privatrecht größtenteils auf von der Rechtsprechung entwickelten Grundsätzen. Die Rechtsprechung zu der hier untersuchten Frage nach der kollisionsrechtlichen Behandlung von Erfüllungs- und Untersuchungsmodalitäten stammt - dies sei vorausgeschickt - zu einem nicht unerheblichen Teil aus dem letzten Jahrhundert, aus einer Zeit also, in der die englische Rechtsprechung auf dem Gebiet des Internationalen Privatrechts im Vergleich zu den kontinentalen Rechtsordnungen noch in den Kinderschuhen steckte. Sie beschäftigte sich erst recht spät, nämlich Mitte des 18. Jahrhunderts ausdrücklich mit der Frage des *conflict of laws* [6]. Soweit die Gerichte bis zu diesem Zeitpunkt über Fälle mit Auslandsbezug zu entscheiden hatten, legten sie meist ein von ihnen als international einheitlich geltend angesehenes Handels- bzw. Seerecht zugrunde. Im übrigen wurde zwar gesehen, daß Rechtsgeschäfte zuweilen zwar nach englischem Recht unwirksam, nach dem Recht des ausländischen Vornahmeorts aber wirksam waren, und daß eine Entscheidung allein aufgrund englischen Rechts unangemessen war[7]. Dennoch wurde erst im Jahr 1775 eine Anerkennung der Geltung ausländischen Rechts angedeutet: "*Every action here must be tried by the law of*

6 S. zur Entwicklung des englischen Internationalen Privatrechts Cheshire/North[11] 23 - 27, 38 f.

7 Cheshire/North[11] 23 f.

England, but the law of England says that in a variety of circumstances, with regard to contracts legally made abroad, the laws of the country where the cause of action arose shall govern."[8] Noch im 19. Jahrhundert, als die Lehren des Internationalen Privatrechts auch in England bereits stärkere Beachtung gefunden hatten, zögerten die Gerichte, ausländisches Recht anzuwenden. Sie forderten vielmehr, daß das ausländische Gericht entscheiden solle und waren bereit, dessen Urteil anzuerkennen und zu vollstrecken[9]. Im 20. Jahrhundert entwickelte Dicey die auf den niederländischen Juristen Huber (1636 - 1694) zurückgehende Theorie der *vested or acquired rights* (wohlerworbene Rechte). Sie beruht auf dem Territorialitätsprinzip und besagt, daß der Richter niemals unmittelbar ausländisches Recht anwenden oder ausländische Entscheidungen anerkennen könne, da er allein nach dem Recht des Forums zu entscheiden habe. Im Bereich des Internationalen Privatrechts werde also nicht ausländisches Recht angewandt, sondern es würden lediglich die Rechte geschützt, die der Anspruchsteller aufgrund eines ausländischen Rechts bereits erworben habe[10]. Diese Theorie wird heute bereits im Ansatz nicht mehr als tragfähig erachtet: Ein Recht zu schützen bedeute nichts anderes, als die Rechtsordnung, der es entspringe, anzuwenden, denn ein Recht sei keine offenkundige Tatsache, sondern Ergebnis einer Rechtsanwendung[11]. Eine andere, allgemeingültige theoretische Begründung der Regeln des Internationalen Privatrechts wird allerdings nicht gesucht. Sie wird auch nicht als notwendig angesehen: Der Richter soll ausländisches Recht immer dann anwenden, wenn es eine "*solution more just more convenient and more in accord with the expectations of the parties*"[12] als das englische Sachrecht bietet.

Unter diesen Vorzeichen sind die sowohl die englischen Regeln des englischen IPR als auch die unten aufgeführten Entscheidungen zu würdigen. Sie erheben keinen dogmatischen Anspruch, sondern stellen Lösungen vor, die sich im Einzelfall als gerecht erweisen und möglicherweise verallgemeinerungsfähig sind.

---

8 Lord Mansfield in *Holman v. Johnson* (1775) 1 Cowp. 341.

9 Cheshire/North[11] 24 f.

10 *"English judges never in strictness enforce the law of any country but their own, and when they are popularly said to enforce a foreign law, what they enforce is, not a foreign law, but a right acquired under the law of a foreign country."* Dieser Satz Diceys wird letztmalig in der 5. Auflage seines Conflict of Laws (1932) 18 zitiert.

11 Carswell IntCompLQ 8 (1959) 268, 285. Zu weiteren Kritikpunkten Cheshire/North[11] 28f.

12 Cheshire/North[11] 39.

a) Grundsatz des proper law

Im autonomen englischen IPR wird der Vertrag beherrscht vom *proper law of the contract*[13]. Das *proper law* wird definiert als das Recht, das das englische oder ein anderes Gericht anzuwenden hat bei der Bestimmung der vertraglichen Verpflichtungen[14]. Es bildet als flexible Regel[15] den Gegensatz zu den starren Anknüpfungen an den Ort des Vertragsschlusses oder an den Erfüllungsort. Die Anknüpfung an das Recht des Abschlußortes, die in England bis zum Jahr 1865 praktiziert wurde[16], wurde außer wegen ihrer Zufälligkeit und ihrer mangelnden materiellen Verbindung zum Vertrag vor allem deshalb aufgegeben, weil der Abschlußort bei Distanzgeschäften schwer zu bestimmen ist, will man nicht einen Zirkelschluß ziehen[17]. Aber auch die Anknüpfung an den Erfüllungsort wurde, obwohl hier ein starker materieller Bezug zum Vertrag besteht, wegen ihres Versagens bei gegenseitigen Verträgen, bei denen jede der Parteien an einem anderen Ort zu erfüllen hat sowie in den Fällen, in denen der Schuldner die Wahl zwischen mehreren Erfüllungsorten hat, als ungeeignet angesehen[18].

Die Ermittlung des *proper law* vollzieht sich in drei Stufen: Zunächst ist zu untersuchen, ob eine ausdrücklich erklärte Rechtswahl der Parteien (*express choice*) vorliegt[19]. Ist dies nicht der Fall, ist nach einer konkludenten Rechtswahl (*implied oder inferred choice*) zu fragen[20]. Indizien für eine solche Rechtswahl können z.B. eine Gerichtsstandsvereinbarung oder eine Schiedsklausel[21], ein bestimmtes Vertragsformular, die Vertragssprache, die Vertragswährung und ähnliches sein[22]. Ist auch eine konkludente Rechtswahl nicht erkennbar, wird eine Anknüpfung an das Recht vorgenommen, das die engste tatsächliche Beziehung (*closest and most real connection*) zum Vertrag hat[23]. Es handelt sich dabei um eine objektive Anknüpfung[24] aufgrund der individuellen Beschaffenheit des

---

13 Dicey/Morris[11] 1162; Cheshire/North[11] 447 f.

14 *Mount Albert Borough Council v. Australasian Temperance and General Mutual Life Assurance Society Ltd.* (1938) A. C. 224, 240; (1937) 4 All ER 206, 214 P. C.

15 Morris[3] 265.

16 Verworfen durch Privy Council, *P. & O. Steam Navigation Co. v. Shand* (1865) 3 Moo. P. C. (N. S.) 272 und die Exchequer Chamber in *Lloyd v. Guibert* (1865) LR 1 Q. B. 115.

17 Morris[3] 266.

18 Dicey/Morris[11] 1164; Morris[3], 266 f.

19 Cheshire/North[11] 451.

20 Cheshire/North11 457.

21 Morris[3] 275.

22 Cheshire/North[11] 459 f.

23 Morris[3] 276.

24 Cheshire/North[11] 461; deutlich Lord Denning MR in *Coast Lines Ltd. v. Hudig and Veder Chartering NV* (1972) 2 Q. B. 34, 44.

jeweiligen Falles. Zwar kann dabei auch der Erfüllungsort ein starkes Gewicht haben, wenn nämlich beide Parteien in demselben Land zu erfüllen haben[25]; dennoch muß er unter Umständen anderen, aus den konkreten Umständen des Falles erwachsenden Indizien, die zur Anwendung eines vom Recht des Erfüllungsortes verschiedenen Rechts führen, weichen[26].

b) Anwendungsbereich des proper law

Das *proper law* ist grundsätzlich auf alle Aspekte des Vertrages anwendbar: Zustandekommen und Wirksamkeit, Inhalt der Verpflichtungen, Auslegung und Erlöschen des Vertrages[27]. Neben dem *proper law* sind aber in bezug auf einige bestimmte Fragen andere Rechtsordnungen zu berücksichtigen. Zum Teil handelt es sich um allseitige Sonderanknüpfungen (Form/Geschäftsfähigkeit), zum Teil kommt einseitig englisches Recht zur Anwendung (als *public policy*, Prozeßrecht oder *overriding statute*[28]). Schließlich kann auch ein drittes Recht, nämlich das Recht des Erfüllungsortes, die Wirksamkeit des Vertrages (*material validity*) oder die Art und Weise der Erfüllung (*mode and manner of performance*) beeinflussen.

Die kollisionsrechtliche Behandlung von Erfüllungs- und Untersuchungsmodalitäten weist dabei Berührungspunkte zu den Fragen der englischen *public policy*, der *material validity* und vor allem des *mode and manner of performance* auf. Diese Erscheinungen sollen daher im folgenden näher untersucht werden.

c) public policy

Verträge, die nach dem *proper law* rechtmäßig sind, sind nach englischem IPR in England nicht einklagbar (*unenforceable*), wenn sie gegen die englische *public*

---

25 Dicey/Morris[11] 1193.

26 *Zivnostenka Banka v. Frankman* (1950) A. C. 57, 85, 86.

27 Dicey/Morris[11] 1163.

28 *Overriding statutes* sind z.B. der Unfair Contract Terms Act 1977 oder der Carriage of Goods by Sea Act 1971, die englisches Sachrecht enthalten, das bei hinreichend enger Beziehung des Vertrages zu England Anwendung beansprucht ohne Rücksicht auf das *proper law*. Es handelt sich also um englische Eingriffsnormen.

policy verstoßen[29]. Unter *public policy* sind dabei nicht alle zwingenden Normen des englischen Rechts, sondern nur solche des "ordre public international" zu verstehen[30]. Beispiele sind etwa Verträge, die den Handel mit dem Feind zum Gegenstand haben[31], eine entgeltliche Abrede, von der Strafverfolgung Abstand zu nehmen[32] oder ein sittenwidriges Zusammenwirken, um eine Scheidung zu erreichen[33]. Neben dem Inhalt eines Vertrages können auch die Umstände seines Zustandekommens gegen die *public policy* verstoßen, wenn Zwang[34] oder Betrug[35] vorliegen. Zur Anwendung des Grundsatzes der *public policy* ist darüberhinaus eine enge Verbindung des Vertrages zum englischen Staat erforderlich[36].

Soweit scheinen keine Berührungspunkte zu der Frage, inwieweit für die kollisionsrechtliche Behandlung von Erfüllungsmodalitäten das Recht des Leistungsortes zu berücksichtigen sein kann, gegeben. Etwas anderes gilt jedoch für die folgende Anwendung englischer *public policy*:

Außer bei einem Verstoß gegen englisches Recht werden Verträge auch dann als Verstoß gegen die *public policy* angesehen, wenn sie geeignet sind, *freundschaftliche Beziehungen* zwischen der britischen Regierung und einer anderen Regierung zu gefährden. Das kann der Fall sein, wenn die Erfüllung des Vertrages nach dem Recht jenes ausländischen Staates rechtswidrig ist und dies die Absicht der Parteien war[37]. So wurden z.B. ein Vertrag, der gegen indische Gesetze gegen die Verschiffung von Waren von Indien nach Südafrika verstieß[38] oder ein Vertrag, der gegen die Prohibitionsgesetze der USA verstieß[39], für unwirksam gehalten. Dies gilt selbst dann, wenn es sich um ausländische Devisen-, Steuer- oder Strafgesetze handelt. Englische Gerichte vollstrecken diese Gesetze zwar nicht, aber sie beachten (*take notice*) sie in dem Sinne, daß sie einem Vertrag, der in der Absicht (*wicked intention*) geschlossen wurde, diese Gesetze zu verletzen, keine Wirksamkeit verleihen.

Übertragen auf die Erfüllungsmodalitäten würde das bedeuten, daß eine vertragliche Vereinbarung, deren Erfüllung, insbesondere im Hinblick auf die zu beachtenden Modalitäten, nach dem Recht des Erfüllungsortes rechtswidrig ist (z.B. die Übergabe von Geld an bestimmten Orten), bei Bestehen einer entsprechenden

---

29 Dicey/Morris[11] 1225 f.
30 Dicey/Morris[11] 1228.
31 *Arab Bank Ltd. v. Barclays Bank* (1954) A. C. 495.
32 *Kaufman v. Gerson* (1904) 1 K. B. 591 (C.A.).
33 *Hope v. Hope* (1857) 8 De G.M. & G. 731.
34 *Kaufman v. Gerson*, a.a.O.
35 Dicey/Morris[11] 1227.
36 Dicey/Morris[11] 1227.
37 Dicey/Morris[11] 1229 f.
38 *Regazzoni v. K.C. Sethia Ltd.* (1958) A. C. 301.
39 *Foster v. Driscoll* (1929) 1 K. B. 470.

Absicht gegen die englische *public policy* verstieße und damit in England nicht einklagbar wäre. Insofern findet also nach englischem Recht stets eine Berücksichtigung des Rechts des Erfüllungsortes statt.

Ob dieser Ansatz auch für die Auslegung von Art. 10 Abs. 2 EVÜ bzw. 32 Abs. 2 EGBGB dienlich sein kann, ist zweifelhaft. Zum einen dürfte bereits die Grundannahme, daß ein Verstoß gegen die *public policy* des Forumstaates vorliegen kann, wenn die Erfüllung des Vertrages gegen *ausländisches Recht* verstößt, nicht auf Zustimmung unter den Vertragsstaaten stoßen, da ein ordre-public-Verstoß regelmäßig nur angenommen wird, wenn der Vertrag gegen *inländische* Vorschriften, die dem ordre public zugerechnet werden, verstößt[40]. Zum zweiten ist auch für das englische Recht noch nicht geklärt, ob die eben dargestellte Regel auch dann anwendbar ist, wenn es sich nicht um einen *English contract*, also einen Vertrag, der vom englischen Recht als *proper law* beherrscht wird, handelt. Ausdrücklich wird dieses Problem weder in der einschlägigen Rechtsprechung noch in der Literatur besprochen; jedenfalls ist aber festzuhalten, daß die entschiedenen Fälle ausnahmslos *English contracts* betrafen[41].

d) Anwendung des Rechts des Erfüllungsortes

Das Recht des Erfüllungsortes kann sich nach englischem IPR in zweierlei Hinsicht auf den Vertrag auswirken: Zum einen kann es den Vertrag materiell unwirksam machen, zum anderen bestimmt es die Art und Weise der Erfüllung, den *mode of performance*[42].

aa) materielle Wirksamkeit

Grundsätzlich gilt im englischen IPR die Regel, daß die materielle Wirksamkeit (*material or essential validity* als Gegenstück zur formellen Wirksamkeit, der *formal validity*)[43] sich nach dem *proper law* richtet[44].

---

40 Kritisch auch Broggini 34 f.

41 Morris[3] 44 Fn. 26.

42 *"Method and manner of performance"*: *Jacobs v. Crédit Lyonnais* (1884) 12 Q. B. 589, 601 (C. A.).

43 Dicey/Morris[11] 1213; Cheshire/North[11] 482.

44 Chitty on Contracts-Prentice[26] Rz. 1140.

Ungeklärt ist jedoch, ob darüber hinaus auch die Widerrechtlichkeit der Erfüllung nach dem vom *proper law* verschiedenen Recht des *Erfüllungsortes* den Vertrag insoweit unwirksam macht. Ausgangspunkt ist dabei folgende, von Dicey formulierte Regel: "*A contract (whether lawful by its proper law or not) is, in general, invalid in so far as the performance of it is unlawful by the law of the country where the contract is to be performed.*"[45] Die Formulierung deutet darauf hin, daß es sich um eine Regel des Internationalen Privatrechts handelt. Dies ist indessen umstritten und auch von der Rechtsprechung noch nicht ausdrücklich geklärt[46].

Diese sieht die Regel jedenfalls als zu fest verankert an, um noch ernsthaft diskutiert zu werden[47]. Als Autorität wird dabei vor allem die Entscheidung *Ralli Brothers v. Compañia Naviera Sota y Aznar* [48] angeführt: Eine englische Firma hatte ein spanisches Schiff gechartert, um eine Ladung Jute von Kalkutta nach Barcelona zu transportieren zum Preis von 50 Pfund Sterling je Tonne, zur Hälfte zahlbar in Barcelona. Vertragsstatut war englisches Recht. Nach Vertragsschluß, aber noch vor Ankunft des Schiffes in Barcelona, hatte die spanische Regierung die Vereinbarung von Frachtkosten, die den Betrag von umgerechnet ca. 10 Pfund Sterling überstiegen, für unwirksam erklärt. Die Schiffseigner klagten in England auf Zahlung des 10 Pfund Sterling übersteigenden Betrages. Die Klage wurde abgewiesen. Lord Justice Scrutton stützte seine Entscheidung dabei auf eine *stillschweigende Vertragsbedingung (implied term)*: Wenn ein Vertrag die Vornahme einer Handlung im Ausland verlange, sei, falls keine besonderen Umstände vorlägen, stillschweigende Bedingung für die Wirksamkeit einer solchen Vertragsbestimmung, daß die Handlung, die im Ausland vorzunehmen ist, nach dem Recht jenes Landes nicht widerrechtlich sein darf [49].

Im Schrifttum[50] wird dagegen hervorgehoben, daß in diesem wie auch in allen anderen Fällen[51], die zur Stützung der Ansicht, es handele sich um eine Regel des englischen Internationalen Privatrechts, herangezogen werden, englisches

---

45 "Ein Vertrag (gleich, ob er nach seinem *proper law* rechtmäßig ist oder nicht) ist im allgemeinen unwirksam insoweit, als seine Erfüllung nach dem Recht des Ortes, an dem er zu erfüllen ist *(lex loci solutionis)*, widerrechtlich ist.", Conflict of Laws[11] 1218.

46 Dicey/Morris[11] 1221.

47 *R. v. International Trustee for the Protection of Bondholders* (1937) A. C. 500, 519; *Toprak v. Finagrain* (1979) 2 Lloyd's Rep 98, 114; *United City Merchants (investments) Ltd. v. Royal Bank of Canada* (1982) Q. B. 208, 228; *X Ag v. A Bank* (1983) 2 Lloyd's Rep 535, 543; *Libyan Arab Foreign Bank v. Bankers Trust Co.* (1989) Q. B. 728 = (1989) 3 All ER 252; *Euro-Diam Ltd. v. Bathurst* (1990) 1 Q. B. 1, 15.

48 (1920) K. B. 287 = (1920) All ER 427.

49 A.a.O. 304.

50 Mann, BrYBIL 18 (1937) 110 f.; Cheshire/North[11] 485 f.

51 Z.B. *De Béeche v. South American Store Ltd.* (1935) A. C. 148; *R. v. International Trustee for the Protection of Bondholders* a.a.O. (Fn. 47).

Recht das *proper law* war. Nach Ansicht der Lehre handelt es sich damit um eine Regel des *nationalen englischen Rechts*[52]: Sei der Rechtsverstoß von Anfang an Ziel der vertraglichen Vereinbarung gewesen, wie z.B. in dem schon erwähnten Fall der Lieferung von Alkohol, um gegen Prohibitionsgesetze zu verstoßen[53], komme ohnehin nicht Diceys Regel zur Anwendung, sondern es handele sich um einen Fall von *public policy*[54]. Liege keine solche Absicht vor, sei zu unterscheiden: Sei die Erfüllung des Vertrages von Anfang an nach dem Recht des Erfüllungsortes rechtswidrig gewesen, sei der Vertrag nach nationalem englischen Recht aus diesem Grund von Anfang an unwirksam[55]. Werde die Erfüllung später nach dem Recht des Erfüllungsortes rechtswidrig, sei der Vertrag, wiederum nach *nationalem* englischen Recht, unter Umständen nach der *doctrine of frustration* (Lehre vom Wegfall der Geschäftsgrundlage) ebenfalls insoweit unwirksam[56]. In diesem Fall sei die nachträgliche Rechtswidrigkeit nach dem Recht des Erfüllungsortes vom Richter lediglich als Tatsache im Rahmen der Prüfung, ob Unmöglichkeit der Leistung eingetreten sei, zu berücksichtigen[57]. Die Richter hätten im Fall *Ralli Brothers* zwar Diceys (internationalprivatrechtlich scheinende) Regel angewandt, aber die Begründung (stillschweigende Vertragsbedingung) mache deutlich, daß die Regel nur gelten könne, wenn englisches Recht das *proper law* darstelle: die Annahme einer stillschweigenden Vertragsbedingung im Sinne Diceys diene dazu, die Unwirksamkeit des Vertrages zu vermeiden. Die Unwirksamkeit beruhe aber nur auf einer Anwendung des englischen materiellen Rechts. Andere Rechtsordnungen mögen für den Fall der Widerrechtlichkeit der Erfüllung andere Rechtsfolgen vorsehen, z.B. Schadensersatz, Erfüllung andernorts etc.. Derartige Rechtsfolgen nach dem jeweiligen *proper law* nicht zu beachten, sei unvereinbar mit dem Grundsatz, daß das *proper law* die Rechte und Pflichten der Parteien bestimmt[58]. Es bleibe somit dabei, daß das *proper law* über die materielle Wirksamkeit des Vertrages entscheide, und eine Rechtswidrigkeit nach dem Recht des Erfüllungsortes nur dann und nur insoweit Einfluß auf den Vertrag habe, als das *proper law* dies vorsehe[59].

---

52 Chitty on Contracts-North[26] Rz. 2189.

53 *Kaufman v. Gerson* (1904) 1 K. B. 591 (C. A.).

54 Mann, BrYBIL 18 (1937) 109 f.

55 Cheshire/North[11] 485.

56 Dicey/Morris[11] 1219.

57 Mann a.a.O. 97, 110. Ebenso, aber zurückhaltender Dicey/Morris[11] 1220 f.

58 Mann, a.a.O., 111; Cheshire/North[11] 486; Wolff[2] 444 f.; Falconbridge[2] 391 - 394; Rabel, Conflict of Laws[2], 536 - 541.

59 Morris[3] 290. In diesem Sinne äußerte sich auch Lord Romer im Fall *New Brunswick Railway Co. Ltd. v. British and French Trust Corporation* (1939) A. C. 1. Dort hatte eine kanadische Gesellschaft Pfandbriefe ausgegeben, die die Gesellschaft im Jahr 1934 zur Zahlung von "‹£›100 sterling gold coin of Great Britain of the present weight and fineness" in London verpflichteten. Im Jahr 1937 erklärte der Canadian Gold Clauses Act 1937 rückwirkend alle Goldklauseln, auch wenn die Zahlung nicht in Kanada

Zusammenfassend ist festzustellen, daß der Umfang des Einflusses des Rechts des Erfüllungsortes auf die *material validity* im englischen Recht noch nicht geklärt ist, insbesondere, ob sich dieser Einfluß nach dem *proper law* oder nach englischem materiellen Recht richtet. Hinzu tritt, daß auch die Abgrenzung zur Anwendung der Grundsätze der *public policy* zunehmend verschwimmt, da die im Fall *Ralli Brothers* angewandte Regel neuerdings auch auf den Grundsatz der *comity of nations* gestützt wird[60], der ursprünglich nur bei anfänglicher und beabsichtigter Rechtswidrigkeit der Erfüllung nach dem Recht des Erfüllungsortes den Vertrag wegen Verstoßes gegen die englische *public policy* unwirksam machte[61]. Soweit englisches Recht Vertragsstatut ist, läßt sich jedenfalls sagen, daß ein Vertrag, soweit die Erfüllung nach dem Recht des Erfüllungsortes rechtswidrig ist, unwirksam ist.

Die eben dargestellte Diskussion streift einige der Fragen, die im Zusammenhang mit der Beachtlichkeit drittstaatlicher Eingriffsnormen entstehen. Die Diskussion darüber, ob überhaupt, unter welchen Voraussetzungen und in welchem Umfang derartige Normen "anzuwenden" oder eben nur zu "berücksichtigen" sind, ist bisher nicht abgeschlossen. Im Zusammenhang mit einer kollisionsrechtlichen Sonderbehandlung von Erfüllungsmodalitäten wird hier jedenfalls die Frage aufgeworfen, ob nicht die Anordnung einer "Berücksichtigung" dem Gedanken Rechnung tragen könnte, daß bestimmte Normen des Leistungsortes eine Erfüllung *unmöglich* machen können. "Berücksichtigen" des Ortsrechts würde dann dem Umstand Rechnung tragen, daß das Ortsrecht lediglich dazu dienen soll, die Unmöglichkeit festzustellen, während "angewendet", d.h. zur Bestimmung der vertragsrechtlichen Rechtsfolgen herangezogen, weiter das Vertragsstatut werden soll.

---

erfolgen sollte, sondern lediglich die Verpflichtung kanadischem Recht unterstehe und die Zahlung andernorts erfolgen sollte, für unwirksam. Beide Voraussetzungen waren hier erfüllt. Der Court of Appeals (1937) 4 All ER 516, hatte dennoch entschieden, die Wirksamkeit der Goldklausel sei nach dem englischen Recht des Erfüllungsortes zu beurteilen und sich dabei auf Lord Wrights Ausführungen im Fall *Adelaide* (1934) A. C. 122 (dazu näher unten S. 40 f.) bezogen. Die Entscheidung wurde aus anderen Gründen vom House of Lords aufgehoben; Lord Romer rechtfertigte dennoch die Anwendung englischen Rechts auf die Frage der Wirksamkeit der Goldklausel: *"For in the case of a contract which is governed by English law, but which provides for its performance in a foreign country, a term is to be implied in the contract that such performance shall be regulated by the law of that country, i.e. the lex loci solutionis, and there being no evidence that Canadian law differs from our law in this respect it is to be assumed that this rule prevails in Canada."* (1939) A. C. 1, 44. Lord Romer wendet hier also Diceys Regel an, begründet dies aber mit einer entsprechenden Regel des kanadischen Vertragsstatuts. Kritisch dazu Morris, VandLRev 6 (1953) 505, 530 f.

60 *Toprak v. Finegrain* (1979) 2 Lloyd's Rep 98, 114; *United City Merchants (Investments) Ltd. v. Royal Bank of Canada* (1982) Q. B. 208, 228; *Euro-Diam Ltd. v. Bathurst* (1987) 1 Lloyd's Rep 178, 187.

61 Wobei auch dort ungeklärt ist, ob dies nur gilt, wenn englisches Recht Vertragsstatut ist, vgl. oben S. 31 ff. Kritisch auch Cheshire/North[11] 488 f.

bb) mode of performance

Die vertraglichen Rechte und Pflichten (*substance of the obligation*) der Parteien werden einheitlich nach dem *proper law* bestimmt. Von der *substance of the obligation*, zu der auch die Erfüllung zählt[62], wird im englischen IPR der *mode* oder *manner of performance*[63], also die Art und Weise der Erfüllung unterschieden. Diese soll sich unter bestimmten Voraussetzungen nach dem Recht des vereinbarten Erfüllungsortes der jeweiligen Verpflichtung richten.

Eine ausführliche Auseinandersetzung mit der Frage, wie sich das vom Vertragsstatut verschiedene Recht des Erfüllungsortes auf die Rechte und Pflichten der Parteien auswirkt, erfolgte erstmals durch den Court of Appeal im Fall *Jacobs v. Crédit Lyonnais* (1884)[64]. Aufgrund eines Vertrages zwischen in England ansässigen Parteien hatten sich die Schuldner verpflichtet, spanisches Pfriemengras an den Gläubiger in England zu liefern. Nachdem die erste Teillieferung erfolgt war, brach in Algerien ein Streik aus. Infolgedessen konnten die Schuldner den Vertrag nicht erfüllen, und die Gläubiger klagten in England wegen Nichterfüllung. Gegen den geltend gemachten Schadensersatzanspruch wandten die Schuldner ein, die Vorgänge in Algerien hätten die Erfüllung unmöglich gemacht, und es liege nach dem französischen Code Civil (der damals in Algerien galt) *force majeure* vor, die den Schuldner von der Leistungspflicht befreie. Der Court of Appeal setzte sich ausführlich mit der Frage auseinander, welchen Einfluß der Umstand, daß ein Vertrag ganz oder teilweise im Ausland zu erfüllen ist, auf die Bestimmung des anwendbaren Rechts habe: Sei ein Vertrag vollständig im Ausland zu erfüllen, könne die Vermutung gerechtfertigt sein, daß der Vertrag in jeder Hinsicht dem Recht dieses Staates unterstehen solle[65]. Der bloße Umstand hingegen, daß ein Teil des Vertrages im Ausland zu erfüllen sei, könne nicht zu der Vermutung führen, daß die Parteien ihre Verpflichtungen insoweit diesem Recht hätten unterstellen wollen[66]. "Möglicherweise nicht unvernünftig"[67] sei es aber, zu vermuten, daß die Parteien in einem solchen Fall stillschweigend vereinbart hätten, daß die Art und Weise der Erfüllung in Einklang mit denjenigen Vorschriften des Erfüllungsstaates stehen solle, die die Art und Weise der Erfüllung regeln und die nicht im Widerspruch zu dem Inhalt des Vertrages, wie er sich aufgrund einer Auslegung nach dem (hier: englischen) Vertragsstatut ergebe,

---

62 Cheshire/North[11] 492.

63 Dicey/Morris[11] 1237.

64 (1884) 12 Q. B. 589 = 1 All ER 151. Vgl. auch *Mount Albert Borough Council v. Australasian Temperance and General Mutual Life Assurance Society* (1938) A. C. 224 = All ER 4 (1937) 206.

65 C. A. 1 All ER 151, 154.

66 C. A. a.a.O. 151, 155.

67 *"...it might not be unreasonable".*

stünden. Daher könne der französische Code Civil nur insoweit Anwendung finden, als er nicht im Widerspruch zu den vertraglichen Vereinbarungen stehe. Aufgrund des nach englischem Vertragsstatut auszulegenden Vertrages sei der Schuldner durch *vis major* nicht von seiner Leistungspflicht befreit. Das französische Recht widerspreche diesem Vertragsinhalt und könne daher keine Anwendung finden[68].

Der *mode of performance* bezeichnet somit die Teile des Vertrages, die nur die Art und Weise der Erfüllung betreffen, ohne den Umfang der vertraglichen Rechte und Pflichten der Parteien zu verändern[69]. Ob eine Handlung des Schuldners als Erfüllung anzusehen ist, bestimmt sich nach dem *proper law*; wie die Handlung im einzelnen vorzunehmen ist, soll sich hingegen nach dem Recht des vertraglich vereinbarten Leistungsortes richten. Da diese Regel auf einem vermuteten entsprechenden Parteiwillen beruht[70], gilt sie nur, soweit die Parteien nichts anderes vereinbart haben[71]. Als Beispiele für die Abgrenzung des *mode of performance* zur *substance of the obligation* werden in der Literatur folgende Fallgruppen genannt[72]:

aaa) Schuldwährung/Zahlungswährung

Ein Großteil der Fälle, die sich mit der Abgrenzung des *mode of performance* zur *substance of the obligation* befassen, hat Fragen der Zahlungs- bzw. Schuldwährung zum Gegenstand[73]. Zum Verständnis der in diesen Fällen behandelten Problematik sind zunächst die Begriffe zu klären. Geld hat eine doppelte Funktion: Es dient zum einen als Maßstab eines bestimmten Wertes und stellt zum anderen ein Zahlungsmittel dar. Die Währung, die den Wert, also den Umfang der Verpflichtung des Schuldners bestimmt, wird als *Schuldwährung (money of account)* bezeichnet, die Währung, in der die Zahlung zu erfolgen hat, als *Zahlungswährung (money of payment)*[74]. Die von den englischen Gerichten hierzu entschiedenen Fälle weisen folgendes Grundmuster auf: Eine australische oder neuseeländische Gesellschaft hatte vor dem Jahr 1931 Inhaberschuldverschreibungen ausgegeben, die nebst Zinsen nach dem Jahr 1931 in "Pounds" oder "Pounds Sterling" rückzahlbar sein sollten. Dabei wurde z.T. ein bestimmter Auszahlungsort ver-

68 C. A. a.a.O. 151, 156.

69 Dicey/Morris[11] 1240; *Bonython v Commonwealth of Australia* (1951) A. C. 201, 219.

70 Mann BrYBIL 18 (1937) 97, 107.

71 Dicey/Morris[11] 1236.

72 S. die Aufzählung bei Cheshire/North[11] 495; Dicey/Morris[12] 515.

73 Vgl. hierzu auch ausführlich Morris, VandLRev 6 (1953) 505, 511 - 526.

74 Mann, The Legal Aspect of Money[5] 205.

einbart, z.T. waren die Zahlungen nach Option des Inhabers in London oder verschiedenen australischen oder neuseeländischen Städten zu leisten. Nach der Abkehr vom Goldstandard im Jahre 1931 wichen die bis zu diesem Zeitpunkt praktisch wertgleichen australischen/neuseeländischen und englischen Pfund in ihrem Wert erheblich voneinander ab, und zwar in den entschiedenen Fällen zuungunsten des australischen/neuseeländischen Pfunds. Die Gläubiger versuchten daher jeweils die Zahlung des Nennwertes der Schuldverschreibungen oder sonstigen Papiere in englischen Pfund Sterling zu erreichen. Die Entscheidungen hingen daher davon ab, ob das Recht des Erfüllungsortes nur die Zahlungs- oder auch die Schuldwährung zu bestimmen hatte.

Der erste Fall dieser Art, *Broken Hill Proprietary Co., Ltd. v. Latham*[75], wurde im Jahr 1933 entschieden. Eine in Australien ansässige Gesellschaft australischen Rechts hatte im Jahr 1920 in Australien Schuldverschreibungen ausgegeben, die spätestens im Jahr 1940 in "pounds" rückzahlbar sein sollten. Die Schuldverschreibungen waren gesichert durch Grundpfandrechte an gesellschaftseigenen Grundstücken in Australien. In England befand sich hingegen nur eine Zweigniederlassung der Gesellschaft sowie eine der beiden Listen der Inhaber der Schuldverschreibungen. Zahlungsort war nach Option des Inhabers sowohl für die Hauptsumme als auch für die Zinsen Sydney, Melbourne, Adelaide oder London. Eine Rechtswahl war nicht getroffen worden. Streitig war, ob die Inhaber, die London als Zahlungsort gewählt hatten, Auszahlung des Nennwertes in englischen Pfund Sterling verlangen konnten. Der Court of Appeal entschied zunächst, daß das australische und das englische Pfund unterschiedliche Währungen seien[76]. Als Schuldwährung sei, da der Vertrag australischem Recht unterliege, das australische Pfund vereinbart worden, während die Möglichkeit, Zahlung in London verlangen zu können, lediglich eine Erleichterung für den Gläubiger habe sein sollen, nicht aber dazu habe führen sollen, daß der Umfang der Verpflichtung der Gesellschaft erweitert werde[77].

Mit dieser Entscheidung stellte das Gericht klar, daß die Frage nach der Schuldwährung sich nach dem *proper law of the contract* zu richten habe und es sich hierbei nicht um eine bloße Erfüllungsmodalität handelt, die nach dem Recht des Zahlungsortes zu beurteilen ist. Das Gericht befindet sich daher im Einklang mit der in der Entscheidung *Jacobs v. Crédit Lyonnais*[78] getroffenen Unterscheidung zwischen *substance of the obligation* und *mode of performance*.

Dennoch wurde die Entscheidung ein Jahr später vom House of Lords außer Kraft gesetzt. Im Fall *Adelaide Electric Supply Co., Ltd. v. Prudential Assurance*

---

75 LR (1933) Ch. 373 (C. A.).
76 C. A. a.a.O.
77 C. A. a.a.O.
78 Oben S. 29.

Co., Ltd. (1934)[79] war streitig, in welcher Währung Dividenden aus Aktien zu zahlen waren. Eine Aktiengesellschaft mit Sitz in England, aber ausschließlicher Geschäftstätigkeit in Australien faßte im Jahr 1921 mehrere Beschlüsse, wonach die Hauptverwaltung von England nach Australien verlegt werden sollte, daß die Höhe aller Dividenden vom Vorstand auf Aktionärsversammlungen in Australien festgesetzt werden sollte, die Dividenden ausschließlich in Australien gezahlt werden und keinerlei Gewinne der Gesellschaft nach England transferiert werden sollten mit Ausnahme der Zahlung von Dividenden an Aktionäre, die ihren gewöhnlichen Aufenthalt dort haben. Im folgenden stellte die Gesellschaft den Aktionären Dividendenscheine in "Pfund" aus, zahlbar durch eine australische Bank in Australien. Wurden die Scheine in England eingelöst, wurde den Aktionären jedoch nicht der Nennwert in englischen Pfund Sterling, sondern die Summe englischer Pfund Sterling ausgezahlt, die sich aufgrund einer Umrechnung des Nennwertes in australischen Pfund am Tag der Einlösung ergab. Hiergegen hatte eine der Aktionärinnen geklagt. Sie war der Ansicht, sie sei Anteilseignerin englischen Kapitals einer englischen Aktiengesellschaft. Daraus folge, daß auch die Dividenden in englischen Pfund zahlbar seien. Wenn aufgrund eines Beschlusses Zahlung nur in Australien habe erfolgen sollen, besage dies nur, daß der Inhaber eines Dividendenscheins berechtigt sein solle, eine dem Wert des in Pfund Sterling ausgedrückten (Nenn-)Werts entsprechende Summe in australischen Pfund zu verlangen. Während die Vorinstanzen der Klage stattgegeben und die Gesellschaft zur Zahlung des Nennwertes in englischen Pfund verurteilt hatten, entschied das House of Lords, daß die Gesellschaft ihre Verpflichtung mit der Zahlung des Nennwertes in australischer Währung, ggf. um gerechnet in englische Pfund Sterling, erfüllt habe. Werde im Vertrag - wie vorliegend - ein bestimmter Zahlungsort (hier: Australien) vereinbart, könne sich der Schuldner durch Zahlung in der Währung des Zahlungsortes von seiner Leistungspflicht befreien[80]. Soweit waren sich die Richter einig. Ihre weiteren Begründung wichen jedoch stark voneinander ab: Für die Lordrichter Warrington, Tomlin und Russell bestand, obwohl der tatsächliche Wertunterschied 25 % betrug, de lege kein Wertunterschied zwischen englischem und australischem Pfund. Da Schuldwährung also (englische oder australische) "Pfund" waren, konnte sich die Gesellschaft durch Zahlung in dem gesetzlichen Zahlungsmittel des vereinbarten Zahlungsortes, vorliegend australischen Pfund, befreien. Für diese Richter handelte es sich damit allein um eine Frage der Zahlungswährung[81]. Lord Wright hingegen nahm an, daß es nicht nur wirtschaftlich, sondern auch rechtlich einen Unterschied zwischen beiden Pfund gebe[82]. Demzufolge bedurfte es der Klärung, welche von beiden Währun-

79 HL A. C. (1934) 122.
80 HL a.a.O. 122, 123.
81 Mann, The Legal Aspect of Money[5] 242.
82 A.a.O. 122, 155.

gen Schuldwährung sein sollte. In einem häufig diskutierten Ausspruch[83] stellte Lord Wright dazu fest, daß prima facie, was immer das *proper law* sei, das Recht des Leistungsortes Anwendung finde in bezug auf jede Verpflichtung, die in einem bestimmten, vom Staat des *proper law* (hier: England) verschiedenen Staat zu erfüllen sei. Dazu gehöre vor allem das Währungsrecht dieses Staates[84]. Der Vertrag sei daher so auszulegen, daß Bezug genommen werde auf australische Pfund[85]. Diese Ansicht Lord Wrights, die im Ergebnis die Frage nach der Schuldwährung als *mode of performance* ansieht, ist mit der Unterscheidung von *substance of the obligation* und *mode of performance* nicht mehr zu vereinbaren. Sie führt im Gegenteil dazu, daß der Gläubiger mit der Wahl des Zahlungsortes auch den Umfang der Verpflichtung des Schuldners beeinflussen kann.

Dennoch führte Lord Wright seine Rechtsprechung zunächst in demselben Sinne fort. Im Fall *Auckland City Council v. Alliance Assurance Co., Ltd.*[86] (1937) hatte eine Gemeinde in Neuseeland im Jahr 1920 an eine Versicherungsgesellschaft Inhaberschuldverschreibungen ausgegeben, die auf "Pfund" lauteten. Die Forderung selbst sowie die jährlich anfallenden Zinsen sollten nach Wahl des Inhabers durch die Bank von Neuseeland entweder in Auckland oder in London auszahlbar sein. Im Jahr 1934 erfuhr das neuseeländische gegenüber dem englischen Pfund eine starke Abwertung. Die Versicherungsgesellschaft wählte London als Zahlungsort und verlangte die Auszahlung des auf den Zinsscheinen genannten Nennwertes in (englischen) Pfund Sterling, denn mit der Ausübung einer Option für London sei dieses Leistungsort *(place of performance)* geworden. Die Gemeinde, die bis zum Jahr 1933 immer den Nennwert der Zinsscheine, soweit die Option in London ausgeübt worden war, in englischen Pfund Sterling ausgezahlt hatte, war hingegen der Ansicht, es sei neuseeländisches Recht auf die verbriefte Forderung anzuwenden, und es könne nur Zahlung in neuseeländischer Währung, allerdings umgetauscht in Pfund Sterling zum am Tag des Umtauschs gültigen Kurs, verlangt werden.

Das Privy Council (Lord Wright) entschied, es sei der Nennwert der Zinsscheine in englischen Pfund Sterling auszuzahlen. Es sei davon auszugehen, daß, wenn eine in mehreren Ländern verwendete Währung vereinbart worden sei, im Zweifel der Begriff so zu deuten sei, daß eine Zahlung in der Währung des Zahlungsortes zu leisten sei. Übe der Inhaber der Zinsscheine seine Option also in London aus, sei der Nennwert in Pfund Sterling auszuzahlen[87].

---

83 S. z.B. Mann, The Legal Aspect of Money[5] 242 - 246; Dicey(-Morris/Kahn-Freund)[6] 735.

84 A.a.O. 122, 151.

85 A.a.O. 122, 152, 156.

86 All ER 1 (1937) 645.

87 A.a.O. 645, 655f.,658.

Die Entscheidung entspricht der von Lord Wright in der Entscheidung *Adelaide* geäußerten Ansicht. Unverständlich ist es daher, daß er in diesem Fall seine Ansicht ausdrücklich insoweit "klarstellt", daß das Recht des Leistungsorts nur die Art und Weise der Erfüllung regele, nicht aber den Umfang der vertraglichen Verpflichtungen ändern könne[88]. Vorliegend ging es aber offensichtlich nicht um die Frage nach der Zahlungswährung, also um den *mode of performance*, sondern um die *substance of the obligation*. Das Gericht geht davon aus, daß als Schuldwährung im Zweifel die Währung des Zahlungsorts vereinbart ist. Vorliegend war nach Option des Inhabers aber auch Auckland Zahlungsort, stand also gleichwertig neben London. Das Gericht hätte also, hätte der Gläubiger Auckland als Zahlungsort gewählt, eine Zahlung des Nennwertes in neuseeländischen Pfund als vereinbart ansehen müssen. Damit wiche aber der Umfang der Verpflichtung, die *substance of the obligation*, je nach Wahl des Gläubiger erheblich voneinander ab.

So hatte auch Lord Atkin schon in einem obiter dictum im Fall *Adelaide* festgestellt, daß in dem Fall, daß dem kein Zahlungsort vereinbart sei, nicht anzunehmen sei, daß die Parteien einen unterschiedlichen Umfang der Verpflichtung *(value)* je nach Zahlungsorts hätten vereinbaren wollen[89].

Diese Rechtsprechung wurde daher auch durch die Entscheidung des Privy Council im Jahr 1950 im Fall *Bonython v. Commonwealth of Australia* [90] beendet. Im Jahre 1895 hatte die Regierung von Queensland (Australien) Inhaberschuldverschreibungen ausgegeben. Die Inhaber sollten im Jahr 1945 Rückzahlung in "pounds sterling" verlangen können, und zwar nach ihrer Wahl in Brisbane, Sydney, Melbourne oder London. Im Jahr 1931 wurde das australische gegenüber dem englischen Pfund um 25 % abgewertet. Einer der Inhaber übte seine Option in London aus und verlangte die Auszahlung des Nennwertes in (englischen) Pfund Sterling, da englisches Recht als *lex loci solutionis* den Umfang der Verpflichtung bestimme. Das Privy Council (Lord Simonds) lehnte diesen Anspruch ab. Der Umfang der Verpflichtung bestimme sich nicht nach dem Recht des Zahlungsortes als solchem[91], sondern nach dem *proper law*, also vorliegend nach dem Recht von Queensland. Lord Simonds hob - dabei noch versuchend, die von Lord Wright aufgestellte Regel entsprechend zu deuten - aus-

---

88 A.a.O. 645, 655. Vgl. dazu auch die von Lord Wright abgelieferte Entscheidung des Privy Council im Fall *Mount Albert Borough Council v. Australasian Temperance and General Mutual Life Insurance Society* (Fn. 14).

89 A. C. (1934) 122, 135.

90 (1951) A. C. 201, besprochen von Mann, LQR 68 (1952), 195 - 213.

91 Die Möglichkeit, daß die Vereinbarung des Zahlungsortes einen Hinweis auf das *proper law* gibt, schloß das Gericht hier aus, da London nur einer der vier Zahlungsorte gewesen sei, a.a.O. 201, 221.

drücklich hervor, daß der Umfang der Verpflichtung des Schuldners der gleiche bleibe, welchen Zahlungsort der Gläubiger auch immer wähle[92].

Es kann daher heute als gesicherte Rechtsprechung[93] angesehen werden, daß nach englischem IPR die Frage nach der Zahlungswährung, nicht aber die nach der Schuldwährung, als *mode of performance* angesehen wird, der sich, falls nichts anderes vereinbart ist, nach dem Recht des Zahlungsortes richtet [94].

bbb) Verfalldatum eines Wechsels

Im Fall *Rouquette v. Overmann* (1875)[95] war ein Wechsel, datiert vom Juni 1870 und fällig im Oktober 1870, in England ausgestellt und indossiert worden. Er wurde in Frankreich akzeptiert und war dort auch zahlbar. Durch französisches Gesetz vom August 1870, das durch Dekrete mehrmals verlängert wurde, wurde das Verfalldatum bis zum September 1871 aufgeschoben. Der Wechsel wurde dann zur Zahlung vorgelegt und ging zu Protest; alle Beteiligten wurden entsprechend französischem Recht benachrichtigt. Der erste Indossatar, der den Wechselbetrag an einen nachfolgenden Indossatar gezahlt hatte, verlangte Schadensersatz von den Ausstellern des Wechsels. Die Aussteller wandten ein, sie seien nicht zur Zahlung verpflichtet, weil der Kläger seinerseits ebenfalls nicht zur Zahlung verpflichtet gewesen sei: Der Wechsel habe zur auf ihm angegebenen Zeit, nämlich im Oktober 1870, zur Zahlung vorgelegt werden müssen, oder die Benachrichtigung, daß er zu Protest gegangen sei, habe zu diesem Zeitpunkt erfolgen müssen. Französisches Recht könne diese Verpflichtungen nicht beeinflussen.

Der High Court verurteilte die Aussteller zur Zahlung von Schadensersatz. Er entschied, daß, wenn ein Wechsel in einen bestimmten Staat ausgestellt und indossiert, jedoch in einem anderen Staat zahlbar sei, die Rechte und Pflichten des Akzeptanten und das Rechtsverhältnis zwischen Aussteller und Indossanten sich

---

92 A.a.O. 201, 219.

93 Vgl. *Goldsbrough Mort. and Co. Ltd. v. Hall,* VictLR 1948, 145; *National Bank of Australasia Ltd. v. Scottish Union and National Insurance Co., Ltd.*, CLR 84 (1951) 177.

94 Die Frage jedoch, wie die Schuldwährung zu bestimmen sei, ist damit noch nicht beantwortet. Denkbar und von der hier behandelten Frage zu unterscheiden ist aber, daß die Auslegungsregeln des *proper law* dazu führen, daß die Währung des Zahlungsortes als vereinbarte Schuldwährung anzusehen ist. Dazu Morris a.a.O. 505, 523 - 526 und Mann, The Legal Aspect of Money [4] 241, der dies als Regel des englischen nationalen Rechts ansieht.

95 10 Q. B. 525 = All ER Reprint 1874 - 1880, 501; vgl Bills of Exchange Act 1882, sect. 72 (5).

nach dem Recht des Ortes richteten, an dem der Wechsel zahlbar sei: Die Verpflichtung des Ausstellers könne nicht weiter reichen als die des Bezogenen, denn der Aussteller stehe nur ein für die Erfüllung der Verpflichtung, die der Akzeptant durch die Annahme des Wechsel eingehe. Da die Verpflichtung des Akzeptanten sich nach dem Recht des Zahlungsortes richte, müsse auch diejenige des Ausstellers hiernach beurteilt werden. Der vom französischen Recht gewährte Zahlungsaufschub habe den Wechsel daher erst im September 1871 fällig werden lassen, so daß die Vorlage zur Zahlung und die Protesterhebung rechtzeitig erfolgt seien.

Die Entscheidung wird als Beleg dafür zitiert, daß die Frage, wann ein Wechsel verfalle, sich als *mode of performance* nach dem Recht des (tatsächlichen) Erfüllungsortes richte [96]. Das Gericht begründet die Bestimmung des Verfalldatums nach französischem Recht aber im Gegenteil gerade damit, daß französisches Recht für die fragliche Verpflichtung *proper law* war. Es stellte zwar fest, daß es *"well settled"* sei, daß die *Umstände* der Vorlage und der Zahlung aus dem Wechsel dem Recht des Leistungsorts unterlägen[97], was in der Tat die Annahme nahelegt, daß das Gericht das Verfalldatum als bloße Zahlungsmodalität ansieht. Wenig später sagt das Gericht jedoch, daß die Vorlage zur Zahlung zur *"substance of the contract"* gehöre, daß der Bezogene nach keinem anderen Recht als dem seinigen haften könne und sich hiernach auch die Haftung des Austellers richten müsse[98]. Das Verfalldatum sei *"of essence of the contract"* [99]. Es wird vom Gericht also gerade nicht als bloße Zahlungsmodalität angesehen. Auch wenn es weiter feststellt, daß auch der Umstand, daß nach dem Recht des Zahlungsortes bestimmte Tage als Feiertage anzusehen seien, das Verfalldatum ändern könne, liegt die Begründung darin, daß das Recht des Zahlungsortes *proper law* ist[100]. Die Entscheidung liefert damit kein Beispiel für eine Erfüllungsmodalität.

ccc) Hafenbräuche und -vorschriften

Schließlich werden im Zusammenhang mit Fragen des *mode of performance* auch die folgenden Fälle aus dem Bereich des Seetransports zitiert[101], die die Frage

---

96 Cheshire/North[11] 495; Dicey/Morris[11] 1328.
97 HC All ER Reprint 1874 - 1880, 501, 505.
98 HC a.a.O.
99 HC a.a.O. 501, 506.
100 HC a.a.O.
101 Grodecki ModLRev 18 (1955) 405, 407; Cheshire/North[11] 495; Dicey/Morris[11] 1237 f.

zum Gegenstand haben, welche Auswirkung Vorschriften oder Bräuche der Be- oder Entladehäfen auf das Vertragsverhältnis haben.

(1) *Robertson v. Jackson*[102]

Im Fall *Robertson v. Jackson* aus dem Jahr 1845 hatte der Kläger, ein in England ansässiger Schiffseigner, sein Schiff an die beklagten englischen Schiffsmakler verchartert zum Zweck des Transports einer Ladung Kohle von England nach Algerien. Im Chartervertrag war vereinbart, daß die Ladung innerhalb einer bestimmten Frist zu löschen und für den Fall der Überziehung der Frist pro Tag eine bestimmte Summe an den Kläger zu zahlen sei. Die Frist sollte ab dem Tag laufen, an dem das Schiff bereit zum Löschen der Ladung und *"in turn to deliver"* sein würde. Nach Ankunft des Schiffes im Hafen von Algier meldete sich der Kapitän beim Empfänger der Ladung und teilte mit, daß das Schiff zum Löschen bereit sei. Erst jetzt stellte sich heraus, daß die Charterer den Transport aufgrund eines Vertrages mit der französischen Regierung übernommen hatten, und daß die Kohle für die französische Marine bestimmt war. Im Vertrag zwischen den Charterern und der französischen Regierung war bestimmt, daß die Entladung der Kohle spätestens am dritten Tag nach Ankunft im Hafen zu erfolgen habe; da aber aus Gründen der Organisation der militärischen Hafenverwaltung nur jeweils eine Schiffsladung Kohle entgegengenommen werden könne, sollte die Frist, falls bereits ein anderes Schiff entladen werde, erst nach dessen Entladung beginnen. So konnte auch mit der Entladung des Schiffs des Klägers erst zehn Tage nach Ankunft im Hafen begonnen werden. Gegen den Anspruch des Klägers auf Zahlung des vereinbarten Liegegelds wandten die Beklagten ein, das Schiff sei erst zu dem Zeitpunkt *"in turn to deliver"* gewesen, in dem seine Entladung nach den Gebräuchen, wie sie für die Lieferung von Kohle zu militärischen Zwecken an die französische Regierung bestünden, möglich gewesen sei.

Der High Court (Common Pleas) entschied, daß die Worte *"in turn to deliver"* nach den im Hafen von Algier herrschenden Vorschriften auszulegen seien, da dort die Lieferung zu erfolgen habe[103]. Die Beweiserhebung habe das Bestehen des von den Beklagten behaupteten Brauchs ergeben. Dem stehe nicht, wie der Kläger gemeint hatte, entgegen, daß der Brauch nicht auf "offiziellen" Vorschriften beruhe, sondern auf "privaten" Regelungen des französischen Marineministeriums. Maßgeblich seien nämlich nicht nur solche Vorschriften, die offiziell von der Regierung erlassen worden seien, sondern auch solche, die von der Regierung

---

102 2 C. B. 412.

103 HC a.a.O. 412, 427 f.

anerkannt und durchgesetzt würden. Den weiteren Einwand des Klägers, er werde bei einer solchen Auslegung letztlich von den Folgen eines Vertrages zwischen dem Charterer und einem Dritten betroffen, dessen Inhalt ihm typischerweise unbekannt sei, wies das Gericht mit der Begründung zurück, er habe allgemein den Zweck des von ihm abgeschlossenen Vertrages und den Bestimmungshafen gekannt. Was sonstige Umstände des Vertrages angehe, sei es an ihm gewesen, weitere Nachforschungen anzustellen, insbesondere im Hinblick auf die Unbestimmtheit der Wendung "*in turn to deliver*"[104].

Der einzige Auslandsbezug des Falles war der algerische Bestimmungshafen. Alle sonstigen Elemente des Vertrages waren in England belegen. Das Gericht geht wohl aus diesem Grund mit keinem Wort auf Regeln des IPR ein, sondern scheint den in Rede stehenden Vertrag ohne weiteres - im Ergebnis sicher zutreffend - als *English contract* anzusehen. Wieso aber dennoch die Vorschriften des im Ausland belegenen Bestimmungshafens und nicht diejenigen englischer Häfen maßgeblich sein sollen, wird vom Gericht nur beiläufig damit begründet, daß die Übergabe in Algier habe erfolgen sollen. Hinter dieser auf einen äußeren Umstand abstellenden Begründung scheint die Überlegung zu stehen, daß eine frühere Entladung aufgrund von Hafenvorschriften, die von der französischen Regierung auch durchgesetzt wurden, nicht möglich war. Die Beweisaufnahme hatte u.a. ergeben, daß kein Schiff, das mit Kohle für die französische Marine beladen war, im Hafen von Algier seine Ladung anders als nach den vom Marineministerium aufgestellten Regeln löschen durfte[105]. Nach hier anwendbarem englischem Sachrecht mußte das Gericht daher eine diesen Regeln entsprechende Auslegung des Vertrages vornehmen, da der Vertrag ansonsten, soweit die Erfüllung nach Ortsrecht rechtswidrig gewesen wäre, *unenforceable* gewesen wäre[106]; ein Ergebnis, was in der Regel mit dem von den Parteien Gewollten nicht vereinbar sein wird.

Der hier vom Gericht zur Auslegung des Vertrages herangezogene Brauch des Leistungsortes führt im Ergebnis zu einer Veränderung des Umfangs der Leistungspflicht des Schuldners, denn die Frage innerhalb welcher Zeit die Ladung zu löschen ist, gehört sicher zur *substance of the obligation*. Der Inhalt der Leistungspflicht soll aber vom Vertragsstatut bestimmt werden. Andererseits hat das Gericht stillschweigend angenommen, daß eine frühere Entladung *unmöglich* war. Es stellt sich damit im Grunde wieder die Frage nach dem rechtlichen Einfluß von "zwingenden Umständen" des Leistungsortes auf das vertragliche Leistungsgefüge. Vorliegend hat das Gericht stillschweigend angenommen, daß das Bestehen derartiger Umstände den Schuldner auch von einer vertraglichen Haf-

---

104 HC a.a.O. 412, 428 f.
105 A.a.O. 412, 418.
106 S. oben S. 32 f.

tung entlastet. Zwingend ist dieses Vorgehen jedoch nicht: Denkbar wäre beispielsweise auch gewesen, daß der Schuldner vertraglich eine Garantie für das Einhalten einer bestimmten Löschzeit übernommen hätte. Der zwingende Brauch des Leistungsortes hätte zwar auch in diesem Fall dazu führen müssen, daß die Einhaltung der garantierten Löschzeit als unmöglich anzusehen gewesen wäre; die vertraglichen Konsequenzen dieser Unmöglichkeit, etwa Schadensersatzpflichten des Schuldners, wären jedoch weiter dem Vertragsstatut zu entnehmen gewesen.

(2) Lloyd v. Guibert[107]

Daß Grund für die "Berücksichtigung" eines zwingenden Hafenbrauchs dessen faktische Wirkung ist, macht die Entscheidung der Exchequer Chamber im internationalprivatrechtlich auch im übrigen bedeutungsvollen Fall *Lloyd v. Guibert* aus dem Jahr 1865 deutlich. Der englische Kläger hatte ein Schiff unter französischer Flagge in einem dänischen Hafen in Westindien gechartert für einen Transport von Haiti nach Le Havre, London oder Liverpool nach Option des Charterers. Auf dem Weg von Haiti nach Liverpool erlitt das Schiff einen Schaden und mußte zu Reparaturzwecken einen portugiesischen Hafen anlaufen. Der Kapitän belieh zur Sicherung der Reparaturforderung ordnungsgemäß Schiff, zu zahlende Fracht und Ladung, ließ das Schiff reparieren und setzte die Fahrt nach Liverpool fort. Da Schiff und Fracht die Reparaturkosten nicht decken konnten, fiel der Fehlbetrag dem Kläger als Eigentümer der Ladung zur Last. Dessen Ersatz forderte er von den beklagten Schiffseignern. Die Beklagten gaben ihre Rechte an Schiff und Fracht auf, was nach französischem Recht zur Folge hatte, daß sie von einer weitergehenden Haftung aus der vom Kapitän vorgenommenen Beleihung befreit waren. Das Gericht entschied, daß mangels abweichender vertraglicher Vereinbarungen die Vermutung gelte, daß ein Seetransportvertrag in Bezug auf die unvorhergesehenen Folgen eines auf See eintretenden Schadens dem Recht der (hier: französischen) Flagge unterstehen soll und wies die Berufung des Klägers zurück.

Die internationalprivatrechtliche Bedeutung der Entscheidung beruht vor allem darauf, daß das Gericht sich ausführlich mit der Frage des anwendbaren Rechts auseinandersetzt[108]. Zu der hier interessierenden Frage, inwieweit englisches

---

107 (1865) LR 115.

108 Nach Erörterung der in Betracht kommenden Rechtsordnungen wandte das Gericht nicht mehr die bis zu diesem Zeitpunkt regelmäßig aufgestellte Vermutung, der Vertrag unterstehe dem Recht des Ortes des Vertragsschlusses, an, sondern stellte klar, daß es sich um eine widerlegliche Vermutung handele, die für einen Seetransportvertrag nicht

Recht als Recht eines der Leistungsorte Anwendung finde, stellt das Gericht fest, es komme als Vertragsstatut nicht in Betracht, da sich nur ein kleiner Teil der Leistung dort vollziehe. Allerdings habe sich das Löschen der Ladung nach den im Hafen von Liverpool geltenden Bräuchen zu richten. Es scheine geradezu unmöglich, das Recht des Lade- bzw. Entladehafens im Hinblick auf die dort geltenden Bräuche auszuschließen, denn ein Schiff sei gezwungen, sich während seines Aufenthalts in einem Hafen nach diesen Bräuchen zu richten. Es müsse daher vermutet werden, daß die Parteien ein entsprechendes Verhalten vereinbart haben[109].

Das Gericht begründet die Anwendbarkeit des haitianischen bzw. englischen Rechts auf die Art und Weise der Erfüllung als Recht des Belade- bzw. Entladeortes damit, daß sich ein Schiff notwendigerweise nach den dortigen Hafenvorschriften zu richten habe. Dahinter steht wohl die Überlegung, daß die jeweiligen Hafenbehörden in der Lage sind, die Befolgung ihrer Vorschriften durchzusetzen, denn das Gericht hält eine Leistung, die nicht unter Beachtung dieser Vorschriften erfolgt, nicht lediglich für *illegal*, sondern schlechthin für unmöglich. Wie im soeben erörterten Fall *Robertson v. Jackson*[110] meint daher das Gericht, ein Löschen der Ladung gemäß den Bräuchen des Liverpooler Hafens entspreche dem mutmaßlichen Willen der Parteien.

(3) Norden Steamship Co. v. Dempsey[111]

Um eine Verzögerung der Entladung aufgrund von Hafenvorschriften ging es auch im Fall *Norden Steamship Co. v. Dempsey* aus dem Jahr 1876. Der lettische Kläger hatte sein Schiff dem englischen Beklagten zum Zweck der Beförderung von Eisenbahnschwellen von Lettland nach Liverpool verchartert. Zum Be- und Entladen war dem Beklagten vertraglich eine Gesamtzeit von zehn Tagen eingeräumt. Für jeden weiteren Tag Liegezeit sollte der Kläger ein Liegegeld erhalten. Der Vertrag wurde in Riga geschlossen und enthielt keine Rechtswahl. Nach Ankunft des Schiffes in Liverpool wurde es einem der Docks zugewiesen, in dem die Löschung derartiger Ladungen üblicherweise erfolgte. Wegen Überlastung

---

tauge. Das Gericht begründete die Anwendung des Flaggenrechts zum einen damit, daß der größte Teil der Leistung auf hoher See zu erbringen sei, wo das Schiff sowohl in straf- als auch in zivilgerichtlicher Hinsicht in französische Zuständigkeit falle; zum anderen hafte dem Ort des Vertragsschlusses bei Seetransportverträgen eine zu große Zufälligkeit an, als daß es gerechtfertigt wäre, das maßgebliche Recht an diesen Ort anzuknüpfen, a.a.O. 115, 127 f.

109 A.a.O. 115, 126.

110 Oben S. 46.

111 C. P. D. 1 (1876) 654.

des Docks bekam es jedoch erst fünf Tage nach Eindocken einen Liegeplatz am Kai und konnte mit dem Löschen der Ladung beginnen. Dadurch kam es zu einer Überschreitung der vereinbarten Liegezeit um fünf Tage. Der Kläger forderte vom Beklagten für diese Zeit das vereinbarte Liegegeld. Der Beklagte wandte dagegen ein, daß im Hafen von Liverpool der Brauch bestehe, Schiffe im Holzhandel erst dann als "angekommen" im Hafen anzusehen, wenn sie einen Liegeplatz am Kai erhalten haben. Unter Berücksichtigung dieses Brauchs sei die Liegezeit nicht überschritten worden.

Der High Court entschied auf Rechtsmittel des Beklagten, der in Rede stehende Brauch sei für die Berechnung der Liegezeit zu berücksichtigen. Er führe nicht zur Änderung des ausdrücklich vereinbarten Vertragsinhalts, sondern diene lediglich zur Bestimmung des Begriffs "Ankunft", also zur Auslegung des Vertrags. Zum Auslandsbezug des Falles merkt das Gericht nur kurz an, daß dieser Auffassung auch nicht entgegenstehe, daß es sich um einen im Ausland geschlossenen Vertrag handele, bei dem eine der Parteien Ausländerin sei[112]. Es ist daher davon auszugehen, daß es ohne weiteres englisches Recht als Vertragsstatut ansah.

Kriterium für die Berücksichtigung oder Nichtberücksichtigung des Brauchs war, ob die Rechte und Pflichten der Parteien, wie sie durch den Vertrag vereinbart worden waren, durch die Berücksichtigung dieses Brauchs berührt, d.h. verändert wurden[113]. Das Gericht verneinte dies: Die Verpflichtung des Beklagten habe darin bestehen sollen, innerhalb von fünf Tagen nach Ankunft im Hafen die Ladung zu löschen. Daran ändere sich nichts, gleich zu welchem Zeitpunkt das Schiff als angekommen anzusehen sei[114]. Diese Einschätzung erscheint zunächst um so überzeugender, als das Gericht betont, daß, sobald das Schiff nach dem Brauch des Hafens als "angekommen" anzusehen sei, die Rechte des Klägers weder durch eine Überlastung des Docks noch durch Vorschriften der Liverpooler Hafenbehörden, soweit sie die Zeit oder die Art und Weise des Löschens betreffen, berührt werden könnten[115]. Diese Ausführungen übersehen jedoch, daß der Brauch, Schiffe erst dann als "angekommen" anzusehen, wenn sie einen Liegeplatz am Kai erlangt hatten, gerade darauf beruhte, daß infolge Überlastung ein früheres Entladen nicht möglich war. "Ziel" des Brauchs war es damit nicht die Durchsetzung übergeordneter Ordnungsinteressen, sondern zu verhindern, daß eine Entladeverpflichtung bestand, die Schuldner infolge der im Hafen herrschenden Umstände nicht erfüllen können würden. Der vom Gericht zur Stützung seiner Ansicht gebildete hypothetische Fall konnte somit überhaupt nicht eintreten.

---

112 HC a.a.O. 654, 662.
113 HC a.a.O. 654, 662 f.
114 HC a.a.O. 654, 662 f.
115 HC a.a.O. 654, 662 f.

Der High Court begründet die Berücksichtigung des Brauchs zur Auslegung implizit mit einem entsprechenden vermuteten Parteiwillen[116]. Die Gründe für die Annahme, es sei stillschweigend eine Auslegung im Sinne des Entladehafens gewollt, ergeben sich aus den möglichen Rechtsfolgen anderer Auslegungen nach englischem nationalen Recht: Eine Auslegung des Begriffes "angekommen" in einem anderen als dem im Hafen verwendeten gebräuchlichen Sinne hätte zur Folge gehabt, daß der Schuldner das Schiff zu einem Zeitpunkt hätte entladen müssen, in dem dies entweder überhaupt nicht oder nur in rechtswidriger Weise möglich gewesen wäre. Damit wäre der Vertrag nach englischem Recht von Anfang an nichtig *(void)*[117] bzw. *unenforceable* wegen Verstoßes gegen die englische *public policy*[118] gewesen[119]. Auch hier hätte aber theoretisch die Möglichkeit bestanden, eine vertragliche Vereinbarung zu treffen, wonach der Schuldner das Risiko zu tragen hat, ob eine schnelle Löschung möglich sein würde oder nicht. Zu diesem Zweck hätte auch der Auslegung des Begriffs "Ankunft" in einem von dem Brauch des Liverpooler Hafens abweichenden Sinne nichts im Wege gestanden.

(4) Palgrave v. The Turid[120]

Die Berücksichtigung eines vertragsgestaltenden Hafenbrauchs hatte auch der von F. A. Mann[121] zur Frage des *mode of performance* eingeführte[122] Fall Palgrave v. The Turid aus dem Jahr 1922 zum Gegenstand. Ein Chartervertrag über den Transport von Holz nach Great Yarmouth (England)[123] enthielt die Klausel, daß die Ware in Yarmouth abzuliefern sei, und zwar *"always afloat*[124] *... cargo*

---

116 *"The contract must be taken to have been made with reference to the usage of the port."* HC a.a.O. 654, 660.

117 Chitty on Contracts-Harris[26] Rz. 1631.

118 Chitty on Contracts-Prentice[26] Rz. 1131. Wäre die Erfüllung in der vertraglich vereinbarten Weise schließlich nach Vertragsschluß aus rechtlichen oder tatsächlichen Gründen unmöglich geworden, wären beide Parteien nach der Lehre vom Wegfall der Geschäftsgrundlage *(frustration)* von weiterer Vertragserfüllung befreit gewesen, Chitty on Contracts-Harris[26] Rz. 1642, 1682.

119 Chitty on Contracts-Prentice[26] Rz. 1133, 1135, 1137 f. War die Rechtswidrigkeit jedoch nur einer der Parteien bekannt, kann die andere Partei Rechte aus der Nichterfüllung des Vertrages herleiten, Chitty on Contracts-Prentice[26] a.a.O. Rz. 1139.

120 (1922) 1 A. C. 397.

121 Mann, BrYBIL 18 (1937) 97, 108.

122 Unter Bezug auf Mann wird die Entscheidung zitiert von Cheshire/North[12] 515; Broggini 40.

123 Bei Mann a.a.O. geht der Transport nach Marseille.

124 D.h. das Schiff muß immer genügend Wasser unter dem Kiel haben, damit ein Aufsetzen verhindert wird.

to be ... taken from alongside the steamer[125] *at charterers' risk and expense as customary."* Im Hafen von Great Yarmouth angelangt, konnte das Schiff, um noch genügend Kielwasser zu haben, nicht näher als vier Meter an das Kai heranfahren. In diesen Fällen war es Hafenbrauch, daß vom Kai aus ein Holzsteg zum Schiff gelegt wurde, daß von Schiffsmaklern beschäftigte Stauer für den Schiffseigner die Ladung von der Schiffsreling abholten und auf dem Kai deponierten. Die Kosten hatte der Schiffseigner zu tragen. Nachdem auch vorliegend so verfahren worden war und die Schiffseigner unter Protest die Kosten übernommen hatten, nahmen sie die Charterer auf Erstattung der Kosten, soweit sie die Kosten für die Bereitstellung an der Reling überstiegen, in Anspruch. Die Charterer waren der Meinung, die Worte *"alongside the steamer ... as customary"* seien dahin auszulegen, daß entsprechend dem Hafenbrauch der Schiffseigner die Kosten für eine Entladung wie die vorgenommene zu tragen habe. Die Schiffseigner wandten dagegen ein, daß eine solche Auslegung unvereinbar sei mit der ausdrücklichen vertraglichen Vereinbarung, daß die Ware nur an der Reling abzuliefern sei.

Wie der Court of Appeal entschied auch das House of Lords zugunsten der Schiffseigner. Die Anwendbarkeit des Brauches hänge davon ab, ob er lediglich zur Auslegung des Vertrages diene oder ob er die vertraglichen Pflichten der Parteien ändere[126]. Viscount Birkenhead "testete" dies, in dem er anstelle der Worte "as customary" den in Rede stehenden Brauch wörtlich in den Vertrag einfügte und kam so zu folgender Vertragsklausel: "Die Ladung ist längsseits des Schiffes auf Risiko und Kosten des Charterers wie üblich abzuholen, d.h. sie soll auf Risiko und Kosten des Schiffseigners von der Reling des Schiffes über einen hölzernen Steg, der ebenfalls auf Risiko und Kosten des Schiffseigner errichtet wird, zum Kai getragen werden und dort wenigstens einen Meter vom Rand entfernt abgeladen werden." Damit wurde deutlich, daß der Brauch jedenfalls in bezug auf die Risiko- und Kostentragung dem Inhalt des Vertrages entgegengesetzt war und insoweit keine Anwendung finden konnte[127].

Zunächst ist festzuhalten, daß aus den mitgeteilten Umständen nicht deutlich wird, ob der Fall überhaupt einen Auslandsbezug hat[128]. So finden sich auch keinerlei internationalprivatrechtliche Erwägungen in dem Urteil. Es ist also jedenfalls davon auszugehen, daß das Gericht englisches Sachrecht angewandt hat. Zur

---

125 D.h. die Verpflichtung des Schiffseigners erschöpft sich darin, die Ware längs des Schiffes so bereitzuhalten, daß die Übernahme durch den Empfänger erfolgen kann (z.B. durch Umladung in Binnenschiffe, falls ein Anlegen nicht möglich ist).

126 HL a.a.O. 397, 399.

127 A.a.O. 397, 408.

128 Als Abgangsort der Ware wird "Soroka" genannt; dieser Ort läßt sich aber nicht ermitteln. Zur Nationalität der Parteien wird weiter nichts mitgeteilt, ebenso zum Abschlußort des Vertrages. Es spricht daher vieles dafür, daß es sich um einen rein englischen Sachverhalt oder zumindest einen Sachverhalt mit einem nur schwachen Auslandsbezug handelt.

Frage des Einflusses von Ortsbräuchen stellt das Gericht nur fest, daß ein Brauch des Bestimmungshafens zu berücksichtigen sei, wenn er lediglich zur Auslegung des Vertrages diene; *warum* dies so sein soll, wird nicht dargelegt.

Der Fall macht die Grenzen der Berücksichtigung von Ortsbräuchen deutlich: Nach Auffassung des Gerichts kann ein Brauch keine Berücksichtigung finden, wenn er mit den sonstigen vertraglichen Vereinbarungen in Widerspruch steht. Daraus ergibt sich entgegen dem ersten Anschein nicht, daß die *Geltung* des Brauchs im Außenverhältnis für die Parteien zur Disposition steht: Dem hier vorgenommenen Entladeverfahren samt Kostentragungsregelung mußten sich wohl alle Schiffseigner in derartigen Fällen unterwerfen. Zur Disposition steht, und dies macht die Entscheidung deutlich, aber die Auswirkung eines solchen Brauchs auf die vertraglich vereinbarte Risiko- und Kostenverteilung unter den Parteien[129]: Entsprechen seine Wirkungen den vertraglichen Vereinbarungen, bleibt es bei der von ihm getroffenen Kostenregelung; widersprechen sie ihnen, kann die infolge des Brauchs mit den Kosten belastete Partei Rückgriff bei ihrem Vertragspartner nehmen.

(5) Hardy v. Pound[130]

Daß es nicht um die Frage, ob die Parteien überhaupt den örtlichen Vorschriften und Bräuchen unterworfen sind, sondern allein um deren Auswirkung auf das Gefüge der vertraglich vereinbarten Rechte und Pflichten der Parteien geht, verdeutlicht die Entscheidung *M. W. Hardy & Co., Inc. v. A. V. Pound & Co, Ltd.* (1955) des Court of Appeal. Aufgrund eines in London geschlossenen Vertrages hatten die englischen Verkäufer den amerikanischen Käufern portugiesisches Terpentin f.a.s.[131] verkauft. Verschiffung und Zahlung sollten in Lissabon erfolgen. Bestimmungshafen war Rostock. Die Parteien hatten eine Londoner Schiedsgerichtsbarkeit vereinbart. Eine Rechtswahl war nicht getroffen. Die Verkäufer kauften das Terpentin von portugiesischen Lieferanten. Nach portugiesischem Recht bedurfte es zum Export von Terpentin einer Ausfuhrgenehmigung, die nur portugiesischen Lieferanten erteilt wurde. Die von den portugiesischen Lieferanten beantragte Ausfuhrgenehmigung wurde verweigert. Infolgedessen wurde die

---

129 Daß der Brauch hier nicht lediglich die örtliche Bestimmung des Begriffes *"alongside the steamer"*, sondern vor allem die Kostenseite betreffe, hob auch Lord Sumner, a.a.O. 397, 415 f. hervor.

130 (1955) 1 All ER 666. Dazu Grodecki, ModLRev 18 (1955) 405 - 408.

131 *Free alongside ship* ("frei Längsseite Schiff"), d.h. der Verkäufer hat seine Lieferpflicht erfüllt, wenn die Ware längsseits des Schiffes am Kai oder in Leichterschiffen im Verschiffungshafen verbracht ist.

Ware vom portugiesischen Zoll nicht abgefertigt, und eine Lieferung f.a.s. war nicht möglich. Die Forderung der Verkäufer, einen anderen Bestimmungshafen zu benennen, lehnten die Käufer ab. Die Verkäufer tätigten zur Schadensminderung einen Deckungsverkauf und verschifften das Terpentin nach London. Mit der Klage verlangten sie von den Käufern Schadensersatz. Nachdem das erstinstanzliche Schiedsgericht der Klage stattgegeben, das Berufungsschiedsgericht sie in einem *Special Case Proceeding*[132] abgewiesen und der High Court der Klage stattgegeben hatte, legten die Käufer Rechtsmittel ein.

Der Court of Appeal hielt ohne weitere Begründung[133] englisches Recht für das *proper law* und entschied, daß das Risiko der Beschaffung einer Exportgenehmigung nach den Gesamtumständen des Falles nicht von den Käufern zu tragen gewesen sei. Diese seien nicht verpflichtet gewesen, die erforderliche Exportgenehmigung zu beschaffen. Da sie somit nicht vertragsbrüchig geworden seien, seien sie auch nicht zur Zahlung von Schadensersatz verpflichtet[134].

Zur Bedeutung des portugiesischen Rechts als *lex loci solutionis* stellt das Gericht fest, insoweit, als der Vertrag in Portugal zu erfüllen sei, sei portugiesisches Recht anwendbar[135]. Was das Gericht mit dieser Formulierung meint, ist wohl nur, daß portugiesisches Recht die Voraussetzungen für Exporte aus Portugal zu bestimmen habe, denn das Gericht läßt nicht erkennen, daß es überhaupt in Erwägung gezogen hat, die *schuldrechtlichen* Folgen der Versagung der Ausfuhrgenehmigung nach portugiesischem Recht zu bestimmen. Diese unterstehen der Disposition der Parteien[136]. Auch das House of Lords als Rechtsmittelinstanz ging wie selbstverständlich davon aus, daß die nach portugiesischem Recht erforderliche, aber nicht erteilte Ausfuhrgenehmigung die Annahme der Ware durch den Käufer faktisch unmöglich gemacht hatte[137]. Im übrigen stellte es zur Bedeutung des portugiesischen Rechts als Recht des Leistungsortes lediglich *obiter* fest,

---

132 Verfahren aufgrund des Arbitration Act, nach dem ein englisches Schiedsgericht dem HC die Entscheidung von Rechtsfragen vorlegen kann.

133 Lediglich aus der Äußerung Lord Goddards, *"material"* sei in diesem Fall, daß es sich um einen in England geschlossenen Vertrag über den Seetransport von Waren von Portugal aus handele, und daß portugiesisches Recht eine Ausfuhrgenehmigung verlange, bevor die Ware längsseits des Schiffes abgeliefert werden könne, läßt sich erahnen, daß das Gericht ohne weiteres den Ort des Vertragsschlusses für maßgeblich hielt. Dies verwundert umso mehr, als eine solche pauschale Anknüpfung an den Abschlußort schon durch zwei Entscheidungen aus dem Jahr 1865 verworfen worden war (s. oben S. 31). Kritisch insofern auch Grodecki, a.a.O. 405.

134 A.a.O. 666, 673.

135 Lord Justice Singleton zitiert insoweit die Vorinstanz, a.a.O. 666, 673. Zustimmend auch Lord Goddard, a.a.O. 666, 674.

136 Grodecki ModLRev 18 (1955) 405, 407.

137 Vgl. Viscount Simonds a.a.O. 639, 647.

daß, da englisches Recht das *proper law* sei, der Einfluß des portugiesischen Rechts auf Fragen der Art und Weise der Erfüllung beschränkt sei[138].

Auch in dieser Entscheidung wird deutlich, daß bei der Frage, welchen Einfluß Vorschriften des Leistungsortes auf die Erfüllungshandlungen haben, zu unterscheiden ist zwischen den den Wirkungen, die derartige Vorschriften oder Bräuche *faktisch* auf die Durchführbarkeit der Handlung haben und den vertragsrechtlichen Wirkungen, die eine mögliche Undurchführbarkeit oder eine Durchführbarkeit nur in einer bestimmten Art und Weise entfaltet.

(6) Zusammenfassung

Zunächst ist festzuhalten, daß von den eben vorgestellten, als Beispiele für den Einfluß des Rechts des Erfüllungsortes auf die Art und Weise der Erfülung genannten Fälle nur die Fälle *Lloyd v. Guibert* und *Hardy v. Pound* ausdrücklich nach den Regeln des Internationalen Privatrechts behandelt wurden, während in den übrigen Fällen ohne weiteres englisches Recht angewandt wurde. Gegenstand aller Entscheidungen war der Einfluß der jeweiligen Hafenbräuche bzw. -vorschriften auf die vertraglichen Plichten der Parteien. Es lassen sich dabei zwei Fallgestaltungen unterscheiden:

Bis auf eine Ausnahme handelt es sich um Vorschriften, die von der öffentlichen Verwaltung erlassen wurden und der Abwicklung des Hafenverkehrs dienten (*Robertson v. Jackson*: Löschen nur nach den Vorschriften des französischen Marineministeriums; *Lloyd v. Guibert*: Jedes Schiff muß sich nach den Vorschriften der Hafenverwaltung richten; *Palgrave v. The Turid*: Der Schiffseigner hat die Kosten für ein Löschen der Ladung durch im Hafen beschäftigte Stauer zu tragen.). Diesen Vorschriften sind die Parteien, und dies wird von den Gerichten als selbstverständlich vorausgesetzt, unabhängig vom ihrem Willen unterworfen. Daß die Gerichte die *Berücksichtigung* dieser Vorschriften auch als dem Parteiwillen entsprechend ansehen, bedeutet nicht, daß die Geltung der Bräuche bzw. Vorschriften abdingbar wäre. Die Unterstellung eines entsprechenden Parteiwillens beruhte vielmehr auf dem englischen Vertragsstatut, wonach eine abweichende Vereinbarung den Vertrag nichtig bzw. nicht einklagbar gemacht hätte.

Im Fall *Norden v. Dempsey* ging es hingegen um die Berücksichtigung eines Brauches, der keine öffentlichen Interessen verfolgte und entsprechend nicht behördlich durchsetzbar war, sondern unmittelbar auf die Gestaltung von Individualverträgen zielte, indem er im Interesse einer der Vertragsparteien einem Ver-

---

138 (1956) 1 All ER 639, 642.

tragsterminus eine bestimmte Bedeutung beilegte. In diesem Fall unterliegen nicht nur die vertraglichen Wirkungen des Brauches, sondern bereits dessen Geltung dem Parteiwillen. Entsprechend hat sich im 20. Jahrhundert in England eine differenzierte Klauselpraxis herausgebildet, die die Frage, wann ein Schiff "angekommen" sei, unter Berücksichtigung möglicher Hindernisse bei der Ankunft und der Ladefertigkeit des Schiffes regeln soll[139].

ddd) Tageszeit, während der die Anlieferung erfolgen darf

Als weiteres Beispiel für eine Frage, die lediglich den *mode of performance* betreffe, wird schließlich - ohne Bezugnahme auf eine gerichtliche Entscheidung - die Bestimmung der Tageszeit, zu der eine Anlieferung von Waren zu erfolgen hat, genannt[140]. Diese habe sich nach dem Recht des vereinbarten Leistungsortes zu richten.

e) Zusammenfassung

Die zitierten Fallgruppen lassen kein einheitliches Bild erkennen. Zum Teil sind sie überhaupt nicht für die Frage, wie der *mode of performance* von der *substance of the obligation* zu unterscheiden ist, verwertbar[141], weil Vertragsstatut und Recht des Erfüllungsortes identisch waren. Weiter ist festzuhalten, daß von den übrigen acht Fällen nur die vier Währungsfälle - die auch den Begriff *mode/manner of performance* verwenden - und der Fall *Lloyd v. Guibert* ausdrücklich nach Regeln des IPR entschieden wurden. In den restlichen drei Fällen bestand entweder kein erkennbarer Auslandsbezug *(Palgrave v. The Turid)* oder die Gerichte hielten ohne nähere Begründung englisches Sachrecht für maßgeblich *(Robertson v. Jackson, Norden Steamship v. Dempsey)*. In letzteren Fällen ist daher nicht erkennbar, ob die Gerichte sich bei der Berücksichtigung die Bestimmungen/Gebräuche des Leistungsorts überhaupt einer internationalprivatrechtlichen Fragestellung bewußt waren. Da diese Fälle jedoch in der Mitte des 19. Jahrhunderts entschieden wurden, zu einem Zeitpunkt also, als noch eine große Unsicherheit darüber bestand, in welchem Ausmaß und unter welchen Voraus-

---

139 Überblick bei Prüßmann/Rabe, Seehandelsrecht[3], 1992, Anm. C 2, D, E zu § 567 HGB.

140 Cheshire/North[11] 495; Dicey/Morris[11] 1237.

141 *Rouquette v. Overmann*, oben S. 44 f.

setzungen überhaupt ausländisches Recht heranzuziehen sei[142], ist davon auszugehen, daß die Gerichte im Zweifel ohne weiteres englisches Sachrecht anwandten[143]. Unter all diesen Vorbehalten lassen sich dennoch folgende Feststellungen treffen:

1. Als *mode of performance* ist unstreitig nur die Frage, in welcher Währung *(money of payment)* der Schuldner Zahlung zu leisten hat, zu beurteilen. Diese Frage ist vom Recht des vertraglich vereinbarten Zahlungsortes zu beantworten, falls die Parteien nicht etwas anderes vereinbart haben.

2. Die sonstigen vom Schrifttum angeführten Beispiele, die zumal meist aus dem vorigen Jahrhundert stammen, sind nicht durch richterliche Autorität belegt bzw. im Gegenteil sogar widerlegt[144].

3. Der Einfluß von Hafenvorschriften bzw. -bräuchen des Leistungsortes wird von den zitierten Urteilen nicht mit der Figur des *mode of performance* begründet. Es lassen sich vielmehr zwei Fallgruppen unterscheiden:

a) Ist der Schuldner der entsprechenden Vorschrift zwingend unterworfen, findet sie *Berücksichtigung* insofern, als eine Erfüllung in anderer Art und Weise als unmöglich angesehen wird. Es handelt sich hierbei um Vorschriften, die dem öffentlichen Interesse entspringen und entsprechend durchsetzbar sind (hafenbehördliche Vorschriften, die auf Ordnungsinteressen beruhen). Welche Folgen diese Unmöglichkeit aber für das vertraglich vereinbarte Haftungsgefüge hat, bleibt der Disposition der Parteien überlassen.

b) Regelt ein Brauch unmittelbar die vertraglichen Rechte und Pflichten der Parteien, dient er also dem Interessenausgleich zwischen Privaten (z.B. Auslegung des Begriffes "Ankunft"), wird er nicht nur berücksichtigt, sondern findet *Anwendung*, wenn er nicht im Widerspruch zum ausdrücklich oder konkludent vereinbarten Vertragsinhalt steht.

In ähnlich differenzierter Weise werden wohl von der Rechtsprechung auch Vorschriften des Leistungsortes, die die Tageszeit betreffen, zu der eine Anlieferung erfolgen darf [145], berücksichtigt bzw. angewandt werden.

Auch im schottischen Recht finden sich zwei Entscheidungen, die zwar nicht ausdrücklich nach Regeln des IPR entschieden wurden, aber dennoch das Problem der Berücksichtigung von Regelungen des Leistungsortes behandeln.

---

142 Vgl. oben S. 29 f.

143 So rät auch Cheshire/North[11] 26 bei der Verwertung von Urteilen dieses Alters zu Zurückhaltung.

144 *Rouquette v. Overmann*, oben S. 44 f.

145 S. oben S. 56.

In der Entscheidung *Sellar v. Gladstone*[146] aus dem Jahr 1868 hatte ein (vermutlich indischer) Verkäufer, nachdem die schottischen Käufer wegen angeblicher Mangelhaftigkeit der aus Indien gelieferten Ware die Annahme verweigert hatte, die Ware im Wege des freihändigen Verkaufs für Rechnung des Käufers im englischen Zielhafen veräußert. Die Käufer hielten den Verkauf für unberechtigt, da er ohne entsprechende richterliche Verfügung erfolgt war. Der Court of Session entschied, daß eine richterliche Verfügung nur erforderlich gewesen wäre, wenn der Verkauf in Schottland stattgefunden hätte. Vorliegend hingegen bestünden keine Anhaltspunkte dafür, daß der Verkauf nicht der in England üblichen Vorgehensweise entsprochen habe.

In der Entscheidung *Schnurmans & Son v. Stephen*[147] aus dem Jahr 1832 ging es um die Frage, mit welchen Mitteln eine Ware zu messen sei. Die Kläger hatten Holz an die Beklagten verkauft. Als Leistungsort für die Bereitstellung der Ware war Rotterdam vereinbart gewesen. Die verkaufte Menge wurde mit dem in Rotterdam gebräuchlichen Kaliper ermittelt und nach Aberdeen verschifft. Dem Beklagten erschien die gelieferte Menge zu gering. Daraufhin vorgenommene Messungen mit den in Aberdeen üblichen Mitteln ergaben eine negative Abweichung von der vereinbarten Menge. Nach Kalipermaß entsprach die Menge allerdings der vertraglich vereinbarten. Der Beklagte verweigerte dennoch die Zahlung des Anteils des Kaufpreises, der der nach englischem Maß fehlenden Menge entsprach. Das Gericht entschied jedoch zugunsten des Klägers. Da als Leistungsort Rotterdam vereinbart gewesen sei, sei auch eine Messung der Ware mit dem dort üblichen Maß als vereinbart anzunehmen.

Auch diese beiden Fälle zeigen zwei unterschiedliche Rechtfertigungen für die Berücksichtigung des Rechts des Leistungsortes auf:

Im ersten Fall erweist sich die Vornahme einer nach dem Vertragsstatut zulässigen Handlung aufgrund von verfahrensrechtlichen Vorschriften nur als nach den Vorschriften des Ortsrechts durchführbar. Das Bestehen auf der vom Vertragsstatut vorgesehenen Verfahrensweise würde hier zu einer Beschneidung der vertraglich vorgesehenen Rechte führen.

Im zweiten Fall ist nicht anzunehmen, daß eine Messung der Ware nach einem anderen als dem Kalipermaß unmöglich gewesen wäre. Dessen Verwendung dient hier allein der Bequemlichkeit des Schuldners. Aus diesem Grund ist eine Berechtigung zu seiner Verwendung nur im Zweifel, d.h. mangels Vorliegens einer abweichenden Parteivereinbarung anzunehmen.

---

146 SLR 5 (1868) 417.
147 (1832) 10 S. 839.

2. Frankreich

Das IPR Frankreichs ist weithin unkodifiziert. Die bedeutendste Vorschrift des gesetzten Internationalen Privatrechts ist Art. 3 cc[148], der aber keine Regelung des Vertragsrechts enthält. Dieses beruht daher größtenteils auf den von Rechtsprechung und Lehre entwickelten Prinzipien[149]. Es gilt wie in allen modernen Rechtsordnungen der Grundsatz der Parteiautonomie. Haben die Parteien keine Rechtswahl getroffen, wird unter den Rechtsordnungen, die eine Verbindung zum Vertrag aufweisen, die "angemessenste" vom Richter bestimmt. Das so ermittelte Vertragsstatut beherrscht grundsätzlich alle Aspekte des Vertrages: sein Zustandekommen *(conditions de formation)*, seine Wirksamkeit *(validité)* und seine Wirkungen *(ses effets)*[150]. Ausnahmen stellen zum einen Form und Geschäftsfähigkeit als allseitige Sonderanknüpfungen und zum anderen die einseitige Anwendung französischen Rechts als Prozeßrecht, *lois de police* und im Rahmen des *ordre public* dar. Auch das Recht eines Staates, dessen Recht weder Vertragsstatut noch *lex fori* ist, kann als *lois de police étrangères* Berücksichtigung finden. Eine Sonderanknüpfung wird schließlich von der Lehre und in Ansätzen von der Rechtsprechung auch für die hier besprochenen Erfüllungsmodalitäten *(modalités d'exécution)* angenommen. Diese sollen an das Recht des Erfüllungsortes angeknüpft werden. Die dogmatischen Begründungen hierfür stützen sich jedoch auf nahezu alle der eben genannten sonstigen Anknüpfungen, von der Annahme eines entsprechenden Parteiwillens bis hin zur Anwendung drittstaatlicher *lois de police*. Um die von Lehre und Rechtsprechung vertretenen Ansichten einordnen zu können, ist es daher erforderlich, zunächst die eben skizzierten Grundzüge des französischen Internationalen Vertragsrechts - soweit relevant - näher darzulegen.

---

148 Art. 3 cc lautet:
Les lois de police et de sureté obligent tous ceux qui habitent le territoire.
Les immeubles, même ceux possédés par des étrangers, sont régis par la loi française.
Les lois concernant l'état et la capacité des personnes régissent les Français, même residents en pays étrangers.

149 Loussouarn/Bourel[3] 26 f.

150 Cass. Rev dr i p 1911.395 = Clunet 1912.1156.

a) Grundsatz: Loi de l'autonomie de la volonté

Im französischen Internationalen Vertragsrecht gilt der Grundsatz der Parteiautonomie *(loi de l'autonomie de la volonté)*[151]. Die Parteien können das anwendbare Recht wählen. Theoretische Begründung für die Parteiautonomie war früher die traditionelle subjektive Theorie, wie sich sich im 19. Jahrhundert unter dem Einfluß der Kantschen Philosophie und des wirtschaftlichen Liberalismus entwickelt hatte: Die Parteien sollen das anwendbare Recht wählen können, weil sie wie bei nationalen Verträgen frei sein sollen, ihre vertraglichen Beziehungen nach Belieben zu gestalten. Haben die Parteien von dieser Möglichkeit keinen Gebrauch gemacht, besteht die Aufgabe des Richters darin, den Gesamtumständen entweder einen stillschweigenden oder einen hypothetisch vermuteten Parteiwillen zu entnehmen[152].

In neuerer Zeit dringt hingegen die objektive, vor allem von Batiffol[153] vertretene Theorie von der Lokalisierung des Vertragsverhältnisses *(localisation du contrat)*[154] vor. Sie geht zunächst von den Fällen aus, in denen die Parteien keine Rechtswahl getroffen haben. Hier sei es gekünstelt, einen - in Wirklichkeit überhaupt nicht existierenden - stillschweigenden oder hypothischen Parteiwillen zu suchen[155]. Aufgabe des Richters sei es vielmehr, den Vertrag in objektiver Weise zu lokalisieren. Dies gelte aber auch dann, wenn die Parteien ausdrücklich eine Rechtswahl getroffen hätten. Der Wille der Parteien sei nämlich nicht auf die Anwendung eines bestimmten Rechts gerichtet, sondern darauf, den Vertrag an einem bestimmten Ort zu lokalisieren. Erst der Richter leite aus dieser Lokalisierung das anwendbare Recht ab[156]. Entsprechend sei er auch nicht an die Wahl der Parteien gebunden, denn deren Wille stelle nur eines unter vielen Elementen, die zu berücksichtigen seien, dar[157]. Die objektive Theorie sucht so die Nachteile einer - streng - subjektiven Theorie (Wahl eines Rechts, das keinerlei Verbindung mit dem Vertrag aufweist[158]; Ausschluß des Einflusses von Änderungen des ge-

---

151 Cass. JCP 1911 I 129 Anm. Lyon-Caen = Clunet 1912, 1156 = Rev crit dr i p 1911, 395.

152 Loussouarn/Bourel[3] 262 f.

153 Batiffol/Lagarde II[7] 265 ff.

154 Mit dieser Theorie befindet sich Batiffol zumindest in der Nähe von Savignys Lehre vom "Sitz des Rechtsverhältnisses", s. unten S. 93 und Lando, IECL III 24, 4.

155 Batiffol/Lagarde II[7] 260.

156 Batiffol/Lagarde II[7] 266.

157 Batiffol/Lagarde II[7] 268 f.

158 Die subjektive Theorie schließt die Wahl eines derartigen Rechts dadurch aus, daß sie sie als *fraude à la loi* ansieht. Dies setzt allerdings voraus, daß die Parteien den zielgerichteten Willen hatten, den internationalen Bezug des Vertrages dadurch auszunutzen, daß sie ein Recht ohne objektiven Bezug zum Sachverhalt wählen, das im Gegensatz zu allen anderen objektiv mit dem Vertrag verbundenen Rechtsordnungen keine zwingen-

wählten Rechts auf den Vertrag; Möglichkeit des Ausschlusses bestimmter Vorschriften des gewählten Rechts bis hin zum gänzlichen Fehlen der Wahl eines staatlichen Rechts) zu vermeiden.

Die Rechtsprechung scheint dieser Theorie zumindest in den Fällen, in denen keine ausdrückliche Rechtswahl getroffen wurde, zu folgen: *"Attendu, ... que les juges du fond apprécient souverainement les circonstances qui déterminent la localisation d'un contrat d'où ils déduisent la loi qui lui est applicable."* [159].

Ist eine ausdrückliche oder stillschweigende Rechtswahl bzw. "Lokalisierung" des Vertrages von den Parteien nicht vorgenommen worden, ist das Recht anwendbar, das unter Würdigung aller Umstände den Gerichten das angemessenste Vertragsstatut zu sein scheint[160]. Entsprechend den wiederum von Batiffol entwickelten Kriterien[161] sucht der Richter zunächst nach *besonderen Hinweisen (indices particuliers)* auf ein bestimmtes Recht. Hierzu wird meist auf die Rechtsnatur des Vertrages oder den Vertragsgegenstand zurückgegriffen, beispielsweise die Belegenheit des vertragsgegenständlichen Grundstücks oder die Verbindung des Vertrages mit anderen Verträgen. Nur hilfsweise wird hingegen auf die gemeinsame Staatsangehörigkeit der Parteien, den gemeinsamen Wohnsitz oder den Inhalt der in Betracht kommenden Rechte abgestellt[162]. Führt die Berücksichtigung solcher Kriterien nicht zu einem Ergebnis, wird auf zwei *allgemeine Hinweise (indices généraux)* zurückgegriffen: den Abschlußort und den Erfüllungsort. Der Vorrang wird dabei dem Erfüllungsort (der Haupt- oder charakteristischen Leistung[163] eingeräumt[164], da Sinn des Vertrages dessen Erfüllung sei und auch volkswirtschaftlich gesehen der Staat des Erfüllungsortes betroffen sei[165]. Nur, wenn der Erfüllungsort nicht bestimmt oder bestimmbar ist

---

den Vorschriften enthält, die dem Vertrag entgegenstehen. Ein entsprechender zielgerichteter Wille der Parteien sei allerdings nur äußerst zurückhaltend anzunehmen, Mayer 561. Nach Loussouarn/Bourel[3] 425 reicht die Wahl eines Rechts ohne Bezug zum Sachverhalt und ohne schützenswertes Interesse der Parteien an seiner Wahl.

159 Cass. Clunet 1972, 52 Anm. Kahn; vgl. auch Cass. Clunet 1980, 650 Anm. Kahn = Rev crit dr i p 1980, 576 Anm. Batiffol; Cass. Rev crit dr i p 1983, 276 Anm. Santa Croce; Cass. Rev crit dr i p 1983, Somm., 694. Als Indizien für eine stillschweigende Rechtswahl werden vor allem die Bezugnahme auf eine bestimmte Vorschrift eines Rechts (z.B. Cass. Rev dr i p 1974, 720 = Clunet 1974, 583 m. Anm. Bigot) oder eine Gerichtsstands- oder Schiedsklausel (z.B. Cass. Rev crit dr i p 1978, 689 m. Anm. Delaporte) angesehen.

160 Loussouarn/Bourel[3] 594.

161 *Les conflits de lois en matière de contrats*, Paris 1938, 69ff.

162 Lossouarn/Bourel[3] 595. Letzteres kann insbesondere dann in Betracht kommen, wenn der Vertrag nach einer Rechtsordnung wirksam, nach einer anderen unwirksam ist, Cass. Rev dr i p 1911, 395.

163 Cour App. Paris Rev crit dr i p 1955.330 Anm. Motulsky.

164 Cass. a.a.O. (Fn. 162) und Rev crit dr i p 1952, 502 Anm. Motulsky.

165 Die Anknüpfung an den Erfüllungsort wird daher z.B. bei Arbeitsverträgen (Loussouarn/Bourel[3] 596), Verwahrung (Cour App. Paris Gaz Pal 1933.1.805), Auf-

(vor allem bei alternativen Zielbestimmungen in Transportverträgen, aber auch bei Verträgen, bei denen mehrere Verpflichtungen bestehen, die in verschiedenen Ländern zu erfüllen sind), wird dem Ort des Vertragsschlusses der Vorrang eingeräumt, weil er beiden Parteien gemeinsam sei und weil beiden Parteien in gleichem Maße eine Kenntnis dieses Rechts unterstellt werden könne[166].

Sowohl bei Rechtswahl als auch bei Bestimmung des angemessenen Vertragsstatutes durch den Richter ist es dabei zulässig, abtrennbare Teile des Vertrages an ein anderes Recht anzuknüpfen[167]. Für die sogenannten Erfüllungsmodalitäten kann damit das Recht des Erfüllungsortes - abgesehen von den Fällen, in denen es ohnehin als Vertragsstatut für den gesamten Vertrag ermittelt wird - als Teil-Vertragsstatut Anwendung finden: Zum einen durch eine entsprechende Teilrechtswahl der Parteien, zum anderen dadurch, daß der Richter dieses Recht für angemessen hält zur Regelung dieses Vertragsteils. Haben die Parteien nur eine Rechtswahl für den Gesamtvertrag getroffen, kann der Richter dennoch das davon verschiedene Recht des Erfüllungsortes auf die Erfüllungsmodalitäten anwenden: Folgt man der Theorie von der Rechtswahl als bloßer Lokalisierung des Vertrages durch die Parteien, die nur eines unter mehreren für die Bestimmung des maßgeblichen Rechts zu berücksichtigenden Elemente sei, ist der Richter frei, trotz anderweitiger "Rechtswahl" für die Erfüllungsmodalitäten das Recht des Erfüllungsortes für anwendbar zu halten[168].

b) Ausnahmen

aa) Form

Von der Anwendung des Vertragsstatuts ist die Form des Vertrages ausgeschlossen. Sie unterliegt der Regel *locus regit actum*. Allerdings ist diese Regel dispositiv insofern, als die Parteien für Formfragen auch das Vertragsstatut oder das

---

trag (Trib. gr. inst. Paris Clunet 1984, 583 m. Anm. Lefebvre), Vertretungsmacht (Cass. Rev crit dr i p 1986, 469 Anm. Niboyet-Hoegy) oder Vertragshändlerverträgen (Cass. Rev crit dr i p 1988, 56 Anm. Batiffol) als angemessen angesehen.

166 Loussouarn/Bourel[3] 597.

167 Mayer 554. Lagarde, *Le dépeçage dans le droit international privé des contrats*, Riv dir int priv proc 1975, 649, 671 sieht als einzige Grenze einer derartigen Vertragsspaltung die Aufrechterhaltung des Vertragszusammenhangs an; die Autorität des Rechts - die durch eine beliebige Aufspaltung des Vertrages in Einzelteile gefährdet sein könnte - sieht er hinreichend durch den *ordre public* des Forums, die Beachtung der *lois de police* und die Sanktionierung von Konsensmängeln gewahrt.

168 Für ein bloßes Lippenbekenntnis hält Broggini 66 daher die Betonung der Rechtswahlfreiheit in der Entscheidung der Cour de Cassation vom 5. 12. 1910 (oben Fn. 150).

gemeinsame Heimatrecht der Parteien wählen können[169]. Als Grund für die Regel *locus regit actum* wird dabei heute[170] die praktische Bequemlichkeit für die Parteien angesehen: Die Einhaltung der Ortsform sei für die Parteien bequem und in den Fällen, in denen die Mitwirkung von Behörden erforderlich sei, auch die einzig mögliche Form. Im übrigen seien die Formerfordernisse des Vornahmeorts immer zu ermitteln, während diejenigen des Vertragsstatuts den Parteien unter Umständen unbekannt seien[171].

Soweit Erfüllungsmodalitäten also als Formfragen betrachtet werden, was beispielsweise für die Form der Untersuchung der Ware zur Feststellung von Sachmängeln, aber auch für das Be- bzw. Entladen von Schiffen oder gar für die Bestimmung von Feiertagen zum Teil geschieht[172], kann das Recht des Erfüllungsortes auch über die Regel *locus regit actum* auf Erfüllungsmodalitäten anzuwenden sein.

bb) Prozeßrecht

Zuständigkeit und prozessuale Fragen werden von der *lex fori* beherrscht, wobei lediglich umstritten ist, ob die Möglichkeit bestimmter Klagen von Drittgläubigern[173] nach der *lex fori* oder nach dem Statut des Forderung zu beurteilen ist[174]. Erfüllungsmodalitäten können mit dem Prozeßrecht in Berührung kommen, wenn beispielsweise die Frage zu entscheiden ist, ob eine Frist zur Klageerhebung durch den Gläubiger wegen Sachmängeln als materiellrechtliche Verjährungsfrist oder als prozessuale Regelung anzusehen ist[175]. Nur, wenn letzteres verneint wird, lassen sich derartige Fristen unter Umständen an das vom Vertragsstatut verschiedene Recht des Erfüllungsortes anknüpfen. Eine andere Schnittstelle ist die Gewährung von Zahlungsaufschüben durch den Richter *(délais de grâce)*. Die Möglichkeit der ratenweisen Zahlung kann einerseits als Erfüllungsmodalität angesehen werden und damit dem Recht des Erfüllungsortes unterworfen werden, andererseits deutet ihre Gewährung durch den Richter daraufhin, daß es sich um Prozeßrecht handelt, das der *lex fori* untersteht.

---

169 Cass. JCP 1963 II 13347 Anm. Malaurie = Clunet 1963.1004 Anm. Goldman = Rev crit dr i p 1964.513 Anm. Loussouarn.

170 Ursprünglich enthielt die Regel eine zwingende Anknüpfung für den gesamten Vertrag, Batiffol/Lagarde I[8] 470.

171 Loussouarn/Bourel[3] 578 f.

172 Mayer 582 Fn. 65.

173 *Action oblique, action paulienne, action en déclaration de simulation.*

174 Dazu Loussouarn/Bourel[3] 606 f.; Batiffol/Lagarde II[7] 217.

175 Näher unten S. 77 f.

cc) lois de police

Die *lois des police* bilden das Gegenstück zum *ordre public*. Während die Anwendung des *ordre public* in erster Linie eine negative Wirkung hat, nämlich den Ausschluß der Anwendung des an sich berufenen ausländischen Rechts[176], wird unter dem Begriff *loi de police* die positive Anwendung einer Norm des Sachrechts auf einen internationalen Sachverhalt verstanden, weil diese selbst Anwendung beansprucht, und zwar unabhängig davon, ob sie nach den Regeln des IPR zur Anwendung berufen ist[177]. *Lois de police* sind daher unabhängig vom Vertragsstatut anzuwenden. Dabei ist zu unterscheiden zwischen den französischen *lois de police* und *lois de police étrangères*.

aaa) französische lois de police

Seit Savigny gilt auch in Frankreich der Grundsatz, daß in Fällen mit Auslandsbezug das anwendbare Recht nicht vom Anwendungsbereich der Sachnormen her (Statutenlehre), sondern immer aufgrund einer Regel des IPR zu bestimmen ist[178]. Die *lois de police* (*police du contrat*[179]) werden als Ausnahme angesehen. Diese Normen wendet der Richter an, ohne zuvor zu fragen, ob sie nach den Regeln des IPR berufen sind. Wegen dieser unmittelbaren Anwendung werden sie auch als *lois d'application immédiate* bezeichnet[180]. Nach welchen allgemeinen Kriterien festzustellen ist, ob eine Norm *application immédiate* beansprucht, ist noch nicht abschließend geklärt[181]. Es werden jedoch folgende Gemeinsamkeiten der anerkannten Fallgruppen festgestellt: Zunächst handelt es sich häufig um Grenzgebiete zum öffentlichen Recht (Wettbewerbs-, Währungs-, Außenhandelsrecht). Zum zweiten sind oft Stellen der öffentlichen Verwaltung mit der Anwendung der in Rede stehenden Vorschriften betraut. Einer dritten Gruppe von Vorschriften ist schließlich hinsichtlich ihres Inhalts gemeinsam, daß sie dem Schutz des Allgemeininteresses durch den Schutz bestimmter Gruppen (Arbeitnehmer,

---

176 Welche *positiven* Wirkung der *ordre public* hat, welches Recht also anstelle des ausgeschlossenen Statuts Anwendung findet, ist umstritten; dazu Mayer 186 ff.

177 Audit 91.

178 Audit 92.

179 Batiffol/Lagarde II^{7} 277.

180 Der Begriff geht auf Francescakis, *La théorie du renvoi et les conflits de systèmes en droit international privé*, thèse Paris 1958, 11 f. zurück.

181 Eine Darstellung der verschiedenen Versuche, nach formalistischen, technischen oder finalistischen Gesichtspunkten abzugrenzen, findet sich bei Loussouarn/Bourel^{3} 172 - 183 und Toubiana 208 - 227.

Verbraucher, Versicherungsnehmer)[182] dienen[183]. Als entscheidend wird in jedem Fall das mit dem Erlaß der Norm verfolgte Ziel (finalistischer Ansatz) angesehen: *"... les lois de police sont les lois dont l'observation est nécessaire pour la sauvegarde de l'organisation politique, sociale et économique du pays; leur caractère distinctif réside dans cette idée d'organisation*[184]*"*. Dabei darf die Norm nicht nur national, sondern muß *"internationalement impérative"* [185] sein. Der Begriff der *lois de police* ist damit heute nicht mehr auf das von Art. 3 Abs. 1 cc[186] wohl angesprochene Gebiet des öffentlichen Rechts im weitesten (auch das Strafrecht umfassenden) Sinne beschränkt[187]. Anerkannte Fallgruppen sind heute vielmehr: bestimmte arbeits- und sozialrechtliche Vorschriften, Minderjährigenschutz, Wohnungsmietrecht, Versicherungsvertragsrecht, Wettbewerbs-, Währungs- und Außenhandelsrecht, Verbraucherschutzrecht[188].

Voraussetzung für die Anwendung dieser französischen Sachnormen ist jedoch, dies ergibt sich aus dem finalistischen Ansatz, eine hinreichende Verbindung des Sachverhalts zur *organisation* des französischen Staates. Diese liegt meist in einem territorialen Bezug (gewöhnlicher Aufenthalt des Minderjährigen, Abschlußort des vom Verbraucher geschlossenen Vertrages, Arbeitsort, Ort der Auswirkung wettbewerbsbeschränkender Maßnahmen etc.)[189].

Für die Erfüllungsmodalitäten ergibt sich daraus, daß bei einem Erfüllungsort in Frankreich dessen Vorschriften als *lois de police* auf den Vertrag anwendbar sein können. In Betracht kommen hier beispielsweise Bestimmungen über Feiertage, an denen die Lieferung untersagt ist oder Bestimmungen über das gesetzliche Zahlungsmittel.

bbb) ausländische lois de police[190]

Die Anwendung ausländischer *lois de police*, hier insbesondere solcher des Leistungsortes, wirft drei Fragen auf:

---

182 Batiffol/Lagarde II[7] 277 - 279.
183 Audit 94.
184 Francescakis, Trav Com fr dr i p 1971, 149; Audit a.a.O.
185 Audit 93.
186 Oben Fn. 148.
187 Audit 92.
188 Batiffol/Lagarde II[7] 277 ff.; Audit 92 f.; Loussouarn/Bourel[3] 168 f.
189 Audit 95.
190 Dazu Mayer, *Les lois de police étrangères*, Clunet 1981, 277; Schultsz, Trav Com fr dr i p 1982/83, 39.

Zunächst ist zu klären, ob der französische Richter überhaupt ausländische *lois de police* anwenden kann. Die Frage wurde früher wegen der Nähe der erfaßten Materien zum öffentlichen Recht verneint. Heute wird dagegen die Anwendung derartiger ausländischer Normen für zulässig gehalten aus zwei Gründen: Zum einen hätten die *lois de police* heute nicht mehr in erster Linie den Schutz unmittelbar staatlicher Interessen, sondern vor allem den Schutz privater Interessen im Auge. Zum anderen seien alle modernen Staaten, die dieselben allgemeinen wirtschaftlichen, sozialen oder kulturellen Ziele verfolgten, gezwungen, in zunehmendem Maße zwingende oder dirigistische Normen zu erlassen. Es liege daher im wohlverstandenen Interesse eines jeden Staates, eine Beachtung solcher Normen nicht von vornherein aus rechtssystematischen Gründen auszuschließen[191].

Die weitere Frage, welche ausländischen Normen als *lois de police* anzusehen sind[192], soll nach h.M.[193] wie im Fall der französischen *lois de police* anhand eines entsprechenden Willens des ausländischen Gesetzgebers bzw. der ausländischen Rechtsprechung festgestellt werden[194].

Schließlich ist zu entscheiden, welche der *ausländischen lois de police* Anwendung finden sollen, da der Richter nicht alle Normen, die einen international zwingenden Geltungsbereich beanspruchen, berücksichtigen kann. Die *lois de police* des Staates, dessen Recht Vertragsstatut ist, werden ohne weiteres (unter dem allgemeinen *ordre public*-Vorbehalt[195] und unter dem Vorbehalt, daß der in-

---

191 Audit 97; im gleichen Sinne Batiffol/Lagarde I[7] 300.

192 Die Ansicht Franceskakis' (Anm. zu Cass. Rev crit dr i p 1966, 238), die einseitige Anwendung französischer *lois de police* stelle lediglich eine Ausnahme zu den allgemeinen Regeln des Internationalen Privatrechts dar, und außerhalb der Anwendung jener sei ausländisches Recht nach den allgemeinen Regeln des Internationalen Privatrechts anzuwenden, hat keine Zustimmung finden können, vgl. z.B. Loussouarn/Bourel[3] 191.

193 Loussouarn/Bourel[3] 191; Mayer 107.

194 Nach anderer Ansicht sollen ausländische *lois de police* aufgrund einer *bilatéralisation*, also einer Art "allseitigen Ausbaus" der "Anknüpfungspunkte" der *lois de police* (ein allseitiger Ausbau im Sinne des Internationalen Privatrechts im eigentlichen Sinne liegt hier nicht vor, da die *loi de police* des Forums keine einseitigen Kollisionsnormen darstellen, a. A. Francescakis, Rep dr int, vo, *Conflits de lois*, n. 89 f.: Kollisionsnormen im weiteren Sinne) des Forums erkannt werden. Die französische Regel beispielsweise, daß auf Arbeitsverträge, bei denen die Arbeitsleistung auf französischem Staatsgebiet erbracht wird, bestimmte französische Vorschriften international zwingend anzuwenden sind, wird dahin "ausgebaut", daß die entsprechenden Vorschriften eines ausländischen Arbeitsortes auch dann von französischen Gerichten angewandt werden, wenn das Recht des Arbeitsortes nicht Vertragsstatut ist, vgl. z.B. Toubiana 258 - 266, 270 f.; Deby-Gérard, *Le rôle de la règle de conflit dans le règlement des rapports internationaux*, 1973, n. 62 f.. Diese Ansicht wird vor allem deshalb abgelehnt, weil sie zum einen voraussetzt, daß die *lex fori* eine der ausländischen Norm, die Anwendung beansprucht, entsprechende Norm beinhaltet und zum zweiten, daß der "Anknüpfungspunkt" des ausländischen Norm mit dem der *lex fori* übereinstimmt, was ebenfalls nicht notwendigerweise der Fall sein muß, Audit 99.

195 Toubiana 189.

ternationale Geltungswille nicht mißbräuchlich sein darf[196]) angewandt[197]. Ungeklärt ist dagegen die Frage, die zwingenden Normen welcher Drittstaaten (d.h. Staaten, deren Recht weder *lex fori* noch *lex causae* ist) angewandt werden müssen[198]. Es wird diesbezüglich lediglich allgemein gefordert, daß der Sachverhalt zumindest eine gewisse Verbindung zu dem Staat, der die in Frage stehende Norm erlassen hat, aufweisen müsse. Weiter müsse die Norm zumindest grundsätzlich einen Bereich betreffen, in dem auch der französische Gesetzgeber ein Bedürfnis für den Erlaß international zwingender Normen sehe[199].

Erfüllten die *lois de police* mehrerer Staaten diese Bedingungen, sei wie folgt zu entscheiden: Ein Konflikt entstehe nicht, wenn jede dieser Rechtsordnungen dieselbe Rechtsfolge (beispielsweise Nichtigkeit des Vertrages) anordnete. Schweige eine der Rechtsordnungen zu einer Frage, zu der eine andere eine *loi de police* erlassen habe, sei das Schweigen jedenfalls nicht als Widerspruch auszulegen. Bei gegenläufigen Rechtsfolgen schließlich müsse dem bedeutenderen Interesse der Vorrang eingeräumt werden; sei eine solche Rangfolge nicht festzustellen, müsse eines der geschützten Interessen geopfert werden[200]. Konflikte zwischen einer ausländischen und einer loi de police des Forums müßten jedoch zugunsten der letzteren gelöst werden[201].

Das Recht des Erfüllungsortes kann also auch als drittstaatliche loi de police auf den Vertrag Anwendung finden und auf diese Weise bestimmte Erfüllungsmodalitäten regeln. Die Erfüllung stellt jedenfalls einen hinreichenden Bezug zum Recht des jeweiligen Staates dar. Anwendbar dürften dabei vor allem - einen entsprechenden Geltungswillen des ausländischen Gesetzes vorausgesetzt - die für französische *lois de police* genannten Normgruppen sein.

---

196 Mayer 107; Audit 98.

197 Batiffol/Lagarde I[7] 300.

198 Aus dem Bereich der Rechtsprechung finden sich lediglich einige Entscheidungen aus dem Bereich des Mietrechts, in denen aber kein allgemeiner Grundsatz zur Anwendung ausländischer *lois de police* aufgestellt wurde, z.B. Trib. gr. inst. Paris Clunet 1968, 100 Anm. Dayant.

199 Batiffol/Lagarde I[7] a.a.O.. Zum Teil wird daher die Ansicht vertreten, eine ausländische loi de police sei aufgrund eines "Ausbaus" *(bilatéralisation)* französischer *lois de police* zu allseitigen Kollisionsnormen festzustellen: So wie beispielsweise auf Mietverträge über in Frankreich belegene Grundstücke zwingend die französischen Bestimmungen über die Miethöhe anwendbar sind, sollen bei ausländischer Belegenheit die entsprechenden Vorschriften des Belegenheitsstaates zwingend anwendbar sein. Zu diesem allseitigen Ansatz kritisch Batiffol/Lagarde a.a.O. Fn. 8 mit Nachweisen; ablehnend Mayer 108; Loussouarn/Bourel[3] 191.

200 Mayer 109 f. Die Möglichkeit des Entstehens derartiger Konflikte zwischen den *lois des police* mehrerer Staaten wird von Loussouarn/Bourel[3] 192 als Schwäche des Kriteriums des Anwendungswillens der betreffenden Norm angesehen.

201 Audit 100.

c) modalités d'exécution

Bereits früher wurden bestimmte Folgen des Vertrages gesondert angeknüpft. Auf den Postglossator Bartolus (1314 - 1357) zurückgehend, wurde zu Anfang dieses Jahrhunderts von Valéry die Ansicht vertreten, es sei zwischen *effets* und *suites* des Vertrages zu unterscheiden[202]. Die *effets*, worunter die aus dem Vertrag unmittelbar erwachsenden Verpflichtungen verstanden wurden, beträfen die *substance de l'obligation* und unterlägen daher dem Vertragsstatut. Die *suites du contrat* hingegen stellten nicht beabsichtigte Folgen des Vertrages dar, *incidents survenus*. Sie seien gesondert an das Recht des Erfüllungsortes anzuknüpfen. Als *suites* wurden beispielsweise die Bedingungen für ein Inverzugsetzen des Schuldners, die Annahme einer Zahlung, die Feststellung einer Mangelhaftigkeit der Lieferung, die Höhe der gesetzlichen Zinssätze bei Zahlungsmoratorien, die Haftung und die Bestimmung des Schadensersatzes angesehen[203]. Diese Unterscheidung wurde später jedoch von Rechtsprechung und Lehre verworfen: Die Trennung sei sinnlos, da Ziel der Parteien immer die Erfüllung und nicht die bloße Schaffung von Verpflichtungen sei. Sowohl die Erfüllung selbst als auch die Folgen der Nichterfüllung seien daher vom Anwendungsbereich des Vertragsstatuts erfaßt[204].

Einige der von Valéry genannten *suites* werden jedoch auch heute noch unter dem Begriff *modalités d'exécution*, auch *modes* oder *actes d'exécution* genannt[205], gesondert angeknüpft, nämlich die Handlungen, die Art. 10 Abs. 2 EVÜ bzw. Art. 32 Abs. 2 EGBGB als "die vom Gläubiger im Fall mangelhafter Erfüllung zu treffenden Maßnahmen" bezeichnet. Beispiele sind etwa das Inverzugsetzen des Schuldners oder die Untersuchung gelieferter Ware. Unter *modalités d'exécution* werden darüberhinaus aber auch Modalitäten der Erfüllung, soweit sie vom Schuldner zu verwirklichen ist, verstanden, etwa die Währung, in der eine Zahlung zu leisten ist oder die Art und Weise der Be- und Entladung von Schiffen. All diese *modalités* sollen an das Recht des Erfüllungsortes angeknüpft werden. Allerdings sind sind sowohl eine abstrakte Begriffsbestimmung als auch die dogmatische Begründung und damit die Bedingungen und die Reichweite dieser Sonderanknüpfung ungeklärt. Im einzelnen:

---

202 Vgl. schon früher Foelix, Traité de droit international privé[4], Paris 1886, 247 ff.. Die Theorie fand auch in Italien Unterstützung, s. z.B. Lomonace, Trattato di diritto civile internazionale, Neapel 1874, 160; Fiore[4] 171 ff.

203 Valéry, *Manuel de droit international privé*, Paris 1914, 987.

204 Loussouarn/Bourel[3] 603; Toubiana 104.

205 Loussouarn/Bourel[3] 606.

aa) Lehre

aaa) Batiffol/Lagarde

Batiffol/Lagarde lehnen eine Sonderanknüpfung von Erfüllungshandlungen grundsätzlich ab[206]. Unter zwei Gesichtspunkten wollen sie jedoch ausnahmsweise das Recht des Erfüllungsortes auf bestimmte Erfüllungshandlungen anwenden:

1. Zum einen gehen sie davon aus, daß Bedenken gegen eine Sonderanknüpfung von Erfüllungshandlungen nur bestünden, wenn "substantielle" Interessen der Parteien betroffen seien. Sei das nicht der Fall, könne unterstellt werden, daß die Parteien aus Bequemlichkeit diese Handlungen dem Recht des Ortes, an dem sie vorgenommen werden sollten, unterwerfen wollten. Beispiele für diese Fallgruppe bildeten die Formalitäten einer gutachterlichen Untersuchung der Ware oder einer gerichtlichen Rechtsverfolgung bei Sachmängeln[207] oder die Berechnung der Liegezeit[208]. Grund der Anknüpfung an das Recht des Erfüllungsortes ist hier also ein *vermuteter Parteiwille*.

2. Davon zu unterscheiden seien die Fälle, in denen das Recht des Erfüllungsortes als international zwingendes Recht auf alle Handlungen (also auch solche, die zur Erfüllung eines privatrechtlichen Vertrages dienten), die auf dem jeweiligen Staatsgebiet vorgenommen würden, Anwendung finde. Hier gelte die Regel *locus regit actum* in ihrer ursprünglichen Bedeutung, nämlich als *loi de police*. Beispiele: Bestimmung von Feiertagen, an denen Lieferungen oder Zahlungen untersagt sind; Bestimmung des gesetzlichen Zahlungsmittels[209]; Einräumung von Zahlungsaufschüben; Abhängigmachen von Importen oder Exporten von behördlichen Genehmigungen; arbeits-, preis- oder wettbewerbsrechtliche Vorschriften. Damit liege aber eine Anwendung des Grundsatzes der *lois d'application immédiate*[210] vor[211].

---

206 Batiffol/Lagarde II[7] 340 f.

207 Batiffol/Lagarde II[7] 340 f.

208 Batiffol, *Contrats* 442.

209 Die Bestimmung von Feiertagen sowie die des gesetzlichen Zahlungsmittels seien von jedermann zu beachten, da der Gesetzgeber sie nicht wegen der Wahrung des vertraglichen Gleichgewichts, sondern wegen der sozialen und wirtschaftlichen Auswirkungen erlassen habe. Es handele sich damit um *lois de police et de sureté* i. S. v. Art. 3 Abs. 1 cc, Batiffol, *Contrats* 442.

210 S. oben S. 64 ff.

211 Batiffol/Lagarde II[7] 342 f.

Hauptanwendungsbereich der Kategorie der *modalités d'exécution* sei die Frage der Zahlungswährung *(monnaie de paiement)*[212]. Nach allgemeiner Ansicht unterstehe die Frage der Zahlungswährung aufgrund einer Vermutung eines entsprechenden Parteiwillens dem Recht des Zahlungsortes, die der Schuldwährung dem Vertragsstatut. Allerdings könne das Recht des Zahlungsortes auch hier als *loi d'application immédiate* Einfluß auf die Schuldwährung haben, indem es beispielsweise Fremdwährungsschulden untersage[213].

bbb) Loussouarn/Bourel

Nach Loussouarn/Bourel können *actes d'exécution* dem Anwendungsbereich des Vertragsstatuts entzogen sein, wenn sie einer zwingenden Regelung des Erfüllungsortes unterworfen sind. Als Beispiele für hiervon betroffene Erfüllungshandlungen werden die Lieferung (von Sachen), Maßnahmen zur Verwahrung und Erhaltung gelieferter Waren *(mesures conservatoires)*, Zahlungsaufschübe *(moratoires)*, und die Gewährung von "Gnadenfristen" *(délais de grâce)* genannt[214]. Als Hauptanwendungsfall wird auch hier die Bestimmung der Zahlungswährung nach dem Recht des Zahlungsortes angesehen[215].

Loussouarn/Bourel geben keine dogmatische Begründung der Anwendung des Rechts des Erfüllungsortes in diesen Fällen. Sie stellen lediglich fest, daß diese von Rechtsprechung und Lehre praktizierte Anknüpfung auf sehr unterschiedlichen und unsicheren Begründungen beruhe [216].

---

212 Zu den Begriffen oben S. 39.

213 Batiffol/Lagarde II[7] 350; Batiffol, *Contrats* 445, wo der Einfluß der währungs- bzw. devisenrechtlichen Bestimmungen allerdings noch auf den *ordre public* gestützt wird. Die von der Cour de Cassation entwickelte Theorie vom *paiement international*, wonach eine Fremdwährungsklausel unabhängig vom Vertragsstatut immer dann wirksam sei, wenn der geschuldete Wert in den internationalen Umlauf gelange, ein *"flux et reflux au-dessus des frontières"* vorliege, Cass. 17. 5. 1927 JCP 1927.I.289 Anm. Esmein, hat im Schrifttum überwiegend keinen Anklang gefunden und wird auch in der Rechtsprechung nicht durchgängig angewandt, vgl. Loussouarn/Bourel[3] 609 ff., Batiffol/Lagarde II[7] 347 f.; Batiffol, *Contrats* 446 f.

214 Loussouarn/Bourel[3] 607.

215 Loussouarn/Bourel[3] 607 f.

216 *"..lois de forme, lois pénales et administratives, lois de police, lois d'application immédiate etc."* Loussouarn/Bourel[3] 607.

ccc) P. Mayer

Auch Mayer stellt wie Batiffol die Regel auf, daß zu vermuten sei, daß die Parteien die *modalités de détail* dem Recht des Erfüllungsortes unterstellen wollten, da die Beachtung dieser Rechtsordnung für die Parteien bequemer sei. Entsprechend sieht er die Begründung für diese Regel als sachlich der Regel *locus regit actum*, also der Anknüpfung der *Form* von Rechtsgeschäften, verwandt an[217]. Als Beispiele nennt er die Be- bzw. Entladung von Schiffen, die Bestimmung von Feiertagen und die dem Empfänger von Waren eingeräumte Mängelanzeigefrist. Die Abgrenzung derartiger Modalitäten von der *substance de l'obligation* will Mayer anhand eines quantitativen Kriteriums vornehmen: Habe die Bequemlichkeit, die sich aus der Unterwerfung unter das örtliche Recht ergebe, eine größere Bedeutung für die Parteien als der Inhalt der einschlägigen Regel, handele es sich bei der fraglichen Handlung um eine bloße Erfüllungsmodalität[218].

Als weitere Fallgruppe seien *gesetzgeberische Maßnahmen* "zu berücksichtigen"[219], die (gezielt) die Erfüllung beeinträchtigten. Hierzu sei die Einräumung gesetzlicher Zahlungsaufschübe *(moratoires)* zu zählen, die zugunsten bestimmter Gruppen von Schuldnern erlassen worden seien. Derartige Normen seien auf alle Schuldner, die ihren Wohnsitz in dem erlassenden Staat hätten und auf alle Geldschulden, die auf dem jeweiligen Staatsgebiet zu zahlen seien, anwendbar, es sei denn, der Erlaß der Norm erscheine mißbräuchlich[220].

Schließlich könne die Erfüllung auch *unmöglich* gemacht werden durch zoll- und devisenrechtliche Vorschriften. Die Verweigerung einer Ein- bzw. Ausfuhrgenehmigung für Waren oder Devisen könne "theoretisch" "höhere Gewalt" *(force majeure)* darstellen, die den Schuldner von seiner Leistungspflicht befreie. Dies gelte dann unabhängig von der Frage, ob die ausländische Zoll- oder Devisenvorschrift maßgebliches Recht im internationalprivatrechtlichen Sinne sei[221].

---

217 Mayer 582 und ebenda Fn. 65; zur Anknüpfung der Form im französischen Recht oben S. 62.

218 Mayer 582 f.

219 *"..il faut tenir compte".*

220 Mayer 583. Mit dieser Ansicht steht Mayer allerdings im Gegensatz zur Rechtsprechung, die derartige Normen des Erfüllungsortes nur anwendet, wenn dessen Recht zugleich Vertragsstatut ist, Cour App. Paris 25. 6. 1931, Clunet 1932, 993; Trib. com. Marseille 27. 11. 1931, Clunet 1934, 927.

221 Mayer 584. Allerdings werden in diesen Fällen meist die Merkmale der Unvorhersehbarkeit und Unvermeidbarkeit fehlen, Cour App. Chambéry 28. 3. 1956, Rev crit dr i p 1957, 462; Trib. civ. Lille 6. 10. 1948, GazPal 1948.2.210; Cass. Com. 18.6.1958, Bull arr II 212 (Nr. 257).

Das Recht des Ortes, an dem Zahlung zu leisten sei, sei im übrigen maßgeblich für die Bestimmung der Zahlungswährung[222].

ddd) Toubiana

Toubiana unterscheidet zunächst zwischen der Erfüllung als Rechtsbegriff und den Erfüllungshandlungen *(actes d'exécution)*, die erforderlich sind, um die Erfüllung und damit das Erlöschen der Verpflichtungen zu bewirken[223]. Eine Anknüpfung der Erfüllung als *Begriff* an ein anderes Recht als das Vertragsstatut führe zu zum Teil unüberwindlichen rechtstechnischen und logischen Schwierigkeiten. Es sei zum Beispiel nicht denkbar, wie das Erlöschen der Verpflichtungen dem Vertragsstatut, die Erfüllung derselben Verpflichtungen aber einem anderen Recht unterliegen könne. Dies gelte aber nicht für die Erfüllungshandlungen. Aus deren materiellen Charakter ergebe sich, daß die Anknüpfung der Erfüllungshandlungen an das Vertragsstatut unter zweierlei Umständen nicht angemessen sei: Zum einen könne es für den Schuldner *bequemer* sein, Erfüllungshandlungen nach den Vorschriften des jeweiligen Erfüllungsortes auszuführen. Zum zweiten, und dies sei schwerwiegender, sei ein Rückgriff auf das Vertragsstatut für die Beurteilung von Erfüllungshandlungen nicht möglich, wenn das Recht des Erfüllungsortes *zwingende* Regeln aufstelle, die (auch) der Schuldner beachten *müsse*[224].

Toubiana zieht daraus aber nicht die Konsequenz, daß nun alle Erfüllungshandlungen an das Recht des Erfüllungsortes anzuknüpfen seien. Sie schränkt lediglich die Anwendbarkeit des Vertragsstatuts insoweit ein, als dieses nunmehr aufgrund einer "Vermutung" *(présomption)* zur Anwendung komme, die im Einzelfall durch eine Anknüpfung an das Recht des Erfüllungsortes ersetzt werden könne [225].

Von den Erfüllungshandlungen *(actes d'exécution)* unterscheidet Toubiana schließlich die *modalités d'exécution*. Sie kritisiert die ihrer Meinung nach inflationäre und widersprüchliche Verwendung des Begriffes, die sich längst nicht mehr an die Vorgabe halte, daß Modalitäten der Leistung eben nur solche Handlungen seien, die den Umfang der Verpflichtung nicht änderten. So seien Maßnahmen, die der Konkretisierung der verkauften Sache oder ihrer gewichtsmäßigen Bestimmung dienten, als Erfüllungsmodalitäten anerkannt, obwohl es um die Bestimmung des Umfangs der Schuld gehe, während die Bestimmung der

---

222 Mayer 584.
223 Toubiana 92.
224 Toubiana 93.
225 Toubiana 97.

Schuldwährung, die in ähnlicher Weise den Umfang der Schuld festlege, nicht als Erfüllungsmodalität angesehen werde. Die gelegentlich genannte Fallgruppe der *délais de grace* (richterlich gewährte Zahlungsaufschübe) wiederum sei dem Prozeßrecht und damit stets der *lex fori* unterworfen[226]. Auch Vorschriften des Erfüllungsortes über *moratoires* (gesetzliche Zahlungsaufschübe) seien nicht maßgeblich, weil es sich hierbei um Erfüllungsmodalitäten handele, sondern weil diese Vorschriften als *lois de police* Geltung beanspruchten[227].

Toubiana sieht daher nur einen eng begrenzten Anwendungsbereich des Rechtes des Erfüllungsortes aufgrund der Figur der Erfüllungsmodalitäten. Als solche erkennt sie lediglich *kleinere Einzelheiten der Erfüllung an, die aus praktischen Gründen und um den Erfordernissen des internationalen Handels zu dienen, nach den Vorschriften des Erfüllungsortes vorgenommen werden sollen.* Rechtstechnisch erreicht sie die Anwendung dieses Rechts entweder durch die Annahme eines entsprechenden renvoi durch das Vertragsstatut oder durch die Vermutung eines entsprechenden stillschweigenden Parteiwillens[228].

eee) Zusammenfassung

Einigkeit besteht in der Lehre darüber, daß in bestimmten Fällen einzelne Erfüllungshandlungen den Rechtsvorschriften des Erfüllungsortes unabhängig davon, ob dieses Recht auch Vertragsstatut ist, unterliegen können bzw. von diesen Vorschriften beeinflußt werden können. Eine abstrakte Definition dessen, was unter *modalités d'exécution* zu verstehen ist, fehlt. Es werden lediglich Beispiele für Vorschriften genannt, die diese modalités regeln sollen, nämlich Vorschriften, die

(1) Mängelanzeigefristen regeln;
(2) Maßnahmen zur Erhaltung und Verwahrung gelieferter Ware vorsehen;
(3) die Be- und Entladung von Schiffen regeln;
(4) das gesetzliche Zahlungsmittel bestimmen;
(5) Feiertage bestimmen, an denen z.B. Lieferungen untersagt sind;
(6) Im- bzw. Exportbeschränkungen auferlegen;
(7) arbeits-, preis- oder wettbewerbsrechtliche Bestimmungen treffen;
(8) Zahlungsaufschübe gewähren;
(9) die Gewährung von Zahlungsaufschüben durch den Richter vorsehen.

---

226 Toubiana 100.
227 Toubiana 101.
228 Toubiana 103 f.

Der Einfluß dieser Vorschriften wird zwar unter Heranziehung verschiedenster internationalprivatrechtlicher Regeln (vermuteter Parteiwille, renvoi durch das Vertragsstatut, *locus regit actum, lois de police*, Berücksichtigung ausländischen Rechts als Grund der Unmöglichkeit der Leistung) begründet; in der Sache lassen sich jedoch zwei Hauptfallgruppen unterscheiden:

1. Handelt es sich bei den fraglichen Vorschriften um *dispositives Recht*, so wird ihre Geltung mit einem entsprechenden *vermuteten Parteiwillen* begründet. Diese Vermutung beruht darauf, daß es praktischen und kaufmännischen Erfordernissen am meisten entspreche, wenn der Schuldner seine Verpflichtungen gemäß den Vorschriften des Erfüllungsortes erfülle. Dieser Fallgruppe sind in der Regel[229] wohl die unter (1) - (4) genannten Vorschriften zugeordnet.

2. Sind die fraglichen Vorschriften *zwingend*, so können sie bei Vorliegen der jeweiligen Voraussetzungen Anwendung als (drittstaatliche) *lois de police* bzw. *lois d'application immédiates* finden. Hierzu zählen die Fallgruppen (5) - (8). Zum Teil wird auch vertreten, daß derartige Vorschriften unabhängig von ihrer Anwendbarkeit im internationalprivatrechtlichen Sinne zu einer *Unmöglichkeit der Leistung* führen könnten[230].

Einen Sonderfall stellt hingegen die *richterliche Gewährung von Zahlungsaufschüben* dar. Die Möglichkeit, durch Anrufung der örtlichen Gerichte einen Zahlungsaufschub zu erreichen, kann nicht als Erfüllungsmodalität angesehen werden, sondern muß als Prozeßrecht der *lex fori* zugeordnet werden.

bb) Rechtsprechung

Die französische Rechtsprechung hat sich nur in wenigen Fällen, und auch dort nur beiläufig mit "Erfüllungsmodalitäten" befaßt.

aaa) Abgrenzung modalités/substance de l'obligation

Ausdrücklich erwähnt wird das Begriffspaar *modalités d'exécution/substance de l'obligation* nur in einer Entscheidung der Cour de Cassation vom 24. 1. 1956[231].

---

229 Etwas anderes muß gelten, wenn diese Vorschriften vom erlassenden Staat als international zwingend angesehen werden.

230 Mayer 583.

231 Clunet 1956, 1012 m. Anm. Goldman = JCP 1956 II 9400 m. Anm. Lévy = Rec Dalloz 1956, 317 m. Anm. Lenoan.

Dort hatte eine in Kanada ansässige französische Gesellschaft im Jahr 1927 Schuldverschreibungsanleihen ausgegeben, die nebst Zinsen in kanadischer Goldwährung oder einer gleichwertigen Einheit in Montreal oder Toronto rückzahlbar sein sollten. Im Jahr 1941 wurde ein französisches Gesetz erlassen, aufgrund dessen ein französischer Schuldner, der einem französischen Gläubiger eine bestimmte Summe in einer ausländischen Währung schuldet, sich wirksam befreien kann durch Zahlung der entsprechenden Summe in französischen Francs, umgerechnet zum Kurs des Zahlungszeitpunkts. An französische Anleiheninhaber wollte die Gesellschaft daraufhin nur noch in französischen Francs auf der Basis eine Umrechnung aus dem kanadischen Dollar zahlen. Die Cour de Cassation entschied, daß das Gesetz von 1941 nur gewisse Zahlungsmodalitäten *(modalités de paiement)*, nicht aber den Umfang der Verpflichtung *(substance même du contrat)* ändern könne. Der Umfang der Verpflichtung sei aber vorliegend nicht einfach in fremder Währung, sondern auf Grundlage eines Goldstandards zu ermitteln. Eine etwaige nachfolgende Umrechnung in französische Francs habe daher nicht nach dem in Rede stehenden Gesetz zu erfolgen. Das Gericht stellt hier beiläufig [232] und ohne weitere Ausführungen den *modalités de paiement* die *substance du contrat* gegenüber, scheint sich also auf dem Boden dieser geläufigen Unterscheidung zu befinden. Jedoch finden sich in dem Urteil keinerlei internationalprivatrechtliche Überlegungen, weder zum Vertragsstatut noch einem davon verschiedenen Recht des Erfüllungsortes. Die Entscheidung zeigt damit allenfalls, daß die Cour gesehen hat, daß Zahlungsmodalitäten nicht den Umfang der Verpflichtung ändern dürfen. Die Stützung einer Theorie, wonach die Erfüllungsmodalitäten an das Recht des Erüllungsortes anzuknüpfen seien, läßt sich hingegen diesem Urteil nicht entnehmen.

bbb) monnaie de paiement

In einigen Fällen beschäftigten sich Gerichte mit der Bestimmung der Zahlungswährung *(monnaie de paiement)*.

In der Entscheidung der Cour d'Appel Paris vom 20. 10. 1952[233] hatte der französische Staat in den USA Mais gekauft, der auf dem Transport von den USA nach Frankreich verdorben war. Der Kaufpreis sollte in US-Dollar zahlbar sein;

232 Hauptstreitpunkt war die Frage, ob maßgeblich für die Umrechnung der jeweilige Fälligkeitszeitpunkt von Teilzahlungen oder der Zeitpunkt der Zahlung der Gesamtsumme sei, was das Gericht in letzterem Sinne entschied.

233 Rev crit dr i p 1953, 376, 383 m. Anm. Loussouarn.

Zahlungsort war Frankreich. Streitig war anscheinend[234], in welcher Währung und ab welchem Zeitpunkt vom Beförderer vertraglicher Schadensersatz zu leisten war. Ausgangspunkt für die Entscheidung des Gerichts war, daß der Wert der Ware in US-Dollar ausgedrückt gewesen sei. Auch der Beförderer schulde daher Schadensersatz in US-Dollar. Das Gericht stellte fest, daß sich der Schuldner ausländischer Währung mangels abweichender Parteivereinbarung nur durch Zahlung in dieser Währung oder einer entsprechenden Summe in französischen Francs zum am Zahlungstag gültigen Wechselkurs befreien könne. Anders gewendet: Der Schuldner soll im Zweifel berechtigt sein, seine Verpflichtung in französischen Francs zu erfüllen, wenn Zahlungsort Frankreich ist. Eine allgemeine Regel läßt sich aus dieser Entscheidung jedoch noch nicht ableiten. Das Gericht hat nämlich weder ausdrücklich zwischen *monnaie de compte* und *monnaie de paiement* unterschieden, noch hat es sonstige Überlegungen angestellt, aus denen ersichtlich wäre, daß es den Fall überhaupt nach Regeln des IPR und nicht lediglich nach französischem Sachrecht entschieden hat.

Daß das Recht des Zahlungsortes jedoch nicht nur bei französischem Zahlungsort, sondern regelmäßig die Zahlungswährung bestimmen soll, deutet ein *obiter dictum* in der Entscheidung der Cour d'Appel Paris vom 10. 6. 1967 [235] an. Dort war streitig, in welcher Währung der Mietzins aus einem Mietvertrag über ein in Algerien belegenes Gebäude zu zahlen war. Der Mietvertrag war kurz nach Erklärung der Unabhängigkeit Algeriens zwischen in Frankreich ansässigen Franzosen geschlossen worden. In der Vertragsurkunde war der Mietzins in französischen Francs, die allerdings zum Zeitpunkt des Vertragsschlusses auch in Algerien einziges gesetzliches Zahlungsmittel gewesen waren, angegeben worden. Während der Vermieter nun Zahlung in Frankreich in französischer Währung verlangte, war der Mieter nur zur Zahlung in algerischen Dinar bereit und berief sich hierzu auf algerische Devisenkontrollbestimmungen, die jegliche Ausfuhr von Devisen untersagten. Das Gericht stellt zunächst fest, daß französisches Recht Vertragsstatut sei. Nach dem daher maßgeblichen Willen der Parteien habe die Zahlung in Frankreich und in französischer Währung erfolgen sollen. Die Anwendung algerischen Devisenrechts komme demgegenüber nicht in Betracht. *Obiter* bemerkte das Gericht dabei, daß die Anwendung dieses Rechts auch dem Grundsatz widersprechen würde, daß der Zahlungsort die Zahlungswährung bestimme. Eine Auseinandersetzung damit, ob die algerischen Devisenbestimmungen möglicherweise als drittstaatliche *lois de police* anwendbar sind oder die Unmöglichkeit der Leistung bewirken könnten, findet nicht statt.

---

234 Der Sachverhalt ist den a.a.O. abgedruckten Urteilsgründen nur sehr unvollständig zu entnehmen.

235 Rec Dalloz 1969, 221 m. *Conclusions* Granjon = Clunet 1968, 100 m. Anm. Dayant.

ccc) délais de grâce

Zu der Frage, ob ein *délai de grâce* als Erfüllungsmodalität anzusehen ist, hat die Rechtsprechung ebenfalls noch nicht ausdrücklich Stellung genommen. Lediglich das Tribunal de grande instance Seine hat sich in einer Entscheidung vom 6. 2. 1961[236] ansatzweise mit der internationalprivatrechtlichen Qualifikation des *délai de grâce* befaßt. Das Verfahren hatte die Erteilung einer Vollstreckungsklausel zu einem in Marokko ergangenen Zahlungsurteil zum Gegenstand. Der französische Schuldner beantragte die Gewährung von Ratenzahlung *(délai de grâce)*. Die marokkanische Gläubigerin wandte ein, daß das Gericht keine derartigen Zahlungsaufschübe gewähren könne, sondern lediglich die Vollstreckungsklausel erteilen oder verweigern könne. Das Gericht entschied zugunsten des Schuldners: Es existierten keine Norm und kein allgemeines Rechtsprinzip, die den französischen Richter daran hinderten, dem Schuldner Zahlungsaufschübe gem. Art. 1244 CC zu gewähren. Es handele sich hierbei um eine Vorschrift des Naturrechts. In bezug auf das IPR beschränkten sich die Ausführungen des Gerichts auf den Satz, daß Art. 1244 CC unabhängig vom Vertragsstatut Anwendung finde.

Die Begründung, die Möglichkeit der Gewährung eines *délai de grâce* beruhe auf Naturrecht, legt den Gedanken nahe, daß das Gericht Art. 1244 CC als französische *loi de police* bzw. *loi d'application immédiate* ansieht. Indes betont das Gericht den verfahrensrechtlichen Bezug der Frage, was eine Zuordnung zum Prozeßrecht und damit zur *lex fori* zur Folge hätte[237]. Keinerlei Anhalt findet sich jedoch dafür, daß das Gericht die Möglichkeit eines derartigen Zahlungsaufschubes als Erfüllungsmodalität ansieht, die sich nach dem Recht des Erfüllunsgortes richten soll.

ddd) vom Gläubiger zu ergreifende Maßnahmen

Anders als im Fall der Erfüllungsmodalitäten hat die französische Rechtsprechung für die *vom Gläubiger zu ergreifenden Maßnahmen zur Prüfung der Ware* eine Regel entwickelt: *Alle Maßnahmen und Formalitäten, die bei Ankunft der Ware zu ergreifen sind, richten sich nach dem Recht des Bestimmungsortes, da sie dort vorzunehmen sind*[238]. Als Begründung hierfür wird zum einen angeführt,

236 Rev crit dr i p 1953, 584 m. Anm. Lagarde.

237 Lagarde Rev crit dr i p 1963, 586 - 588; Batiffol, *Contrats* 447.

238 Cour App. Paris 25. 5. 1962 und Trib. com. Seine 20. 6. 1961, Clunet 1963, 456; Cass. 12. 4. 1938, JCP 1938.1.218 = Rev crit dr i p 1938, 651 m. Anm. Batiffol. Vgl. auch Cour App. Paris 8. 11. 1963, JCP 1964 II 13474 m. Anm. Rodière; Ripert, *Droit maritime II*, Nr. 1430; Rodière, *Droit des transports II*, Nr. 404.

daß die Untersuchung der Ware oft zwingenden örtlichen Regeln unterworfen sei. Seien diese Regeln nicht zwingend, so seien doch häufig Institutionen anzurufen, die im Hinblick auf diese Regeln konzipiert seien; schließlich sei es auch bequemer, die Regeln des Ortsrechts zu beachten, da die jeweiligen Bestimmungen des Vertragsstatuts nicht immer bekannt bzw. ohne größeren Aufwand zu ermitteln seien[239].

Einen Grenzfall betraf die Entscheidung der Cour de Cassation vom 9. 1. 1968[240]. Streitig war, ob die Frist, innerhalb derer ein Gläubiger wegen Mangelhaftigkeit der Ware Klage zu erheben hat, zu den vom Gläubiger zu ergreifenden Maßnahmen gehört, die sich nach dem Recht des Bestimmungsortes richten. Ein französischer Beförderer hatte aufgrund eines in Frankreich mit einem Franzosen geschlossenen Beförderungsvertrages in Säcke verpackten Dünger nach Marokko transportiert. Als Gerichtsstand war Marseille vereinbart. Bei Ankunft in Marokko stellte sich heraus, daß einige Säcke fehlten, andere beschädigt waren. Diese Mängel wurden vom Empfänger der Ware sofort festgestellt und die Schlechterfüllung des Beförderungsvertrages angezeigt. Die Versicherung des Empfängers, die später in dessen Rechtsstellung eintrat, erhob erst nach Ablauf der vom marokkanischen Recht hierfür vorgesehenen Notfrist von 90 Tagen, gerechnet ab Ankunft der Ware in einem marokkanischen Hafen, in Marseille Klage gegen den Beförderer. Vertragsstatut war französisches Recht. Streitig war, ob die Frist dem Recht des marokkanischen Bestimmungsortes oder dem des französischen Vertragsstatuts unterworfen war. Entgegen der Vorinstanz, die das Recht des Bestimmungsortes für maßgeblich gehalten hatte, entschied die Cour de Cassation, daß der Vertrag nach dem Willen der Parteien französischem Recht habe unterstehen sollen und sich daher auch die Frist zur Klageerhebung nach diesem Recht richte. Weitere Gründe für die Unterwerfung dieser Klagefrist unter das Vertragsstatut nennt das Gericht nicht. Auch fehlen Ausführungen zur Qualifikation der Klagefrist, also ob sie als überhaupt als materiellrechtliche Regelung oder nicht vielmehr als prozessuale Einrede mit der Folge einer Unterwerfung unter die *lex fori* anzusehen ist[241]. Für den Bereich des Seetransports hat der französische Gesetzgeber kurz nach Ergehen dieser Entscheidung die Frage nach der Qualifikation der Klagefrist gelöst: Gemäß Art. 16 Abs. 3 des Gesetzes vom 18. 6. 1966 unterliegen derartige Fristen der *lex fori* [242].

---

239 Cour App. Aix 20. 2. 1964, Dr mar fr 1964, 294 und Rechtsprechung vorige Fn.; Kahn JCP 1969 II 15739; Rodière JCP 1964 II 13474.

240 JCP 1969 II 15739 m. Anm. Kahn = Rev crit dr i p 1969, 487 m. Anm. Jambu-Merlin.

241 Kritisch daher auch Kahn J.C.P. 1969 II 15739 und Jambu-Merlin Rev. crit. dr. int. priv. 1969, 490 f.

242 Art. 57 desselben Gesetzes unterwirft dem Recht des jeweiligen Hafens die tatsächlichen Maßnahmen *(opérations materielles)*, die dort gewöhnlich von den Umschlagunternehmen durchgeführt werden, insbesondere die Aufbewahrung der gelöschten Ladung; vgl. hierzu Cass. 28. 6. 1971, Rev crit dr i p 1973, 64 m. Anm. Jambu-Merlin,

eee) Zusammenfassung

Internationalprivatrechtlich hat die französische Rechtsprechung ausdrücklich nur die Regel entwickelt, daß die vom Gläubiger bei Ankunft der Ware zu treffenden Maßnahmen sich nach dem Recht des Bestimmungsortes richten. Dies wird einerseits mit jeweils zwingenden örtlichen Regeln, andererseits mit der größeren Bequemlichkeit begründet.

Im übrigen finden sich lediglich Andeutungen zur Frage der Erfüllungsmodalitäten. Als gesicherte Rechtsprechung kann jedoch angesehen werden, daß die Zahlungswährung mangels abweichendem Parteiwillen dem Recht des Zahlungsortes unterworfen ist. Die Grenze derartiger Zahlungsmodalitäten liegt dort, wo der Umfang der Verpflichtung verändert wird. Eine ratenweise Zahlung aufgrund *richterlicher* Gewährung eines Zahlungsaufschubes gem. Art. 1244 CC *(délai de grâce)* wird hingegen nicht als Erfüllungsmodalität angesehen, sondern als - untechnisch - (international) "zwingendes Recht", wobei die Begründung (Prozeßrecht oder *loi de police*) unklar bleibt.

cc) Zusammenfassung

Im französischen autonomen IPR, wie es sich durch Rechtsprechung und Lehre entwickelt hat, werden Erfüllungsmodalitäten an das Recht des Erfüllungsortes, verstanden als Ort, an dem die Leistungen vereinbarungsgemäß tatsächlich erbracht werden, angeknüpft. Eine Definition der Erfüllungsmodalitäten existiert jedoch nicht. Vielmehr wird die Frage gestellt, ob die Vorschrift des Erfüllungsortes, deren Anwendbarkeit in Rede steht, die Substanz der Verpflichtung berührt. Ist dies nicht der Fall, wird der Regelungsgegenstand dieser Vorschrift als bloße Erfüllungsmodalität eingestuft. Dabei werden nicht nur die Modalitäten der Leistung, soweit sie vom Schuldner zu bewirken sind, sondern auch die im Zusammenhang mit der Erfüllung vom Gläubiger zu ergreifenden Maßnahmen als Erfüllungsmodalitäten angesehen. Die in dieser Weise ermittelten anwendbaren Vorschriften des Erfüllungsortes lassen sich in zwei Gruppen einteilen:

(1) Vorschriften des Erfüllungsortes, die *zwingend* auf alle Handlungen anwendbar sind, die dort vorgenommen werden (z.B. Feiertagsregelungen, Im- und Exportbestimmungen, arbeits-, preis- und wettbewerbsrechtliche

---

wonach sich nicht nur die Haftung des Umschlagunternehmers gegenüber dem Beförderer, sondern auch diejenige des Beförderers gegenüber dem Empfänger nach diesem Recht richten soll.

Regelungen, gesetzliche Zahlungsaufschübe für bestimmte Schuldnergruppen).

(2) Vorschriften des Erfüllungsortes, die vor allem Formalitäten und Fristen regeln und aus Gründen der praktischen Zweckmäßigkeit anwendbar sein sollen. Dies betrifft Handlungen des Schuldners (z.B. Wahl der Zahlungswährung, Be- bzw. Entladen von Schiffen), vor allem aber Handlungen des Gläubigers (Beachtung von Mängelanzeigefristen, bei Mangelhaftigkeit der gelieferten Ware zu ergreifende Maßnahmen). Aus dem dispositiven Charakter derartiger Vorschriften ergibt sich, daß sie nur Anwendung finden, wenn die Parteien nichts anderes vereinbart haben.

3. Italien

In Italien ist das IPR in den Artt. 16 - 31 disp. prel., einem Gesetz, das von seiner Funktion her etwa dem EGBGB vergleichbar ist, geregelt. Art. 25 Abs. 1 disp. prel. enthält das Internationale Vertragsrecht: "Aus Vertrag entstehende Schuldverhältnisse bestimmen sich, wenn die Vertragschließenden ein gemeinsames Heimatrecht besitzen, nach diesem, andernfalls nach dem Recht des Ortes, an dem der Vertrag geschlossen wurde. Der abweichende Wille der Vertragsparteien bleibt in jedem Falle vorbehalten[243]."

a) Grundsatz: Maßgeblichkeit des Parteiwillens

Art. 25 Abs. 1 disp. prel. enthält damit eine Anknüpfungsleiter: Vorrangiger Anknüpfungspunkt ist der Parteiwille; läßt sich ein solcher nicht feststellen, ist nach einem gemeinsamen Heimatrecht der Parteien zu suchen; nur, wenn auch ein solches nicht gegeben ist, ist das Recht des Abschlußortes maßgeblich[244]. Ein Parteiwille läßt sich aufgrund einer ausdrücklichen oder konkludenten Rechtswahl feststellen. Als Anhaltspunkte für eine konkludente Rechtswahl werden dabei die

---

243 *"Le obbligazioni che nascono da contratto sono regolate dalla legge nazionale dei contraenti, se è comune; altrimenti da quella del luogo nel quale il contratto è stato conchiuso. È salva in ogni caso la diversa volontà delle parti."* Übersetzung nach Luther/Becher, Italienisches Zivilgesetzbuch, 1965.

244 Mengozzi 47. Einschränkend Vitta, *Corso*[3] 321, der alle drei Anknüpfungspunkte für gleichrangig hält.

Wahl eines Gerichtsstands, die erkennbare Bezugnahme auf Vorschriften einer bestimmten Rechtsordnung, der Erfüllungsort[245], die Vertragssprache oder die Vertragswährung angesehen[246]. Nicht zulässig ist hingegen die Annahme eines vermuteten oder gar hypothetischen Parteiwillens[247].

Den Parteien wird also Rechtswahlfreiheit eingeräumt. Diese umfaßt auch die Möglichkeit, für Teile des Vertrages jeweils ein anderes Recht zu wählen[248]. Die Parteien können damit auch für die Erfüllungsmodalitäten ein besonderes Recht wählen. Die Möglichkeit jedoch, zur Anwendung des Rechts des Erfüllungsortes auf die Erfüllungsmodalitäten zu gelangen, indem ein entsprechender Parteiwille *vermutet* wird, ist verschlossen[249].

Das Vertragsstatut beherrscht grundsätzlich alle Aspekte des Vertrages: seine Wirksamkeitserfordernisse (ausgenommen die Geschäftsfähigkeit der Parteien, die sich nach Art. 17 disp. prel. bestimmt), seine Folgen und Wirkungen *(effetti)*, seine Auslegung, das Erlöschen der Verpflichtungen und - alternativ zu den anderen von Art. 26 disp. prel. berufenen Rechtsordnungen - seine Formerfordernisse[250]. Ausnahmen können sich aus der Anwendung von Art. 26 disp. prel. in bezug auf Formfragen, aus dem Grundsatz des *ordre public*, aus der Anwendung von *norme di applicazione necessaria* und schließlich aus einer Sonderbehandlung der Erfüllungsmodalitäten ergeben.

b) Ausnahmen vom Anwendungsbereich des Vertragsstatuts

Von der Geltung des (Haupt-)Vertragsstatuts können sich - außer durch eine abweichende Rechtswahl - folgende Ausnahmen ergeben, die mit der hier zu untersuchenden Frage nach der Art der "Berücksichtigung" des Rechts des Leistungsortes Berührungspunkte aufweisen:

---

245 Vitta, *Corso³* 319.

246 Carbone, *L'autonomia privata nel diritto internazionale privato delle obbligazioni, in: Diritto comunitario degli scambi internazionali*, 1982, 23; Mengozzi 157.

247 Dies wird daraus abgeleitet, daß eine Anerkennung eines vermuteten Parteiwillens, wie sie in bereits in Art. 9 eines Vorentwurfs zu den disp. von 1865 enthalten war, bewußt schon nicht in den damaligen endgültigen Gesetzestext übernommen wurde, Mengozzi 157; Vitta, *Corso³* 318.

248 Cass. Regno Riv dir int 1928, 517 m. Anm. Perassi; RabelsZ 4 (1930) 587.

249 Broggini 75.

250 Cass. Riv dir int priv proc 1967, 126; Vitta, *Corso³* 324 ff.

aa) Form

Die Form eines Rechtsgeschäfts unterliegt nach Art. 26 Abs. 1 disp. prel. alternativ entweder dem Recht des Vornahmeortes, der *lex causae* oder, falls vorhanden, dem gemeinsamen Heimatrecht der Vertragsparteien[251].

bb) norme di applicazione necessaria

Gemäß Art. 28 disp. prel. sind alle Personen, die sich auf italienischem Staatsgebiet aufhalten, den italienischen Strafgesetzen, den italienischen "Polizeigesetzen" *(leggi di polizia)* und den italienischen Gesetzen über die öffentliche Sicherheit unterworfen. Die *leggi di polizia*, die mit den französischen *lois de police et de sureté* i. S. v. Art. 3 Abs. 1 französischer cc gleichgesetzt werden können, bilden eine Fallgruppe der sog. *norme di applicazione necessaria* oder *immediata*[252]. Diese sind dadurch gekennzeichnet, daß sie unabhängig vom Vertragsstatut Anwendung finden[253]. Die italienische Lehre beschäftigt sich erst seit relativ kurzer Zeit mit dieser Erscheinung. Eine allgemein anerkannte dogmatische Begründung für die unmittelbare Anwendung solcher Normen findet sich daher noch nicht[254].

aaa) italienische norme di applicazione necessaria

Das Vorliegen einer *norma di applicazione necessaria* kann aus verschiedenen Gründen anzunehmen sein:

Zum einen kann sie *formal* daran zu erkennen sein, daß der Gesetzgeber durch Festlegung des räumlichen oder personellen Anwendungsbereichs die international zwingende Anwendbarkeit bestimmt. Zu diesen Vorschriften zählen beispielsweise italienische Währungsvorschriften, die das Eingehen von Verpflich-

---

251 Mengozzi 47, 191.

252 Vitta I 168.

253 Vitta, *Corso*³ 55.

254 Vgl. zu den Bedenken gegen diese Figur Vitta, *Corso*³ 54 ff. So werden die *norme di applicazione necessaria* zum Teil auch nicht als Ausnahme von der Anwendung des Vertragsstatuts behandelt, sondern als alternative Methode zur Bestimmung des anwendbaren Rechts dargestellt, vgl. z.B. Vitta I 164 ff.

tungen von im Inland ansässigen Personen mit im Ausland ansässigen Personen von behördlichen Genehmigungen abhängig machen[255].

Trifft der Gesetzgeber keine ausdrückliche Regelung, kann eine international zwingende Norm auch aufgrund ihrer *absoluten Geltung auf italienischem Staatsgebiet*[256] vorliegen. Dies trifft insbesondere auf weite Teile des Arbeitsrechts (Arbeitssicherheit, Koalitionsfreiheit, Arbeitszeiten usw.) zu. Dessen Vorschriften gelten immer dann, wenn die Arbeitsleistung auf italienischem Staatsgebiet erbracht wird. Die italienischen Gerichte betrachten die entsprechenden Vorschriften des italienischen Arbeitsrechts als *"leggi di polizia di lavoro"* und wenden sie immer dann an, wenn der Arbeitsort in Italien liegt[257]. Ein anderes Beispiel bilden Gesetze gegen Wettbewerbsbeschränkungen[258].

Schließlich kann sich ein international zwingender Anwendungsbereich auch aus dem *Sinn und Zweck des Gesetzes* (finalistisches Kriterium) ergeben. Von dieser Fallgruppe erfaßt sind vor allem verfassungsrechtliche Normen[259]. Im Bereich des Internationalen Vertragsrechts hat dabei besonders das verfassungsmäßig garantierte Streikrecht Bedeutung [260]. Liegt der Erfüllungsort in Italien, können daher derartige Vorschriften, soweit sie die Erfüllung des Vertrages beeinflussen, als *norme di applicazione necessaria* Anwendung finden.

bbb) ausländische norme di applicazione necessaria

Unter dem Begriff *norme di applicazione necessaria* werden vor allem Regelungen der *lex fori* verstanden[261]. Da das ausländische Recht, falls es nach den Regeln des IPR berufen ist, in seiner Gesamtheit anzuwenden ist, finden ausländische *norme di applicazione necessaria* immer Anwendung, wenn sie Bestandteil des Vertragsstatuts sind und selbst angewendet werden wollen[262]. Die Anwendung zwingenden Rechts von Drittstaaten hingegen - also weder der *lex con-*

---

255 Gesetz Nr. 476 vom 6. 6. 1956, geändert durch Gesetz vom 25. 7. 1956, Ballarino 505.

256 Unklar bleibt, wieso dies als *criterio tecnico*, also als technisches Kriterium bezeichnet wird, vgl. Ballarino 506.

257 Corte App. Venedig, Trib. Rom, Corte App. Mailand, Trib. Mailand Riv dir int 1933, 490; Riv dir int 1934, 486, 557. Cass. RabelsZ 9 (1935) 204 = Riv dir int 1934, 557 m. Anm. Baldoni.

258 Da Italien kein nationales Kartellrecht besitzt, gelten die entsprechenden europarechtlichen Vorschriften wie international zwingende italienische Vorschriften, Ballarino 508.

259 Mengozzi 14.

260 Kritisch dazu Ballarino 509 f.

261 Mengozzi 14.

262 Ballarino 414.

tractus noch der *lex fori* - wird im italienischen IPR kaum diskutiert[263] bzw. eine Berücksichtigung dieses Rechts nur sehr zurückhaltend in Betracht gezogen[264]. In bezug auf die Erfüllung hatte der Corte di Cassazione im Jahr 1938 [265] die Frage zu entscheiden, welche Auswirkung es auf die vertragliche Verpflichtung hat, wenn die Erfüllung nach dem Recht des Erfüllungsortes nicht "erlaubt" ist. Hierzu hat er festgestellt, daß "die Pflicht, sich den Gesetzen dieses Landes zu unterwerfen, insbesondere denjenigen, die prohibitiven Charakter haben, unbedingt ist und ein unverrückbares Prinzip des öffentlichen Rechts in allen Staaten" darstelle[266]. Ausdrücklich betont er dabei, daß es in derartigen Fällen nicht um die *Anwendung* des jeweiligen ausländischen Rechts gehe, sondern lediglich um seine inzidente Berücksichtigung [267]. Ein Verstoß eines Vertrages, der italienischem Sachrecht unterliegt, gegen das Recht von Drittstaaten kann beispielsweise lediglich zur anfänglichen Unmöglichkeit der Leistung führen, die, falls es sich um eine objektive und endgültige Unmöglichkeit handelt, den Vertrag unwirksam machen kann[268].

c) modalità d'esecuzione

Der Begriff der Erfüllungsmodalitäten hat in Italien Tradition. Schon der Vorgänger des heute gültigen Codice civile von 1942, der Codice civile von 1865, enthielt eine ausdrückliche Regelung der Erfüllungsmodalitäten *(modi di esecuzione)*: "Die Art und Weise der Erfüllung von Rechtshandlungen oder Urteilen unterliegt den Gesetzen des Ortes, an dem die Erfüllung vorgenommen wird[269]." Eine ähnliche Bestimmung enthielt Art. 58 Codice di commercio von 1882 für Transportverträge: "Die wesentlichen Erfordernisse vertraglicher Verpflichtungen unterliegen den Gesetzen des Ortes, an dem sie entstehen. Die Form der Handlungen, die zum Zweck der Ausübung und Erhaltung der aus dem Vertrag er-

---

263 Vitta, *Corso*³ 335; ders. Riv dir int priv proc 1981, 839, 841, 850 kritisch zu Art. 7 Abs. 1 EVÜ.

264 Ballarino 418. Sperduti 98 begründet die "Berücksichtigung" (nicht: Anwendung) drittstaatlicher zwingender Normen damit, daß die Erfüllung der vertraglichen Verpflichtung nur unter der Bedingung geschuldet sei, daß sie nicht gegen zwingendes Recht des Erfüllungsortes verstoße. Er bezeichnet dies als Bestandteil eines (im universellen Sinne) *ordine pubblico internazionale*, a.a.O. 100.

265 Foro It 1939 I Sp. 572.

266 Hierzu Sperduti 97 f.

267 Cass. a.a.O. Sp. 575.

268 Trib. Genova Riv dir int 1958, 278.

269 *"I modi di esecuzione degli atti e delle sentenze sono regolati dalle legge del luogo in cui si procede all'esecuzione."*

wachsenden Rechte und ihrer Durchführung vorgenommen werden sowie die Wirkungen dieser Handlungen unterliegen dem Recht und den Gebräuchen des Ortes, an dem die vorgenannten Handlungen vorgenommen werden.[270]" Dennoch existieren kaum Entscheidungen, die sich mit Fragen der Behandlung von Erfüllungsmodalitäten befassen. Eine lebhafte Auseinandersetzung findet hingegen im Schrifttum statt.

aa) Rechtsprechung

Außer einigen älteren Entscheidungen, die vor allem die Anwendbarkeit von Art. 58 Codice di commercio betreffen[271], sind nur zwei neuere Entscheidungen ersichtlich, die die Anwendbarkeit des Rechts des Erfüllungsortes auf Erfüllungshandlungen berühren.

In einer Entscheidung des Tribunale Napoli aus dem Jahr 1968 beanstandete die Klägerin (ob es dabei um Schadensersatzleistung oder Ersatz der Zwischenlagerungskosten ging, ist den abgedruckten Urteilsgründen nicht zu entnehmen), daß nach einem Seetransport die Ware nicht vom Schiff aus direkt an sie geliefert, sondern zunächst auf den Landungssteg in Neapel zwischengelagert worden war. Vertragsstatut war (wohl) italienisches Recht. Das Gericht leitete die Berechtigung des Verkäufers zur Auslieferung der Ware unter Zwischenlagerung aus italienischem Recht ab, allerdings nicht, weil dieses Vertragsstatut sei, sondern weil die Anknüpfung an das Ortsrecht an die *lex loci executionis* eine evidente Anknüpfung für Erfüllungshandlungen sei, die sich an einem bestimmten Ort vollzögen[272].

Trotz dieser angeblichen Evidenz hat der Corte d'Appello Neapel in einer Entscheidung aus demselben Jahr die Geltung der jeweiligen Ortsbräuche konkludent dem Vorbehalt einer anderweitigen vertraglichen Vereinbarung unterworfen[273]: Ein brasilianischem Recht unterliegendes Konnossement hatte die sofortige Auslieferung der Ware an den Empfänger vorgesehen. Bestimmungsort war Neapel.

---

270 *"I requisiti essenziali delle obbligazioni convenzionali sono regolati dalle leggi e dagli usi del luogo dove si emettono le obbligazioni. La forma degli atti da farsi per l'esercizio e la conservazione dei diritti che ne derivano e per la loro esecuzione e gli effetti dagli atti stessi sono regolati dalle leggi e dagli usi del luogo dove si fanno e si eseguiscono gli atti suddetti."* Der Codice di commercio verlor seine Selbständigkeit durch die Inkorporation in die Neufassung des Codice civile von 1942. Eine Art. 58 C. comm. entsprechende Vorschrift findet sich darin nicht mehr.

271 Vgl. näher zu diesen Entscheidungen Broggini 73 - 76.

272 Riv dir int priv proc 1970, 160.

273 Riv dir int priv proc 1970, 159.

Die Kosten für eine dennoch erfolgte Zwischenlagerung in Neapel bürdete das Gericht dem Verkäufer auf. Es stützte sich hierzu allerdings nicht auf den entsprechenden Brauch des napoletanischen Rechts, sondern auf den Inhalt des Konnossements.

Eine gefestigte Rechtsprechung ist damit nicht feststellbar[274].

bb) Lehre

Im Gegensatz hierzu hat sich die Lehre z.T. ausführlich mit der Behandlung von Erfüllungsmodalitäten befaßt. Unter Erfüllungsmodalitäten wurden und werden dabei nicht lediglich die Art und Weise der Erfüllungshandlungen, die der Schuldner vorzunehmen hat, verstanden, sondern auch die Maßnahmen, die der Gläubiger - insbesondere im Fall mangelhafter Erfüllung - zu treffen hat.

aaa) Diena (1900)

Nach Diena berühren einige der vertraglichen Rechte und Pflichten der Parteien die Substanz *(sostanzialità)* der Verpflichtung, während andere eher als Modalitäten *(modalità)* der Verpflichtung anzusehen seien. Nur die ersteren sollen nach Diena dem Vertragsstatut unterworfen sein, während die letzteren nach dem Recht des Ortes, an dem die jeweiligen Verpflichtungen zu erfüllen seien, zu beurteilen seien[275].

bbb) Cereti (1925)

Cereti hält die Erfüllungsmodalitäten für überhaupt nicht zur vertraglichen Verpflichtung gehörend[276]. Zu den Erfüllungsmodalitäten zählt er beispielsweise die Sorgfaltspflichten, die den Schuldner beim tatsächlichen Angebot seiner Leistung

---

274 Conforti 75.

275 Trattato I 389; Principi II^2 261.

276 Cereti 113.

treffen, die gerichtliche Hinterlegung im Fall des Verzuges oder gegebenenfalls zu entrichtende Steuern[277].

ccc) Cavaglieri (1933)

Cavaglieri hält es aus Zweckmäßigkeitserwägungen für angemessen, die Erfüllungsmodalitäten dem Geltungsbereich des Vertragsstatuts zu entziehen und dem Recht des Erfüllungsortes zu unterwerfen. Dies soll allerdings nur gelten, wenn das Vertragsstatut nicht entgegensteht und wenn die Parteien nicht etwas Abweichendes vereinbart haben[278].

ddd) Bosco (1939)

Bosco ordnet die Erfüllungsmodalitäten den Formfragen zu, weshalb er sie gemäß Art. 26 disp. prel. dem Recht des Erfüllungsortes als dem Vornahmeort unterwirft[279]. Zu den Erfüllungsmodalitäten zählt er auch die Frage der Zahlungswährung [280].

eee) Fedozzi (1939)

Für Fedozzi ist es ein anerkanntes Prinzip, daß die Erfüllungsmodalitäten dem Recht des Erfüllungsortes unterliegen. Als Beispiele nennt er die Modalitäten der Übergabe zu liefernder Ware, die Form der Zahlung und - mangels abweichender Parteivereinbarung - die Zahlungswährung, die Höhe der Verzugszinsen[281] oder die für den Schuldner im Fall des Gläubigerverzuges geltenden Sorgfaltsmaßstäbe bei der Hinterlegung des geschuldeten Gegenstandes[282]. Auch Devisenkontroll-

---

277 Cereti 143.
278 Cavaglieri, *Diritto commerciale internazionale* 322; vgl. auch ders. Lezioni 179 f.
279 Corso[3] 401.
280 A.a.O. 402.
281 Fedozzi 723 f.
282 Fedozzi 727.

bestimmungen des Zahlungsortes seien, soweit sie die Erfüllung der Zahlungsverpflichtung beeinträchtigten, nach diesem Prinzip zu berücksichtigen[283].

fff) Venturini (1946)

Die Existenz einer solchen gewohnheitsrechtlichen Regel wird von Venturini bestritten. Sie widerspreche dem insoweit abschließenden Art. 25 Abs. 1 disp. prel. und könne daher allenfalls Gewohnheitsrecht *contra legem* sein. Ausnahmen von der Anwendbarkeit des Vertragsstatuts könnten sich nur auf zwei Wegen ergeben: zum einen aus anderen Artikeln der disp. prel. (Artt. 26 und 27 disp. prel. regelten beispielsweise die Formalitäten der Quittung, des tatsächlichen Angebotes und der Hinterlegung der geschuldeten Geldsumme oder Sache, der Zwangsvollstreckung)und zum anderen aus dem Umstand, daß die Anwendung des Vertragsstatuts aus tatsächlichen Gründen unmöglich sei, wie beispielsweise bei der Bestimmung der Tage, Uhrzeiten oder Örtlichkeiten, an denen bestimmte Handlungen vorgenommen werden könnten, die Art und Weise der Lieferung usw.[284].

ggg) Balladore Pallieri (1946)

Balladore Pallieri stützt die Anwendung des Rechts des Erfüllungsortes auf Erfüllungsmodalitäten auf allgemeine Rechtsprinzipien, ohne dies näher zu erläutern[285].

hhh) Zannini (1949)

Zannini begründet die Anknüpfung der Erfüllungsmodalitäten an das Recht des Erfüllungsortes mit einer Norm des Gewohnheitsrechts, ebenfalls ohne weitere Begründung [286].

---

283 A.a.O. 728.

284 *Diritto internazionale privato* 167 ff.

285 *Diritto internazionale privato*, Mailand 1946, 180.

286 *Efficacia della lex loci solutionis nel regolamento delle obbligazioni contrattuali*, Annali di diritto internazionale 1949, 83 ff.

iii) Conforti (1962)

Am eingehendsten hat sich Conforti mit der Anknüpfung der Erfüllungsmodalitäten befaßt. Er unterscheidet zwischen dem Erlöschen der Verpflichtungen durch bloße Vertragserfüllung der Parteien und der Erfüllung durch Handlungen, auf die in Vorschriften Bezug genommen wird, die diese Erfüllungshandlungen als geeignet ansehen, allgemeine Interessen des Staates zu beeinträchtigen (Bsp.: Arbeitsverträge oder monetäre Verpflichtungen). Nur im ersten Fall unterliege das Erlöschen der Verpflichtungen dem nach Art. 25 Abs. 1 disp. prel. ermittelten Vertragsstatut. Im letzteren Fall hingegen unterliege die Erfüllung der von Art. 25 Abs. 2 disp. prel. angeordneten Anknüpfung an das Recht des Ortes, an dem die jeweilige Handlung vorgenommen wird[287]. Falls die Erfüllung nach diesem Recht rechtswidrig sei, sei eine rechtliche Unmöglichkeit der Leistung anzunehmen[288]. Art. 25 Abs. 2 disp. prel., der die außervertraglichen Verpflichtungen dem Recht des Ortes, an dem die Handlung, auf der die Verpflichtung beruht, unterwerfe, finde auch auf die Bestandteile der Erfüllung Anwendung, die keinen spezifisch vertraglichen Charakter hätten. Darüberhinaus kommt Conforti zu dem Schluß, daß Art. 25 Abs. 2 disp. prel. die Erfüllungsmodalitäten aller vertraglichen Verpflichtungen der *lex loci executionis* unterwirft, insbesondere die Erfüllung von Arbeitsverträgen oder Zahlungsverpflichtungen[289].

jjj) Monaco (1964)

Auch nach Monaco unterliegen die Modalitäten der Erfüllung - anders als die Erfüllung als solche - dem Recht des vertraglich vereinbarten Erfüllungsortes. Als Beispiele nennt Monaco die vom Schuldner bei Abgabe des tatsächlichen Angebots zu beobachtende Sorgfalt[290], die Möglichkeit, sich im Fall des Gläubigerverzuges durch Hinterlegung zu befreien und die Frage, zu wessen Lasten die Kosten der Leistung, insbesondere Steuern gehen[291]. Zu den Zahlungsmodalitä-

---

287 Conforti 174.

288 Conforti 118, 210.

289 131 ff., 159 ff.. Die Thesen Confortis wurden - mit einigen Präzisierungen - von Treves, *Il controllo dei cambi nel diritto internazionale privato*, Padua 1967, 176 ff. übernommen.

290 Monaco^2 255.

291 Monaco^2 296.

ten zählt Monaco dabei auch die Zahlungswährung[292]. Allerdings stehe es den Parteien frei, etwas Abweichendes zu vereinbaren[293].

kkk) Vitta (1975, 1987)

Vitta unterstreicht zunächst, daß auch die Erfüllung des Vertrages grundsätzlich dem nach Art. 25 Abs. 1 disp. prel. ermittelten Vertragsstatut unterliege. Es sei mit dem positiven Recht nicht zu vereinbaren, von vornherein ganze Gruppen von Erfüllungshandlungen vom Geltungsbereich des Vertragsstatuts auszunehmen[294], zumal die Qualifikation einer Handlung als Erfüllungsmodalität nicht unproblematisch sei[295]. Die These Confortis von der Anwendbarkeit von Art. 25 Abs. 2 disp. prel. überzeuge ebenfalls nicht[296]. Diese Vorschrift habe ausschließlich einseitige Rechtsgeschäfte oder sonstige Verpflichtungen, die auf einer erlaubten oder unerlaubten Handlung beruhten, zum Gegenstand.

Es bleibe somit dabei, daß die Parteien den Vorschriften des Vertragsstatuts folgen müßten, sei es in bezug auf die Erfüllung selbst, sei es in bezug auf die Modalitäten der Erfüllung wie beispielsweise Zeit und Ort der Lieferung, Zahlungswährung, Art und Weise der Warenlieferung, die Zahlung der Lieferkosten und Steuern, die Berechnung von Schäden oder Verlusten an der Ware, das Inverzugsetzen des Schuldners [297]. Die Erfüllung werde sich lediglich gelegentlich notwendigerweise nach den örtlichen Gesetzen oder Gebräuchen zu richten haben, wenn sich eine praktische Unmöglichkeit der Anwendung des Vertragsstatuts ergebe[298]. Die Parteien seien auch in diesen Fällen jedoch weiter verpflichtet, in größtmöglichem Umfang so zu erfüllen, wie es das Vertragsstatut vorsehe. Machten örtliche Vorschriften jedoch die Erfüllung vollständig unmöglich, seien

---

292 Monaco[2] 289, 293.

293 Monaco[2] 290.

294 Vitta III 295.

295 Vitta III 296 weist beispielsweise auf die unterschiedlichen Ansichten von Venturini, *Diritto internazionale privato*, 168 ff. und Zannini, *Efficacia*, 88 ff. dazu, ob die Verpflichtung zur Zahlung von Lieferkosten, anfallende Steuerlasten oder das Inverzugsetzen des Schuldners als Erfüllungsmodalität anzusehen seien, hin sowie auf die Diskussionen, die Art. 5 des Entwurfs für ein Gesetz über das Internationale Schuldrecht des Instituts für internationales Recht, verabschiedet auf seiner Sitzung in Florenz im Jahr 1908, verursacht habe. Nach dieser Vorschrift hätten das Recht und die Gebräuche des Erfüllungsortes die "Erfüllungsmodalitäten, die Art und Weise des Rechnens, Wiegens, Inverzugsetzens, die Feiertage, die Gültigkeit der Zahlung, des Angebots und der Lieferung" regeln sollen.

296 Kritisch auch Sperduti 94 f.

297 Vitta III 297 f.

298 Vitta III 297.

die Parteien von ihrer Leistungspflicht befreit[299]. Beispiele: Bestimmung von Feiertagen und den Tageszeiten, zu denen eine Lieferung möglich ist[300]. Diese Lösung gelte auch für die Bestimmung der Auswirkungen von Devisenkontrollbestimmungen auf die Erfüllung von Zahlungsverpflichtungen: Wenn die Parteien Zahlung in einer anderen Währung als derjenigen, die gesetzliches Zahlungsmittel am Zahlungsort sei, vereinbart hätten, müßten sie grundsätzlich, falls das Vertragsstatut dies bestimme, Zahlung in der vereinbarten Währung leisten. Dies gelte jedoch nicht, wenn zwingende Bestimmungen des Zahlungsortes eine Umrechnung in das örtliche Zahlungsmittel vorschrieben. In diesem Fall sei es unmöglich, die Verpflichtung in der ursprünglich vereinbarten Art und Weise zu erfüllen. Hier müsse man die örtlichen Bestimmungen "berücksichtigen" *(tener conto)*[301].

III) Zusammenfassung

Die Behandlung der Erfüllungsmodalitäten durch die italienische Rechtslehre hat seit Anfang des Jahrhunderts eine erhebliche Entwicklung und Veränderung erfahren. Zunächst wurde von einer echten Sonderanknüpfung der Erfüllungsmodalitäten ausgegangen. Was jedoch unter "Erfüllungsmodalitäten" zu verstehen war, blieb ungeklärt. Dies hing damit zusammen, daß auch die theoretische Begründung für diese Sonderanknüpfung nicht einheitlich war: Teilweise wurde dogmatisch anhand des Kriteriums der Substanz der Verpflichtung als Gegensatz zu den Erfüllungsmodalitäten abgegrenzt (Diena), was im Kern wohl identisch ist mit der Behauptung, die Erfüllungsmodalitäten gehörten überhaupt nicht zur Leistung (Cereti). Als Beispiele wurden dabei so verschiedene Dinge wie die vom Schuldner bei Abgabe des tatsächlichen Angebots zu beobachtende Sorgfalt, die Möglichkeit einer gerichtlichen Hinterlegung und die Zahlung von mit der Leistung zusammenhängenden Steuern genannt. Später wurde die Sonderanknüpfung nicht mehr dogmatisch, sondern mit Zweckmäßigkeitserwägungen begründet (Cavaglieri), was darin gipfelte, daß man sich überhaupt nicht mehr um eine Begründung bemühte, sondern schlicht von einem "anerkannten Rechtsprinzip" sprach (Fedozzi, Balladore Pallieri; Zannini; Monaco gibt nicht einmal diese Begründung), aufgrund dessen Modalitäten der Übergabe, Form der Zahlung, die Zahlungswährung, die Höhe der Verzugszinsen, die vom Schuldner zu beobachtende Sorgfalt beim Gläubigerverzug und Devisenkontrollbestimmungen an

---

299 Vitta III 297.

300 Vitta, Corso[3] 325 f.

301 Vitta, Corso[3] 326; Cass. 24. 1. 1951, n. 206; Cass. 21. 2. 1974, n. 490.

das Recht des Erfüllungsortes anzuknüpfen seien. Dieser weiten und konturlosen Auffassung wurde dann unter Berufung auf die Bestimmungen der disp. prel. widersprochen: Zunächst sei zu untersuchen, ob die Erfüllungsmodalitäten nicht den Formfragen (Art. 26 disp. prel.) oder dem Prozeßrecht (Art. 27 disp. prel.) zuzuordnen seien. Davon zu unterscheiden seien die Fälle, in denen die Erfüllung, so, wie sie vertraglich vereinbart war, unmöglich gemacht werde durch Vorschriften des Erfüllungsortes. Hier sei die Anwendung des Vertragsstatuts unmöglich, weswegen das Recht des Erfüllungsortes angewandt werden müsse (Venturini). Mit dieser Auffassung wird eine grundlegende Änderung der Behandlung der Erfüllungsmodalitäten eingeleitet: Während bisher immer davon ausgegangen worden war, daß es eine Gruppe von vornherein bestimmbarer Teile der Erfüllung gebe, die regelmäßig an das Recht des Erfüllungsortes anzuknüpfen seien, geht Venturini (ohne dies ausdrücklich zu erklären) erstmals nicht von einem bestimmten Begriffsinhalt der "Erfüllungsmodalitäten" aus, sondern von den jeweiligen Normen des Erfüllungsortes und ihren Reflexwirkungen auf die Erfüllbarkeit des Vertrages. Dieser Gedanke wird in der Sache von Conforti in seiner vielbeachteten Arbeit fortgeführt: Auch er strebt nicht mehr eine abstrakte Definition des Begriffes "Erfüllungsmodalitäten" an, sondern fragt, ob die Normen des Erfüllungsortes die vertraglich vereinbarte Erfüllung beeinträchtigen. Als Folge einer solchen Beeinträchtigung bis hin zum Unmöglichmachen der Leistung sieht er *eine rechtliche Unmöglichkeit* der Leistung an, während Venturini in diesen Fällen eine *tatsächliche Unmöglichkeit der Anwendung des Vertragsstatuts* annahm. Ähnlich argumentiert schließlich Vitta: Auch er stellt als Grundsatz auf, daß die gesamte Erfüllung, auch die Bestandteile, die als "Erfüllungsmodalitäten" angesehen worden seien, sich nach dem Vertragsstatut zu richten habe. Nur, wenn zwingende Vorschriften des Erfüllungsortes die Erfüllung in der vertraglich vereinbarten Art und Weise unmöglich machten, sei der Schuldner insofern von der Leistungspflicht befreit.

d) Zusammenfassung

Der Begriff der "Erfüllungsmodalitäten" hat im italienischen IPR zunehmend an Bedeutung verloren. Versuche, eine abstrakte Definition zu finden oder einen allgemein anerkannten Kanon von Fallgruppen zu finden, erwiesen sich nicht als konsensfähig. Daher ging die Lehre (die Rechtsprechung hat sich zu keiner Zeit näher mit der Frage auseinandergesetzt) nicht mehr von einer Sonderanknüpfung der Erfüllungsmodalitäten aus, sondern fragte, in welcher Weise das Recht des Erfüllungsortes Einfluß auf die vertraglich vereinbarte Erfüllung haben könne. Dabei ergaben sich zwei Möglichkeiten: Zum einen kann das Recht des Erfüllungsortes als Teilvertragsstatut von den Parteien gewählt werden. Zum zweiten kann es jedoch die vertraglich vereinbarte Art und Weise der Erfüllung oder sogar die Erfüllung als ganze unmöglich machen. In diesen Fällen ist eine Leistungsbefreiung des Schuldners anzunehmen. Während über dieses Ergebnis Einigkeit besteht, ist die dogmatische Begründung jedoch ungeklärt. Zum Teil wird vertreten, die (international) zwingenden Normen des Erfüllungsortes seien wie im Deliktsrecht gleichsam als "Tatortrecht" anwendbar (Conforti), zum Teil wird nicht die Anwendung, sondern nur die "Berücksichtigung" derartiger zwingender Normen des Erfüllungsortes gefordert. Als wesentlich ist damit festzuhalten, daß die italienische Lehre den Weg der Sonderanknüpfung von Erfüllungsmodalitäten und damit gleichzeitig den Versuch einer Definition des Begriffes aufgegeben hat.

4. Deutschland

Die kollisionsrechtliche Bedeutung des Erfüllungsortes war in Deutschland bereits vor der Reform des IPR stark eingeschränkt.

Savigny hatte 1849 noch angenommen, mangels abweichenden Willens der Parteien unterliege die Verpflichtung immer dem Recht des jeweiligen Erfüllungsortes, denn diesen Ort hätten sich die Parteien als "Sitz der Obligation" gedacht[302]. Dies führte bei mehreren Leistungsorten zu einer Spaltung des Vertragsstatuts führte [303]. Ein an die "Berücksichtigung" des Rechts des Erfüllungsortes erinnernder Gedanke in bezug auf Erfüllungsmodalitäten findet sich darüber hinaus in Savignys Ausführungen zur *Auslegung* des Vertrages, worunter er die Beseitigung von Unsicherheiten verstand, die aus der Verwendung mehrdeutiger Ausdrücke entstehen. Hierbei handele es sich nicht um eine Frage des anwendbaren Rechts, sondern um eine tatsächliche Frage: ein bestimmter örtlicher Sprachgebrauch könne oft dazu dienen, den dahinterstehenden Gedanken der Person erkennen zu lassen. Dabei könne nicht ohne weiteres auf den Sprachgebrauch des Ortes zurückgegriffen werden, dessen Recht auf den Vertrag anwendbar sei[304]. Der Sprachgebrauch des Erfüllungsortes sei grundsätzlich nur maßgeblich, wenn die Parteien ihn gekannt und sich hätten aneignen wollen. Allerdings könne für manche Vertragsinhalte im allgemeinen der Sprachgebrauch des Erfüllungsortes zugrunde gelegt werden: "Wenn nämlich an einem fremden Orte eine Geldsumme ausgezahlt, eine Waare nach Maaß und Gewicht abgeliefert, oder ein Grundstück

302 Savigny VIII 206 ff.
303 Schack Rz. 121, 130 ff.; Wolff 137.
304 A.a.O. 265.

nach dem bestimmten Umfang eines Landmaaßes übergeben werden soll, in dem Vertrage aber für die Geldsorte, das Maaß oder das Gewicht Ausdrücke gebraucht sind, die in verschiedener Bedeutung, in verschiedenem Umfang und Werth vorzukommen pflegen, so ist der Sprachgebrauch des Erfüllungsortes zum Grunde zu legen, nicht blos, weil anzunehmen ist, daß die Parteien an das dort übliche Geld, Maaß, Gewicht gedacht haben werden, sondern auch, weil es in jenem Orte oft an der Möglichkeit fehlen wird, die Erfüllung nach anderen Gewichten u. s. w. abzumessen und zu vollziehen."[305]

Später war die Vereinbarung eines, allerdings einheitlichen[306], Erfüllungsortes nur noch eines unter vielen möglichen Indizien, die einen Anhaltspunkt zur Feststellung eines stillschweigenden oder hypothetischen Parteiwillens, den Vertrag einheitlich einem bestimmten Recht zu unterstellen. Nur wenn sich kein deutlicher Interessenschwerpunkt des Vertrages feststellen ließ, der eine einheitliche Anknüpfung rechtfertigte, griff die Rechtsprechung "notfalls"[307] oder "äußerstenfalls"[308] auf das Recht des Erfüllungsortes zurück[309], wobei dann der Erfüllungsort der Hauptleistungspflicht der jeweiligen Partei maßgebend war[310]. Eine über diese Vertragsspaltung hinausgehende Sonderanknüpfung einzelner Vertragsteile an das Recht des Erfüllungsortes wurde im autonomen deutschen Kollisionsrecht von der Rechtsprechung nur auf dem Gebiet des Seetransportrechts vorgenommen. Während die ältere Lehre zum Teil noch eine Anknüpfung bestimmter Vertragsteile an das Recht des Erfüllungsortes vertrat, ist die in anderen Staaten festzustellende kollisionsrechtliche Sonderbehandlung von Erfüllungsmodalitäten ebenso wie der Begriff selbst[311] dem neueren deutschen autonomen Kollisionsrecht dagegen völlig unbekannt[312]. Der BGH hat lediglich abstrakt die Möglichkeit anerkannt, die Art und Weise der Erfüllung einem Nebenstatut zu unterstellen[313].

Eine sonstige "Berücksichtigung" des Rechts des Erfüllungsortes läßt sich in der aktuellen deutschen Rechtsprechung und Lehre vor allem unter dem Stichwort "ausländische Eingriffsnormen" feststellen. Dabei besteht in der deutschen Recht-

---

305 A.a.O. 267.

306 Wolff 140.

307 BGHZ 7, 231, 234; 19, 110, 111.

308 BGHZ 43, 162, 165; 52, 238, 241; 73, 391, 393; WM 1977, 793.

309 Näher Schack Rz. 117 ff.

310 OLG Jena JW 1918, 380, 381.

311 Dies trifft auch auf das deutsche Sachrecht zu, Birk AWD 1973, 425. Verschiedentlich wird der Begriff der Leistungsmodalität im Schrifttum verwendet, z.B. Gernhuber 13 f., der Leistungs- und Erfolgsort als Leistungsmodalitäten ansieht. Larenz 176 bezeichnet als Modalitäten der Leistung die Teilleistung, Leistung durch Dritte, Ort und Zeit der Leistung.

312 Kreuzer 300.

313 BGH IPRspr 1980, Nr. 137 b.

sprechung und Rechtslehre Einigkeit, daß ausländisches zwingendes Recht, also möglicherweise auch das Recht des Erfüllungsortes, unter bestimmten Umständen zu berücksichtigen ist. Hierbei gehen jedoch die Ansichten über die anzuwendende Methode auseinander:

Die *Schuldstatutstheorie* nimmt eine sogenannte "Einheitsanknüpfung" vor, indem sie nur die zwingenden materiellrechtlichen Normen und die Eingriffsnormen des Schuldstatuts anwendet[314]. Eingriffsnormen anderer Staaten sind an sich unbeachtlich; ihrer faktischen Geltung, z.B. als Leistungshindernis, wird jedoch auf materiellrechtlicher Ebene Rechnung getragen[315]. Zu gleichen Ergebnissen gelangt die *datum-Theorie*[316]. Eine Berücksichtigung auf materiellrechtlicher Ebene nimmt auch die Rechtsprechung vor, die bei deutschem Vertragsstatut prüft, ob ein Verstoß gegen ausländische Eingriffsnormen einen Verstoß gegen die guten Sitten (§ 138 BGB) darstellt[317] oder prüft, ob tatsächliche Unmöglichkeit[318] oder positive Forderungsverletzung[319] vorliegen, ein Rechtsmangel besteht[320] oder dem Schuldner ein Leistungsverweigerungsrecht zusteht[321].

Die Befürworter des *Territorialitätsprinzips* billigen ausländischen Eingriffsnormen nur dann Beachtung zu, wenn es sich um Geschehnisse oder Gegenstände handelt, die sich im jeweiligen ausländischen Staat abspielen[322].

Die *Machttheorie* erkennt ausländische Eingriffsnormen an, wenn der Erlaßstaat die Macht hat, ihre Beachtung durchzusetzen[323].

Schließlich wird die Ansicht vertreten, es sei eine *Sonderanknüpfung* ausländischer zwingender Eingriffsnormen vorzunehmen[324]. Ausgangspunkt für die Anwendung ausländischer Eingriffsnormen ist dabei deren Geltungswille. In einem

---

314 Kropholler IPR § 52 VIII 1; Mann Festschr Wahl 139, 147 ff.; van Hecke ZfRV 7 (1966) 23, 28 ff.; Heini BerGesVR 22 (1982) 37, 43 ff.

315 Mann Festschr Beitzke 607, 608 ff.

316 Näher dazu unten S. 119 ff.

317 KG IPRspr. 1926/27 Nr. 14 (sowjetrussisches Devisenrecht); RG IPRspr 1926/27 Nr. 15 (indisches Kokaineinfuhrverbot); OLG Hamburg IPRspr 1928 Nr. 19 (finnisches Einfuhrverbot); BGHZ 34, 169 (Embargo der USA gegen Ostblock); BGH AWD 1962, 208 (Embargo der USA gegen Polen).

318 RGZ 93, 182, 184.

319 LG Hamburg IPRax 1981, 174 m. Aufs. von Hoffmann.

320 BGH MDR 1963, 999 (Feindvermögensverwaltung); AG Amberg IPRax 1982, 29 [Leitsatz] (Schutzzone für Landesverteidigung mit Einschränkung des Grunderwerbs).

321 BAGE 41, 229, 240 ff. (Leistungsverweigerungsrecht türkischen Arbeitnehmers, der zweimonatigen Wehrdienst in der Türkei ableisten muß, gegenüber deutschem Arbeitgeber).

322 Schulze 206; Bydlinski JBl 1959, 526.

323 Soergel-Kegel[11] Rz. 396 vor Art. 7 EGBGB.

324 Wengler ZfRV 1941, 168, 185 ff; Zweigert RabelsZ 14 (1942) 283, 295; MünchKomm-Martiny[2] Rz. 33 zu Art. 34 EGBGB; Soergel-von Hoffmann[12] (im Druck) Rz. 86 zu Art. 34 EGBGB.

zweiten Schritt wird die Anerkennung dieses Geltungswillens von der Erüllung bestimmter Kriterien (sachlich: Macht des Erlaßstaates zu ihrer Durchsetzung oder Konsens über den Normzweck in der internationalen Rechtsgemeinschaft oder Übereinstimmung mit den Zwecken deutscher Gesetzgebung; räumlich/ personell: Territorialitätsprinzip, Personalitätsprinzip, enge Beziehung) abhängig gemacht[325]. Insbesondere die Lehre von der Sonderanknüpfung weist damit eine starke Ähnlichkeit zu der in Art. 7 Abs. 1 EVÜ enthaltenen Regelung auf[326].

Alle diese Theorien bieten die Möglichkeit, das Recht des Erfüllungsortes, soweit es Eingriffe in das Vertragsverhältnis vornimmt, zu "berücksichtigen".

Unabhängig von diesen Möglichkeiten der Beachtung des ausländischen und damit gegebenenfalls auch Eingriffsrechts des Erfüllungsortes haben Rechtsprechung und Lehre in einigen Fällen bzw. Fallgruppen jedoch auch speziell die Anwendung oder Berücksichtigung des Rechts des Erfüllungsortes erörtert, ohne dies auf Eingriffsnormen zu beschränken.

a) Rechtsprechung

aa) Kauf

Der hier behandelten älteren Rechtsprechung liegt die Auffassung zugrunde, daß bei gegenseitigen Verträgen, insbesondere beim Kauf, mangels Rechtswahl oder Feststellbarkeit eines stillschweigenden oder hypothetischen Parteiwillens für die Verpflichtung jeder Partei das Recht ihres Erfüllungsortes gilt[327]. Nach dieser Auffassung bestimmte sich nach dem Käuferrecht unter anderem, welches die Voraussetzungen von Wandelung und Minderung und die Erfordernisse einer Mängelrüge sind[328]. Käuferrecht war dabei das Recht des Ortes, an dem für den Käufer allgemein sein Erfüllungsort lag. Dieser wurde wiederum nach den Regeln des deutschen materiellen Rechts bestimmt: Erfüllungsort war (mangels abweichender Parteivereinbarung) der Wohnsitz oder die Niederlassung des Käu-

325 Vgl. im einzelnen Soergel-von Hoffmann[12] (im Druck) Rz. 89 - 95 zu Art. 34 EGBGB.

326 Coing WM 1981, 810, 812. Die von diesem dort (813) gezogene Schlußfolgerung, daß Art. 7 Abs. 1 EVÜ eine "Abkehr von den bisher in Deutschland anerkannten und befolgten Grundsätzen" darstelle, trifft daher heute, zumindest was die Lehre angeht, nicht mehr zu.

327 Lewald 246.

328 Wolff 149 f. Kritisch zur gespaltenen Anknüpfung, insbesondere für die Mängelrüge, Lewald 246 ff., 254 f. Ausdrücklich für eine Anknüpfung der an eine ordnungsmäße Mängelrüge zu stellenden Anforderungen an das Recht des Ortes, an dem der Käufer seine Kaufpreiszahlungspflicht zu erfülen hat, RGZ 81, 274 f.

fers[329]. Nach diesem Recht bestimmte sich, ob überhaupt eine Untersuchung bzw. Mängelrüge notwendig ist[330], die Frist, innerhalb derer Mängel anzuzeigen sind[331], der notwendige Inhalt der Rüge, also die Frage, ob beispielsweise die bloße Behauptung einer Vertragswidrigkeit[332] genügt. Eine von dieser gespaltenen Anknüpfung nochmals zu unterscheidende "Sonderanknüpfung" an das Recht des Ortes, an dem die Erfüllung (nämlich der Verpflichtung des Schuldners) *tatsächlich* erfolgt, läßt sich nicht feststellen. Lediglich die am *Untersuchungsort* herrschenden *tatsächlichen* Verhältnisse wurden im Rahmen der Auslegung unbestimmter Rechtsbegriffe (z.B. § 377 HGB "unverzüglich", "ordnungsgemäßer Geschäftsgang") berücksichtigt[333]. Diese Konzeption, die auf einer Vertragsspaltung beruht, weist keinerlei Berührung zu Art. 32 Abs. 2 EGBGB auf. Die hier dem "Käuferrecht" zugewiesenen Fragen werden heute als Folgen der Nichterfüllung gemäß Art. 32 Abs. 1 Nr. 3 EGBGB dem einheitlichen Vertragsstatut unterworfen.

In einer Entscheidung des RG aus dem Jahr 1903[334] wurde jedoch auch das Recht des Ortes, an dem der Berechtigte *tatsächlich* handelte, berücksichtigt. Der beklagte Käufer befand sich im Annahmeverzug und in Verzug mit der Kaufpreiszahlung. Streitig war, nach welchem Recht sich die Verpflichtung des Käufers zur Leistung von Schadensersatz aufgrund des Verzugs bestimmten. Als Erfüllungsort für den Käufer nahm das RG nach Artt. 324, 325 ADHGB Deutschland an. Die Verpflichtung des Käufers zur Leistung von Schadensersatz richte sich daher ebenfalls nach deutschem Recht. Gemäß Art. 354 ADHGB habe der Verkäufer dabei auch die Möglichkeit, einen Selbsthilfeverkauf gemäß Art. 343 ADHGB vorzunehmen und die Differenz zwischen Erlös und Vertragspreis als Schadensersatz zu verlangen. Nachdem das Gericht bekräftigt hat, daß diese Vorschrift entgegen der Ansicht des Berufungsgerichts nicht als Verfahrens- und Formvorschrift anzusehen sei, die nur für Deutschland, nicht aber für Handlungen im Ausland gelte, stellt es fest, daß die Frage, was ein "öffentlicher Verkauf" im Sinne von Art. 343 ADHGB oder wer als "Handelsmäkler oder als zu Versteigerungen befugter Beamter" anzusehen sei, sich nach dem Grundsatz *locus regit actum* nach dem in England geltenden Recht bestimme.

329 RGZ 81, 274; JW 1903, 184 (Nr. 42); Kreuzer 166 f.
330 RGZ 46, 193, 195.
331 OLG Karlsruhe DJZ 1905, 704.
332 OLG Karlsruhe BadRpr 1913, 45, 220.
333 Näher Kreuzer 168 f.
334 JW 1903, 184 (Nr. 42).

bb) Transportrecht

Eine Sonderanknüpfung, die mit den in Art. 32 Abs. 2 EGBGB geregelten Fragen eine gewisse Ähnlichkeit aufweist, läßt sich im Transportrecht, und hier insbesondere im Seetransportrecht feststellen. Dort hat sich schon im letzten Jahrhundert die Regel herausgebildet, daß die mit der Abladung zusammenhängenden Verpflichtungen sowohl des Verfrachters wie auch des Befrachters als *Nebenstatut* dem Recht des Abladehafens als der *lex loci solutionis* unterliegen[335].

In einer Entscheidung des RG aus dem Jahr 1928[336] war streitig, ob die Pflicht des Empfängers gegenüber dem Verfrachter zur Erstattung von Löschkosten nach dem deutschem Recht des Bestimmungshafens (= Erfüllungsort) oder dem englischen Konnossementsstatut zu beurteilen war. Das Gericht entschied, es sei das englische Konnossementsstatut maßgeblich. Dabei betonte es aber, daß, auch wenn das Rechtsverhältnis im ganzen nach einem anderen Recht zu beurteilen sei, in gewissen Beziehungen die Sachlage eine Anwendung des Rechts des Bestimmungsortes erfordern könne. Dies könne "sowohl aus einer unter dem Gesichtspunkt eines vernünftigen und billigen Ergebnisses vorzunehmenden Ergänzung des Parteiwillens folgen wie auch schon durch Sinn und Zweck der Vorschriften des Rechts des Bestimmungsortes mit Rücksicht auf die Sicherung des kaufmännischen Konnossementsverkehrs gefordert werden ... Zu denken ist dabei z.B. an Bestimmungen oder Ortsgebräuche, die den Vorgang der Entlöschung als solchen betreffen ..., sowie an die Vorschriften über die Voraussetzungen, unter denen Rechte und Verpflichtungen zwischen Verfrachter und Empfänger erwachsen (z.B. §§ 614 flg. HGB) [337]". Ein solcher Fall liege aber hier nicht vor; vielmehr gehe es um die aus dem Frachtvertrag folgende Entscheidung der Verteilung der Löschungskosten.

Das OLG Kiel weitete in einer Entscheidung aus dem Jahr 1931[338] diese eingeschränkte Anwendung des Rechts des Bestimmungsortes zumindest theoretisch stark aus. Es entschied, daß alle mit der Erfüllung eines Seefrachtvertrages zusammenhängenden Rechtsverhältnisse im Zweifel, d.h. falls nicht ein abweichender Parteiwille erkennbar war, dem Recht des Bestimmungshafens unterlägen. In dem entschiedenen Fall ging es um die Anwendung der deutschen Auslegungsregeln der §§ 133, 157 BGB bei der Auslegung einer in der Charterpartie getroffe-

---

335 OLG Hamburg SeuffA 45, 258; HansGZ 1913, 181 (Lade- und Überliegezeit); RG SeuffA 84, 271 (Stauervertrag); OLG Hamburg HansGZ 1929 B Nr. 148 (Auslegung ausländischer Löschungsklauseln); BGHZ 9, 221, 224.

336 RGZ 122, 316.

337 RG a.a.O. 319.

338 JW 1932, 1576.

nen Bestimmung über Löschzeit und Eilgeld, über Fragen also, die unmittelbar den Löschvorgang und daraus erwachsende Rechte betrafen.

Der BGH beschränkte sich in einer Entscheidung aus dem Jahr 1953 mit der Annahme einer Sonderanknüpfung wieder auf den schon vom RG angesprochenen Löschvorgang[339]: Die Löschungsvornahme und die daraus erwachsenden Rechtsfolgen richteten sich mangels einer abweichenden Parteivereinbarung oder eines abweichenden hypothetischen Parteiwillens nach dem Recht des Bestimmungshafens. Als Begründung hierfür wird angeführt, daß der Löschungsvorgang "durch die am Bestimmungshafen herrschenden rechtlichen und tatsächlichen Verhältnisse, insbesondere hinsichtlich der Möglichkeiten der Löschung, der Frage, welche Rechte etwa gegen den Empfänger bestehen und wie diese Rechte verwirklicht werden können"[340], wesentlich beeinflußt werde.

In diesen Entscheidungen wird also eine Sonderanknüpfung des Löschvorgangs und der daraus erwachsenden Rechtsfolgen an das Recht des Bestimmungshafens vorgenommen. Der Bestimmungshafen ist dabei in der Regel auch der Ort, an dem die Erfüllung tatsächlich erfolgt. Insofern weist die hier vorgenommene Sonderanknüpfung eine gewisse Ähnlichkeit zu Art. 32 Abs. 2 EGBGB auf. Der Unterschied liegt allerdings darin, daß das Recht des Bestimmungshafens nicht nur "berücksichtigt", sondern angewandt wird.

In anderen Entscheidungen hat die deutsche Rechtsprechung das Recht oder wenigstens die Gebräuche des Bestimmungshafens umgekehrt nicht angewandt, sondern nur berücksichtigt, und zwar bei der Auslegung von Charterpartieklauseln. In einer Entscheidung des OLG Hamburg aus dem Jahr 1914[341] wurden die örtlichen Bräuche des Bestimmungshafens bei der Auslegung einer Klausel der Charterpartie zugrundegelegt. Diese Klausel sah vor, daß das Löschen der Ladung so schnell wie möglich zu erfolgen habe, und zwar *"as customary"*. Was *"customary"* sei, wurde nach der im Bestimmungshafen Hamburg üblichen Vorgehensweise bestimmt. Die Entscheidung ist zwar insofern nur von eingeschränkter Verwertbarkeit für unsere Frage, als sie die Frage nach dem anwendbaren Recht gänzlich offen läßt (es handelte sich um einen Transport von England nach Deutschland, beide Parteien waren deutsch bzw. hatten ihren Sitz in Deutschland). Jedoch gibt das Gericht einen Hinweis für die Beantwortung der Frage, ob auch die Vereinbarung einer anderen Auslegung des Begriffes "so schnell wie möglich" als nach dem Brauch des Bestimmungshafens denkbar wäre. Das Gericht weist ausdrücklich darauf hin, daß die Hinzufügung des *"as customary"* als

339 BGHZ 9, 221 = NJW 1953, 1140.
340 BGH a.a.O.
341 HansGZ 1914, 150 (Nr. 70).

Einschränkung des "so schnell wie möglich" zu verstehen sei[342]. Das bedeutet, daß auch eine Bestimmung des Schnellstmöglichen nach dem Vertragsstatut oder aufgrund einer abweichenden Parteivereinbarung möglich wäre. So enthielt die Charterpartie in einem ebenfalls vom OLG Hamburg im Jahr 1914 entschiedenen anderen Fall[343] (Transport durch einen schwedischen Verfrachter von Schweden nach Deutschland, Empfänger mit Sitz in Deutschland) die Klausel: *"This charter in all its clauses to be binding on both parties, notwithstanding any and every custom of the port of discharge to the contrary."*

In einer weiteren Entscheidung des OLG Hamburg aus dem Jahr 1914[344] ging es um die Auslegung des in der Charterpartie über einen Transport von Langholz von St. Petersburg nach Lübeck verwendeten Begriffs "volle und bequeme Ladung". Ohne weitere Ausführungen zur Frage des im übrigen anwendbaren Rechts stellt sich das Gericht auf den Standpunkt, das Schiff habe dann eine "volle und bequeme Ladung" erhalten, wenn es die bedungene Ware in der am Abladeorte üblichen Beschaffenheit, insbesondere in ortsüblichen Abmessungen in solcher Menge empfangen habe, daß es weitere Ware dieser Art nicht aufzunehmen vermöge[345]. Vorliegend war die Menge dadurch vergleichsweise gering, daß es in St. Petersburg nicht Handelsbrauch war, Stauholz, also kurzes Holz zum Ausfüllen der Zwischenräume, zu liefern. Das Gericht legte den Begriff "volle und bequeme Ladung" unter Berücksichtigung dieses Umstands aus und stellte fest, daß der Verfrachter, wenn er eine höhere Befrachtung hätte sicherstellen wollen, er ausdrücklich die Lieferung einer ausreichenden Menge von Stauholz hätte vereinbaren müssen[346].

Festzuhalten ist damit, daß die deutsche Rechtsprechung auf dem Gebiet des Seetransportrechts das vom Obligations- bzw. Vertragsstatut verschiedene Recht des Bestimmungshafens auf zweierlei Weise in die rechtliche Beurteilung einbezieht: Zum einen wird eine Sonderanknüpfung des Löschvorgangs und der aus ihm erwachsenden Rechte an den Bestimmungsort angenommen, zum anderen werden zumindest die Gebräuche des Bestimmungsortes bei der Auslegung von Vertragsklauseln, insbesondere unbestimmter Rechtsbegriffe, zugrunde gelegt. Beides steht aber unter dem Vorbehalt eines abweichenden Parteiwillens.

---

342 A.a.O. 151. Vgl. auch die ähnliche Entscheidung des OLG Bremen, HansGZ 1914, 121 (Nr. 57). Im Konnossement hieß es u.a.: *"... that the goods to be discharged as fast as the steamer can deliver during the ordinary working hours of the port."* Hier beruhte die Zugrundelegung des Rechts des Bestimmungshafens allerdings auf dem eindeutigen Parteiwillen.

343 HansGZ 1914, 141 (Nr. 66).

344 HansGZ 1914, 157 (Nr. 74).

345 A.a.O. 158.

346 A.a.O.

b) Lehre

aa) § 244 BGB

In den Rechtsordnungen Englands, Frankreichs und Italiens wird die Frage der Zahlungswährung nahezu einhellig als Erfüllungsmodalität angesehen, die sich nach dem Recht des Zahlungsortes richte[347]. In Deutschland ist umstritten, ob in § 244 BGB[348] eine entsprechende einseitige Kollisionsnorm zu sehen ist, nach der der Schuldner auch bei ausländischem Schuldstatut zur Zahlung in deutscher Währung berechtigt ist, wenn der Zahlungsort (d.h. der Ort, an dem die Zahlungshandlung erfolgt) in Deutschland liegt.

Die h. M. in Rechtsprechung und Lehre bejaht dies[349]. § 244 BGB wäre demnach eine Sonderanknüpfung der Erfüllungsmodalität "Zahlungswährung", wenn Zahlungsort Deutschland ist. Teilweise wurde vorgeschlagen, die Vorschrift analog auch dann anzuwenden, wenn Schuldstatut deutsches Recht sei, der Zahlungsort aber im Ausland liegt: Ob der Schuldner dann die in DM ausgedrückte Schuld in der Währung des Zahlungsortes leisten dürfe, bestimme das Recht des Zahlungsortes[350].

Die Gegenmeinung stellt bereits in Abrede, daß § 244 BGB überhaupt eine Kollisionsnorm darstellt[351]. Dagegen spreche zum einen, daß § 244 BGB abdingbar sei. Art und Weise der Schuld ließen sich nicht vom Inhalt der Schuld trennen. So hätten insbesondere Umrechnungszeitpunkt und Umrechnungskurs auch einen Einfluß auf den Umfang der Verbindlichkeit[352]. Schließlich sei die Zahlung in umgerechneter Währung Erfüllungssurrogat und werde daher von dem Recht beherrscht, daß über die Erfüllung entscheide. § 244 BGB sei daher nur anwendbar, wenn deutsches Recht Schuldstatut sei[353]. In bezug auf die hier behandelte Frage der Erfüllungsmodalitäten wird dabei ausdrücklich verneint, daß die Umrechnungsbefugnis als Erfüllungsmodalität anzusehen und daher gesondert an den Er-

---

347 Vgl. oben S. 39 ff., 80, 91 f.

348 § 244 BGB:
"(1) Ist eine in ausländischer Währung ausgedrückte Geldschuld im Inland zu zahlen, so kann die Zahlung in Reichswährung erfolgen, es sei denn, daß Zahlung in ausländischer Währung ausdrücklich bedungen ist.
(2) Die Umrechnung erfolgt nach dem Kurswerte, der zur Zeit der Zahlung für den Zahlungsort maßgebend ist."

349 LG Braunschweig NJW 1985, 1169; OLG München IPRax 1988, 291; Staudinger-K. Schmidt[12] Rz. 77 zu § 244 BGB; MünchKomm-Martiny[2] Rz. 22 Nach Art. 34 EGBGB Anhang I; Soergel-Kegel[11] Rz. 905 vor Art. 7 EGBGB a. F.; Schack Rz. 134.

350 Wolff 156. Für eine Ausweitung zu einer allseitigen Kollisionsnorm Küng 106.

351 Soergel-von Hoffmann[12] (im Druck) Rz. 113 zu Art. 34 EGBGB; Birk AWD 1973, 425, 438.

352 Birk AWD 1973, 425, 428 f.

353 Soergel-von Hoffmann[12] (im Druck) a.a.O.

füllungsort anzuknüpfen sei. Weder Gründe der Bequemlichkeit oder Gewohnheit noch die Unterstellung einer entsprechenden kollisionsrechtlichen Teilverweisung durch die Parteien rechtfertigten eine solche Sonderanknüpfung. Etwas anderes könne nur gelten, wenn die Parteien ausdrücklich eine Umrechnungsbefugnis des Schuldners nach Maßgabe des Erfüllungsortes vereinbart hätten[354]. Deutlich werde die Unzuträglichkeit einer Sonderanknüpfung der Umrechnungsbefugnis zudem, wenn nach dem Vertragsstatut eine Ersetzungsbefugnis konkludent durch Vereinbarung einer effektiven Leistung in Auslandswährung ausgeschlossen sei, andererseits die *lex loci solutionis* über die Zulässigkeit dieser Ersetzungsbefugnis entscheiden solle. Hier könne nur nach einer Rechtsordnung entschieden werden, nämlich nach dem Schuldstatut[355].

Welcher Ansicht man auch folgt: Festzuhalten bleibt, daß keineswegs Einigkeit in der deutschen Rechtsprechung und Lehre darüber herrscht, daß die Umrechnungsbefugnis des § 244 BGB als Erfüllungsmodalität anzusehen und daher an den Erfüllungsort anzuknüpfen sei. Vielmehr macht die Diskussion gerade deutlich, daß die Abgrenzung der Substanz der Verpflichtung von den Erfüllungsmodalitäten kaum durchführbar ist, weswegen es zu unerwünschten Überschneidungen der Anwendbarkeit von Vertragsstatut und Recht des Erfüllungsortes kommen kann.

bb) § 361 HGB

Umstritten ist auch, ob § 361 HGB[356] als Kollisionsnorm für Erfüllungsmodalitäten anzusehen ist. Zum Teil wird vertreten, es handele sich hier lediglich um eine Auslegungsregel bei deutschem Vertragsstatut, die praktische Bedeutung allerdings nur noch für grenzüberschreitende Verträge habe[357]. Nach anderer Ansicht handelt es sich um eine Kollisionsnorm[358]. Die Vorschrift habe insofern internationalrechtlichen Gehalt, als die in ihr erwähnten Maßstäbe auf Gesetz zu beruhen pflegten[359]. Der Erfüllungsort entscheide z.B. darüber, welche Tage zur Vor-

354 Birk AWD 1973, 425, 431 f.
355 Birk a.a.O. 425, 434 f.
356 § 361 HGB:
"Maß, Gewicht, Währung, Zeitrechnung und Entfernungen, die an dem Orte gelten, wo der Vertrag erfüllt werden soll, sind im Zweifel als die vertragsgemäßen zu betrachten."
357 Schack Rz. 26, 136; Birk AWD 1973, 425, 434.
358 Küng 40.
359 Broggini 60 Fn. 24.

nahme der Lieferung geeignet seien oder als staatlich anerkannte Feiertage ausschieden[360].

Die Diskussion um die Vorschrift zeigt jedenfalls, wie schmal der Grat zwischen "Anwendung" eines Rechts und dessen "Berücksichtigung" bei der Auslegung ist. Hier spricht der Wortlaut allerdings eher für eine Berücksichtigung des Rechts des Erfüllungsortes bei der Auslegung mehrdeutiger Begriffe, die entweder der Vertragstext oder auch das (hier: deutsche) Vertragsstatut verwendet.

cc) Kauf

Insbesondere für den Bereich des Kaufs lehnt Kreuzer eine Sonderanknüpfung von Erfüllungsmodalitäten ab. Dabei sieht er die "Erfüllungsmodalitäten" wohl als Formfragen an, denn er begründet seine Ablehnung damit, daß Fragen des Inhalts nur schwer von solchen der Form zu trennen seien[361]. Weiter differenziert Kreuzer zwischen der Art und Weise der Erfüllung und den Untersuchungsmodalitäten. Über die Art und Weise der Erfüllung entscheide mangels abweichender Parteivereinbarung bei Kaufverträgen das als Vertragsstatut anzusehende Verkäuferrecht[362]. Die Untersuchungsmodalitäten seien hingegen gesondert an das Recht des Untersuchungsortes anzuknüpfen[363]. Dies ergebe sich aus dem Grundsatz *locus regit actum*. Für eine solche Sonderanknüpfung spreche schon, daß bei der Untersuchung nach Verkäuferrecht (als dem einheitlichen Vertragsstatut) oft amtliche oder halbamtliche Stellen zu beteiligen seien, die möglicherweise im Käuferstaat überhaupt nicht existierten oder jedenfalls nur nach ihren eigenen Verfahrensregeln handeln könnten. Daraus ergebe sich, daß auch die Untersuchungs*fristen* nach dem Recht des Untersuchungsortes zu bestimmen seien[364], denn die Prüfer richteten sich bei ihren Terminsbestimmungen ebenfalls nach ihrem eigenen Recht[365]. Weiter folge aus dem Grundsatz *locus regit actum* auch, daß die Form der Mängelrüge sich nach dem Recht des Untersuchungsortes rich-

---

360 Nußbaum 240.

361 Kreuzer 113. Unklar bleibt allerdings, wieso Kreuzer meint, aus einer Einheitsanknüpfung erwachsende "unerträglich" erscheinende Konsequenzen, insbesondere hinsichtlich der nationalen Währungsgesetzgebungen, könnten aufgrund der *ordre public*-Klausel oder einfacher im Weg der direkten Anwendung der öffentlichrechtlichen Vorschriften der *lex fori* vermieden werden: Es geht doch um eine mögliche Sonderanknüpfung der Erfüllungsmodalitäten nicht an die *lex fori*, sondern an die *lex loci solutionis*.

362 Kreuzer 114.

363 So auch von Caemmerer JZ 1959, 362, 363; Neuner ZAIP 2 (1928) 108, 133 Fn. 2.

364 Von Caemmerer a.a.O. 362, 363.

365 Kreuzer 114 f.

ten müsse. Die Mängelrüge könne nämlich insoweit mit der Form der Untersuchung zusammenhängen, als die Mitteilung an den Verkäufer möglicherweise in Form eines Attestes der (halb-)amtlichen Untersuchungsstelle zu erfolgen habe. Die Rügefrist sei ebenfalls an das Recht des Untersuchungsortes anzuknüpfen, da sie sachlich eng mit der Untersuchung zusammenhänge[366] und in dem Fall, in dem die Untersuchung nicht durch den Käufer, sondern einen Spediteur oder Agenten erfolge, dieser nicht ohne weiteres das Vertragsstatut ermitteln könne [367]. Gleiches gelte auch für die bei Zurückweisung der Ware zu treffenden Maßnahmen wie Aufbewahrung, Hinterlegung, Notverkauf usw.. Ob diese durchzuführen seien, sei nach dem Vertragsstatut zu beurteilen. Die *Form* ihrer Durchführung richte sich hingegen nach dem Ortsrecht[368].

dd) Sonstiges

Über diese Einzelfragen hinaus hat ein Teil der älteren Lehre eine Sonderanknüpfung bestimmter Teile des Vertrages vorgeschlagen, die hier als "Einzelfragen der Erfüllung" bezeichnet werden sollen.

Leonhard nahm die von ihm allerdings nicht näher definierten Modalitäten der Erfüllung vom Schuldstatut aus, da sie sich meist nach den "Polizeigesetzen" des Vollzugsortes richten müßten. Das betreffe jedoch nur die äußeren Formen, nicht den Inhalt der Leistung [369].

Für Nußbaum[370] ist das Recht des Erfüllungsortes das wichtigste Nebenstatut. Es sei unabhängig von der allgemeinen Erfüllungsorttheorie maßgebend für die Art und Weise der Erfüllung. Der Erfüllungsort sei im Zweifel, also mangels abweichenden Parteiwillens, dafür maßgebend, wie die Ware abzuliefern und vom Empfänger zu behandeln sei, in welchen Geldzeichen die Zahlung zu bewirken sei und ob und wie sie zu quittieren sei. Eine Begründung für diese Sonderanknüpfung gibt Nußbaum freilich nicht. Er betont lediglich, daß sich die Bedeutung dieses Nebenstatuts stets auf das "Wie" der Leistung beschränke, während sich das "Wieviel" nach dem Vertragsstatut richte.

---

366 Vgl. auch Lehmann WM 1980, 1162, 1163 (für das HGB): Die Untersuchung dient im wesentlichen nur der Vorbereitung einer qualifizierten Mängelrüge.

367 Kreuzer 116.

368 Kreuzer 117. Ebenso unter Hinweis auf die gegebenenfalls erforderliche Mitwirkung staatlicher Stellen schon Neuner ZAIP 2 (1928), 108, 133. Vgl. auch Frankenstein II 317: Was dabei unter "Form" zu verstehen sei, lasse sich "selbstverständlich" nur auf Grund der Rechtsordnung beurteilen, die den Selbsthilfeverkauf "materiell" beherrsche.

369 Leonhard 167.

370 Nußbaum 240 f.

Nach Raape ist das Recht des Erfüllungsortes zwar nicht anzuwenden, aber zu "berücksichtigen", "wenn seine Vorschriften de facto den Schuldner an der Erfüllung hindern"[371]. Dabei könne das rechtliche Hindernis der *lex loci solutionis* ein tatsächliches Hindernis vom Standpunkt des Schuldstatuts aus werden[372].

Im neueren deutschen Schrifttum vertritt Schack eine Sonderanknüpfung von Erfüllungsmodalitäten. Er rechtfertigt diese Sonderanknüpfung nach zwei Seiten. Zum einen werde sie durch den Einfluß des öffentlichen Rechts begünstigt (als Beispiele nennt er § 244 BGB und das am Arbeitsort geltende öffentliche Recht), zum anderen sprächen praktische Erwägungen hierfür. Eine Abgrenzung nach Substanz der Verpflichtung auf der einen und Inhalt der Leistungspflicht auf der anderen Seite sei dabei allerdings nicht durchführbar. Es könne nur darum gehen, dem Schuldner in untergeordneten Detailfragen eine Anpassung an sein Umweltrecht zu erlauben[373]. So bestimme das Vertragsstatut, ob und wo der Käufer untersuchen und rügen müsse, ob ihm Selbsthilfeverkauf oder Hinterlegung gestattet seien. Nach dem Sonderstatut des Erfüllungsortes richte sich nur das "Wie" des Verfahrens des Selbsthilfeverkaufs, der Hinterlegung oder der Mängeluntersuchung, die Modalitäten der Ablieferung und der Löschungsvorgang. Hierin sieht Schack eine Anwendung des Grundsatzes *locus regit actum*. Daraus, daß dem Schuldner eine Anpassung an sein Umweltrecht ermöglicht werden solle, ergebe sich auch, daß z.B. nicht der Ort, an dem die Untersuchung erfolgen soll, sondern derjenige, an dem die Untersuchung tatsächlich erfolgt sei, entscheidend sei[374].

Nach von Hoffmann verfolgt Art. 32 Abs. 2 EGBGB einen doppelten Zweck: Die Vorschrift erkenne einmal an, daß Handlungen außerhalb des Territoriums vorzunehmen seien, dessen Recht Vertragsstatut sei (Auslandssachverhalt[375]). Könne die vom Vertragsstatut vorgesehene Handlung in der dort geregelten Art und Weise am Leistungsort nicht vorgenommen werden, weil etwa eine erforderliche Behörde dort nicht existiert, sei im Wege einer materiellrechtlichen Angleichung die am Handlungsort mögliche Vorgehensweise zu befolgen[376]. Nicht gerechtfertigt sei es hingegen, aus der Vorschrift eine generelle Erleichterung für den Schuldner abzuleiten in dem Sinne, daß er berechtigt sein soll, anstelle des Vertragsstatuts das ihm vertrautere Ortsrecht anzuwenden. Bei Eilmaßnahmen könne allerdings im Einzelfall analog Art. 31 Abs. 2 EGBGB der Gedanke der Unzumutbarkeit des Befolgens des Vertragsstatuts heranzuziehen sein[377]. Zu den Er-

371 Raape 489.
372 Raape a.a.O.
373 Kritisch hierzu Soergel-von Hoffmann[12] (im Druck) Rz. 70 zu Art. 32 EGBGB.
374 Schack Rz. 134 f.
375 Dazu näher unten S. 118 f.
376 Soergel-von Hoffmann[12] (im Druck) Rz. 69 zu Art. 32 EGBGB.
377 Von Hoffmann a.a.O. Rz. 70 zu Art. 32 Abs. 2 EGBGB.

füllungsmodalitäten zählt von Hoffmann Vorschriften und Gebräuche des Leistungsorts über Ladenöffnungszeiten, Feiertagsregelungen, Hinterlegung und Quittierung, nicht aber Bestimmungen über die Befugnis des Schuldners zur Zahlung in einer anderen als der vereinbarten Währung. Zu den Maßnahmen des Gläubigers bei mangelhafter Erfüllung gehörten die Untersuchungsmodalitäten (Zusicherung von Sachverständigen, Rügelasten [Form, Frist, Erfordernis der Klage], das Ausmaß des Aufbewahrungspflicht [§ 379 Abs. 1 HGB] und das Notverkaufsrecht [§ 379 Abs. 2 HGB]). Auch hier seien jedoch grundsätzlich die Vorschriften des Vertragsstatuts zu beachten; nur bei Unzumutbarkeit sei auf das Ortsrecht zurückzugreifen[378].

c) Zusammenfassung

Eine kollisionsrechtliche Sonderbehandlung von Erfüllungsmodalitäten ist in Deutschland nur in Einzelfällen zu beobachten. Dabei ist weder die Art der Sonderbehandlung noch deren Begründung einheitlich. Vielmehr lassen sich drei Ansätze unterscheiden:

Zum einen räumen sowohl Rechtsprechung als auch Lehre allgemein die Möglichkeit eines Nebenstatuts, also einer echten Sonderanknüpfung bestimmter Erfüllungsbestandteile ein. Gedacht wird dabei konkret vor allem an die aus der Löschung von Schiffsladung erwachsenden Rechte und Pflichten der Vertragsparteien. Diese Sonderanknüpfung wird nicht nur aufgrund einer ausdrücklichen Parteivereinbarung vorgenommen. Sie wird vielmehr als dem Parteiwillen entsprechend angesehen und daher mangels abweichender Parteivereinbarung immer vorgenommen. Umstritten ist, ob § 244 BGB ein gesetzlich geregelter Fall einer solchen Sonderanknüpfung ist.

Zweitens wird die Anknüpfung bestimmter Erfüllungshandlungen bzw. Maßnahmen des Gläubigers bei mangelhafter Erfüllung im weitesten Sinne an das Recht des Ortes, an dem diese vorgenommen werden, als Ausprägung des Grundsatzes *locus regit actum* angesehen. Das gilt zunächst für den Selbsthilfeverkauf, müßte aber gleichermaßen für die Hinterlegung Anwendung finden. Auch hier erfolgt also eine Sonderanknüpfung. Ähnlich wie bei der Regel *locus regit actum* müßte damit grundsätzlich eine abweichende Parteivereinbarung möglich sein. Im Widerspruch hierzu steht allerdings die teilweise Begründung dieser Sonderanknüpfung damit, daß nur das Recht des Vornahmeortes entscheiden könne, was als formgerecht im Sinne des Schuldstatuts anzusehen sei.

378 Von Hoffmann a.a.O. Rz. 75 f. zu Art. 32 EGBGB.

Drittens schließlich werden die Gebräuche des Erfüllungsortes bei der Auslegung unbestimmter Rechtsbegriffe des Vertragsstatuts "berücksichtigt". Dabei wird z.T. § 361 HGB als entsprechende Kollisionsregel angesehen. Auch diese Berücksichtigung steht jedoch unter dem Vorbehalt einer abweichenden Parteivereinbarung.

Ebenso unterschiedlich wie die herangezogenen Regeln ist die materielle Begründung einer Sonderbehandlung von Erfüllungsmodalitäten. Bereits Savigny dachte an die praktische Unmöglichkeit einer anderen Verfahrensweise als nach den vom Handlungsort vorgegebenen Möglichkeiten. Er benutzte diese "Gegebenheiten" des Handlungsortes zur Auslegung des Vertrages. Der Gedanke der Unmöglichkeit eines von den Gegebenheiten des Ortsrechts abweichenden Handelns spiegelt sich auch in der Vorstellung wieder, es handele sich um eine Anwendung des Grundsatzes *locus regit actum*, soweit dies damit begründet wird, die Beachtung anderer als der Formen des Handlungsortes sei unmöglich (Kreuzer). Raape zieht aus dieser faktischen Unmöglichkeit den Schluß, daß das Recht des Erfüllungsortes nicht anzuwenden, sondern zu berücksichtigen sei, wobei das rechtliche Hindernis der *lex loci solutionis* zu einem tatsächlichen Hindernis im Sinne des Schuldstatuts werden könne. Damit ist aber die Schnittstelle zur Behandlung drittstaatlichen Eingriffsrechts im deutschen Internationalen Vertragsrecht erreicht. In ähnlicher Form wie die Schuldstatutstheorie und die datum-Theorie wird hier der faktischen Geltung von zwingend anwendbarem Recht des Handlungsortes nicht auf internationalprivatrechtlicher, sondern erst auf der materiellrechtlichen Ebene des Vertragsstatuts Rechnung getragen.

Selbst, soweit die Anwendung des Rechts des Handlungsortes auf eine der Regel *locus regit actum* entsprechende Erleichterung für den Schuldner zurückgeführt wird (Schack), wird dies neben "praktischen" Erwägungen mit dem Einfluß des öffentlichen Rechts begründet. Es klingt also auch hier der Gedanke der "Unausweichlichkeit" des Ortsrechts an.

5. Schweiz

Die Schweiz gehört zwar nicht zu den Vertragsstaaten des EVÜ. Da das IPRG vom 1. 1. 1989 jedoch eine Art. 10 Abs. 2 EVÜ bzw. Art. 32 Abs. 2 EGBGB ähnliche Regelung enthält, soll dennoch ein kurzer Blick auf diese Regelung geworfen werden.

Art. 125 IPRG lautet:
"Erfüllungs- und Untersuchungsmodalitäten unterstehen dem Recht des Staates, in dem sie tatsächlich erfolgen."

Diese Vorschrift unterscheidet sich von Art. 10 Abs. 2 EVÜ zunächst dadurch, daß hier das Recht des Leistungsortes nicht nur zu berücksichtigen, sondern anzuwenden ist. Es handelt sich also um eine Sonderanknüpfung.

Dabei ist wie im EVÜ/EGBGB nicht der vertraglich vereinbarte Erfüllungsort, sondern der tatsächliche Leistungsort maßgeblich.

Zum Teil wird diese Sonderanknüpfung mit Zumutbarkeitserwägungen begründet. Es sei beispielsweise dem Käufer nicht zuzumuten, Prüfung und Mängelrüge, die normalerweise rasch vorzunehmen seien, nach anderer Art und Weise als dem ihm vertrauten inländischen Recht vorzunehmen, zumal er dabei häufig auf die Mitwirkung von Behörden angewiesen sei, die natürlich nach ihren eigenen Verfahrensvorschriften vorgingen. Ähnliche Gesichtspunkte seien maßgebend in bezug auf das Vorgehen des Käufers im Fall der Unannehmbarkeit der Ware, z.B. Aufbewahrung oder Notverkauf[379].

Hier klingt jedoch schon der Hauptgrund für in Art. 125 IPRG vorgenommene Sonderanknüpfung an. Dieser wird darin gesehen, daß die Erfüllung der vertraglichen Verpflichtungen Maßnahmen erfordern kann, die mit den örtlichen Verhältnissen am Untersuchungs- bzw. am Erfüllungsort in besonders engem Zusammenhang stehen, weil sie die Mitwirkung von lokalen Stellen (Behörden, Amtspersonen, privaten Personen oder Vereinigungen) erfordern, oder weil sie in einem besonderen Verfahren abzuwickeln sind, daß auf die lokalen Verhältnisse abgestimmt ist, oder weil die Zeitverhältnisse bei der Erfüllung, Prüfung oder Beanstandung in engem Zusammenhang mit den örtlichen Gegebenheiten tatsächlicher oder rechtlicher Natur stehen[380].

Ausgehend von diesem Zweck der Vorschrift werden als *Erfüllungsmodalitäten* nur diejenigen Aspekte der Erfüllung der Sonderanknüpfung unterworfen, die vom "juristischen Ortsklima" abhängen. Darunter werden beispielsweise verstanden:

- die Art und Weise der Messung der gelieferten Ware;
- örtliche Geschäftsszeiten und Feiertage; Amtsstunden;
- die Art der Ausfertigung der für die richtige Erfüllung notwendigen Dokumente;
- die Bestimmung von nach dem Vertragsstatut gegebenenfalls zur Erfüllung erforderlichen Behörden oder Amtspersonen;

---

379 Schönenberger/Jäggi, Allgemeine Einl. Rz. 267.

380 Broggini, in: Gutzwiller/Niederer 52 f.; Heini-Keller/Girsberger, Rz. 10 zu Art. 125 IPRG.

- die örtliche Ausführung der vom Vertragsstatut verlangten Mitteilungen und Anzeigen;
- die genaue Örtlichkeit, an der innerhalb des nach dem Vertragsstatut bestimmten Erfüllungsort zu leisten ist, sowie die Art und Weise der Leistungshandlung (z.B. Modalitäten des Löschens gelieferter Ware im Hafen des Erfüllungsortes);
- die Art und Höhe von öffentlichrechtlichen Abgaben am Erfüllungsort, wobei das Vertragsstatut für die Frage maßgeblich bleibt, wer diese Abgaben letztlich zu tragen hat;
- die Art und Weise einer nach dem Vertragsstatut zulässigen Hinterlegung[381].

Als *Untersuchungsmodalitäten* werden angesehen:

- die Art und Weise der Wägung, Messung, Zählung der Ware und gegebenenfalls die Art und Weise, in der das Ergebnis festzuhalten ist;
- das Prüfungs- und Beanstandungsverfahren, wobei die Ausgestaltung eines behördlichen Verfahrens nach der allgemeinen Regel, daß das Verfahren sich nach dem Recht des Ortes richtet, an dem das Verfahren stattfindet, dem Ortsrecht unterliegt[382].

Für die Entscheidung, ob eine Erfüllungs- oder Untersuchungsmodalität vorliegt, die dann an das Recht des Leistungsortes angeknüpft wird, ist somit maßgeblich, ob die Art und Weise, in der eine Handlung vorgenommen wird, die der Erfüllung dient, von den tatsächlichen oder rechtlichen Gegebenheiten des Ortes, an dem sie vorgenommen wird, abhängt, oder ob eine Vornahme auch nach den Regeln des Vertragsstatuts möglich ist[383].

Aus diesem Maßstab ergibt sich für die Frage, ob eine von Art. 125 IPRG abweichende Rechtswahl möglich ist, ohne weiteres, daß das nicht der Fall ist. Wenn es sich um ortsgebundene Maßnahmen handelt, lassen sie sich überhaupt nicht nach einem anderen als dem Ortsrecht durchführen[384].

---

381 Heini-Keller/Girsberger, Rz. 19 zu Art. 125 IPRG.
382 Heini-Keller/Girsberger, Rz. 23 zu Art. 125 IPRG.
383 Vgl. in diesem Sinne auch Schönenberger/Jäggi, Allgemeine Einl. Rz. 359.
384 Heini-Keller/Girsberger, Rz. 27 zu Art. 125 IPRG.

6. Zusammenfassung

Der Vergleich der eben dargestellten Rechtsordnungen zeigt zunächst, daß Einheitlichkeit weder auf nationaler noch auf internationaler Ebene besteht. Als Erfüllungsmodalitäten bzw. Vorschriften, die die Art und Weise der Leistung regeln, werden angesehen:

Zahlungswährung; Hafenbräuche und -vorschriften; Tageszeit, zu der eine Anlieferung erfolgen darf; Bestimmung von Feiertagen; arbeits-, preis- und wettbewerbsrechtliche Vorschriften; Devisenkontrollbestimmungen; Form der Untersuchung gelieferter Ware und Fristen für die Mängelsanzeige; Maßnahmen zur Erhaltung und Aufbewahrung gelieferter Ware; Hinterlegungsvorschriften; gesetzliche oder richterliche Zahlungsaufschübe.

Es existiert jedoch ein Konsens weder über den Inhalt des Begriffes "Erfüllungsmodalitäten" noch über die Rechtfertigung einer Berücksichtigung oder Anwendung des Rechts des Leistungsortes auf diese Modalitäten. Einigkeit besteht weitgehend nur soweit, als die Erfüllungsmodalitäten nicht den Umfang der Verpflichtung (*substance of the obligation, substance de l'obligation; sostanzialità dell'obbligazione*; "wie" der Leistung im Gegensatz zum "wieviel") verändern dürfen. Wann das der Fall ist, ist jedoch wieder umstritten, wie das Beispiel der Zahlungswährung zeigt.

Begriffsinhalt und Zweck der Regelung lassen sich nicht voneinander trennen. Da Rechtsbegriffe keine Zustandsbeschreibungen, sondern Zweckbegriffe sind, bestimmt der Zweck einer Einbeziehung des Rechts des Leistungsortes auch den Inhalt des Begriffes "Erfüllungsmodalitäten". Es ist daher zunächst zu prüfen, ob unabhängig von der verwendeten Terminologie aus der praktischen Anwendung durch Rechtsprechung und Lehre in den untersuchten Staaten eine Übereinstimmung in den verfolgten Zwecken feststellbar ist.

Ein Vergleich ergibt dabei zunächst, daß zwei unterschiedliche Arten der Einbeziehung des Rechts und der Bräuche des Erfüllungsortes, verstanden als Leistungs- oder Handlungsort, erfolgen:

Zum Teil wird eine *Sonderanknüpfung* der Erfüllungsmodalitäten an das Recht des Leistungsortes vorgenommen. Das ist der Fall, wenn es sich um Bräuche handelt, die unmittelbar auf die Gestaltung der Rechte und Pflichten der Parteien einwirken wollen (Beispiel England: Auslegung des Begriffes "Ankunft" nach den Gebräuchen des Bestimmungshafens). Weiter gehören in diese Fallgruppe Vorschriften des Leistungsortes, die Einzelheiten der vom Gläubiger im Fall mangelhafter Leistung zu ergreifende Maßnahmen betreffen, wie etwa die Art und Weise der Mängelrüge. Hier sollen die Vorschriften des Leistungsortes aus Gründen der praktischen Bequemlichkeit anwendbar sein (Frankreich). Entsprechend wird die

Sonderanknüpfung auch als Anwendung des Grundsatzes *locus regit actum* angesehen (Kreuzer, Schack, P. Mayer, Bosco). Daraus ergibt sich, daß sie in diesen Fällen dispositiv ist, d.h. nur mangels einer abweichenden Parteivereinbarung gilt.

Eine Sonderanknüpfung unter Hinweis, daß bloße Erfüllungsmodalitäten geregelt würden, wird teilweise außerdem auch für zwingende Vorschriften des Leistungsortes wie Feiertagsregelungen, Im- und Exportbestimmungen etc. angenommen (Frankreich).

Als andere Möglichkeit hat sich die bloße *"Berücksichtigung"* des Rechts des Leistungsortes gleichsam als "Vorfrage" für die Feststellung, ob die Leistung ordnungsgemäß erbracht sei, erwiesen. Eine Berücksichtigung dieses Rechts findet also auf der materiellrechtlichen Ebene des Vertragsstatuts statt. Ist die Erbringung der Leistung aufgrund von zwingenden Vorschriften des Leistungsortes für den Schuldner nur in einer vom Vertragsstatut abweichenden Art und Weise möglich, wird unterstellt, daß der Schuldner nach dem Parteiwillen nur die nach dem Recht des Leistungsortes mögliche Leistung zu erbringen verpflichtet sein soll (England).

Dieser Gedanke, daß aufgrund der Rechtsordnung des Leistungsortes eine Erfüllung in der Art und Weise, wie das Vertragsstatut sie vorsieht, unmöglich sein kann (in Deutschland Raape, von Hoffmann), hat in Italien eine Abkehr von traditionellen Versuchen, von vornherein bestimmte Erfüllungshandlungen als Modalitäten anzusehen, bewirkt. Ausgangspunkt für die Prüfung, was im Einzelfall als Erfüllungsmodalität anzusehen ist, ist nunmehr die Frage, in welchem Umfang der Schuldner durch zwingende Vorschriften des Leistungsortes gehindert ist, die Erfüllung in der vom Vertragsstatut vorgesehenen Art und Weise vorzunehmen. Nur insoweit soll der Schuldner als von seiner ursprünglichen Leistungspflicht als befreit anzusehen sein bzw. es soll eine Erfüllungsmodalität vorliegen.

Es ist also festzuhalten, daß sich zwei unterschiedliche Zwecke feststellen lassen: zum einem kann eine Anwendung des Rechts des Leistungsortes aus einer Erleichterung für den Handelnden motiviert sein, zum anderen soll dem Umstand Rechnung getragen werden, daß zwingende Vorschriften des Leistungsortes u. U. nur eine Durchführung vertraglich vorgesehener Handlungen in einer vom Vertragsstatut abweichenden Art und Weise zulassen. Der letztere Gedanke wird auch in der Schweiz als taugliches Abgrenzungskriterium angesehen: Ob eine Erfüllungs- oder Untersuchungsmodalität vorliegt, richtet sich danach, ob die Art und Weise, in der diese Handlung vorgenommen wird, von den tatsächlichen und rechtlichen Gegebenheiten des Handlungsortes abhängt oder ob eine Vornahme auch nach den Regeln des Vertragsstatuts möglich ist.

III. Grammatische Auslegung

Die grammatische Auslegung geht vom Wortsinn des Textes als Grenze der Auslegung aus. Der natürliche, übliche Wortsinn hat dabei eine besonders große Bedeutung: Eine Auslegung, die sich an ihm orientiert, unterliegt in geringerem Maß der Gefahr, in nationale Eigenheiten zu verfallen[1]. So beruft auch Art. 31 Abs. 1 WVK als allgemeine Auslegungsregel zunächst die übliche Bedeutung eines Begriffs.

Damit ist gleichzeitig eine Auslegung nach *nationalen* Begriffsinhalten grundsätzlich ausgeschlossen. Die Begriffe sind, da staatsvertraglichen Ursprungs, *vertragsautonom* auszulegen[2].

Da das EVÜ in mittlerweile acht gleichermaßen verbindlichen Sprachen abgefaßt ist, ist nicht nur der deutsche, sondern auch der Wortlaut der anderen Fassungen zu beachten. Bei Bedeutungsunterschieden ist diejenige Interpretation zu wählen, die die Wortlaute nach dem Ziel der Bestimmung am besten miteinander in Einklang bringt[3].

1. "Art und Weise der Erfüllung"

Unter "Art und Weise der Erfüllung" *(manner of performance, modalités d'exécution, modalità d'esecuzione)* im natürlichen Wortsinn wird man zunächst das "Wie" der Erfüllung [4] verstehen im Gegensatz zum "Wieviel" der Leistung[5]. Abstrakt scheint damit eine Abgrenzung nicht weiter problematisch: *Ob* der Schuldner seine Verpflichtung erfüllt hat, soll dem Vertragsstatut unterliegen, im Hinblick darauf jedoch, *wie* die Erfüllung vorzunehmen ist, soll das Recht des Erfüllungsortes "Berücksichtigung" finden. Bildet man hingegen ein praktisches Beispiel, zeigt sich sogleich die Fragwürdigkeit einer solchen Abgrenzung: Der

---

1 Kropholler, Einheitsrecht 264.

2 Kropholler, Einheitsrecht 265; MünchKomm-Martiny[2] Rz. 16 zu Art. 36 EGBGB.

3 Vgl. Art. 33 Abs. 4 WVK; Kropholler, Einheitsrecht 266 ff.

4 Staudinger-Firsching[10/11] Rz. 446 vor Art. 12 EGBGB.

5 Nussbaum 241. Vgl. auch Schnitzer I 131, der die Erfüllungsmodalitäten als Gegensatz zum "Inhalt der Verpflichtung" ansieht.

Schuldner S ist nach dem Vertragsstatut zur Zahlung eines bestimmten Betrages der Währung des Staates X im Staat Y verpflichtet. Eine Berechtigung zur Zahlung in einer anderen Währung ist nicht vorgesehen. Nach den Gesetzen des Staates Y ist der Schuldner zur Zahlung auch in der Währung des Staates Y berechtigt. S macht von dieser Möglichkeit Gebrauch. Ist der Gläubiger mit dieser Währung nicht einverstanden, wird er einwenden, es sei überhaupt nicht erfüllt worden, denn es sei nach dem Vertragsstatut Zahlung ausschließlich in der Währung X vereinbart gewesen. S wird hingegen geltend machen, die Frage, in welcher Währung zu zahlen sei, betreffe lediglich das "Wie" der Zahlung, da ja ein Äquivalent des geschuldeten Betrages gezahlt worden sei. Es sei also das Recht des Erfüllungsortes zu berücksichtigen. Das Beispiel verdeutlicht, daß die Frage, ob eine Handlung das "Ob" oder das "Wie" der Erfüllung betrifft, nicht durch Bildung von Fallgruppen geklärt werden kann, sondern sich nur aus einer Wertung der Umstände des Einzelfalles, insbesondere der Auslegung der vertraglichen Vereinbarung ergeben kann. Ist vertraglich eine bestimmte "Art und Weise" der Erfüllung vereinbart (in unserem Beispiel also die Zahlung in der Währung X, möglicherweise sogar unter ausdrücklichem Ausschluß der Zahlung in einer anderen Währung), haben die Parteien die "Art und Weise der Erfüllung", das "Wie", zum Inhalt der Verpflichtung, zum "Was" erhoben. Deutlichstes Beispiel hierfür sind Transportverträge: Ist ein Lufttransport vereinbart, wählt der Schuldner aber den Seeweg, ist es begrifflich durchaus möglich, zu behaupten, der Schuldner habe "nur" eine andere Art und Weise der Erfüllung gewählt, denn der Inhalt der Verpflichtung habe ausschließlich im Transport von A nach B gelegen. Hier ist jedoch unmittelbar einsichtig, daß auch das "Wie" des Transports zum Inhalt der Verpflichtung, zum "Was" gehört. Weitere Beispiele für die Art und Weise der Erfüllung können sein die Frage, zu welcher Tageszeit die Anlieferung zu erfolgen hat oder die Möglichkeit, im Fall des Annahmeverzuges den geschuldeten Gegenstand zu hinterlegen. Je nach Ausgestaltung der vertraglichen Vereinbarung wird man auch diese Punkte nicht ohne weiteres lediglich der "Art und Weise der Erfüllung" zuordnen können.

Im Ergebnis bleibt damit festzuhalten, daß sich aus dem Wortlaut kein Hinweis darauf ergibt, welche Bestandteile der Erfüllung als "Art und Weise der Erfüllung" im Gegensatz zum Inhalt der Verpflichtung anzusehen sind.

2. "vom Gläubiger im Fall mangelhafter Erfüllung zu treffende Maßnahmen"

a) mangelhafte Erfüllung

Zunächst ist auch eine "mangelhafte Erfüllung" *(defective performance, défaut dans l'exécution, esecuzione difettosa)* doch eine Erfüllung. Nicht erfaßt werden können vom Wortlaut also die Fälle der Nichterfüllung. "Mangelhaft" im natürlichen Wortsinn kann die Erfüllung aus verschiedenen Gründen sein: Sie kann verspätet erfolgen, die gelieferte Sache, das errichtete Werk, die erbrachte Dienstleistung können als solche Mängel aufweisen, und schließlich kann die Erfüllung bzw. können die Erfüllungshandlungen zu Schäden an sonstigen Rechtsgütern des Gläubigers (Eigentum, Gesundheit, Vermögen) geführt haben.

b) vom Gläubiger zu treffende Maßnahmen

In den eben genannten Fällen kommen für den Gläubiger unter anderem folgende Maßnahmen in Betracht *(steps to be taken* [6]*, mesures à prendre par le créancier, misure che il creditore dovrà prendere)*: bei verspäteter Leistung kann er etwa Maßnahmen treffen, um den Schuldner in Verzug zu setzen oder Nachfristen setzen. Bei Mangelhaftigkeit der erbrachten Leistung selbst hat er zunächst die gelieferte Ware/das errichtete Werk etc. zu prüfen und kann dann etwa die Leistung ablehnen oder Nachbesserung verlangen, Schadensersatz verlangen oder eine Ersatzvornahme durchführen lassen. Bei Schädigung anderer Rechtsgüter des Gläubigers kommt ein Geltendmachen von Schadensersatzansprüchen in Betracht.

Jedoch ist der Begriff der "Maßnahmen" zu unterscheiden von dem der Rechte, die der Gläubiger im Fall einer mangelhaften Erfüllung hat. Ein Recht ist abstrakt, eine Maßnahme eine konkrete Handlung. Das Treffen von Maßnahmen dient immer der Durchsetzung von Rechten, setzt also deren Bestehen bereits voraus. Art. 32 Abs. 2 EGBGB will also nicht die Frage beantworten, welche Rechte der Gläubiger in Fällen mangelhafter Erfüllung hat, sondern nur erreichen, daß bei Vornahme von *Handlungen, die der Durchsetzung vertraglicher* (also sich aus

---

6 Nur die englische Fassung bezieht diese Maßnahmen nicht ausdrücklich auf den Gläubiger.

dem Vertragsstatut ergebender) *Rechte des Gläubigers dienen*[7], das Recht des Ortes, an dem sie vorgenommen werden, berücksichtigt wird.

3. "Staat, in dem die Erfüllung erfolgt"

Zu berücksichtigen sein soll das Recht des Staates, in dem die Erfüllung erfolgt *(country in which performance takes place, pays où l'exécution a lieu, paese dove l'esecuzione ha luogo).*

Zunächst ist zu klären, was unter dem Begriff "Erfüllung" zu verstehen ist. "Erfüllung" kann einerseits das Erlöschen der Verpflichtung meinen, andererseits aber auch die tatsächlichen Handlungen[8], die der Schuldner zum Zweck des Erlöschens der Verpflichtung vornimmt. Zu fragen ist also, ob hier nur der Erfolgsort gemeint ist oder auch der Handlungsort [9]. Wenn letzteres der Fall sein sollte: Welche der unter Umständen zahlreichen Handlungen, die der Schuldner zum Zweck der Erfüllung vornimmt, sind hierbei zu berücksichtigen? Wann liegt eine bloße "Vorbereitungshandlung"[10] vor? Der Wortlaut allein gibt hierüber keine Auskunft.

Weiter ist dem Wortlaut nach nur das Recht des Staates, in dem die Erfüllung *tatsächlich* erfolgt, zu berücksichtigen. Keine Berücksichtigung muß demgemäß das Recht des Staates, in dem die Erfüllung vertragsgemäß zu *erfolgen* hatte, finden, wenn nicht die Erfüllung auch an diesem Ort stattfindet. Nur das Recht des tatsächlichen *Erfüllungsortes* ist auch für die Maßnahmen des Gläubigers bei mangelhafter Erfüllung zu berücksichtigen. Es kommt also dem Wortlaut nach nicht darauf an, an welchem Ort der *Gläubiger* diese Maßnahmen ergreift, sondern allein auf den "Erfüllungsort" der Verpflichtung des Schuldners. Dies spricht dafür, daß einer der Gründe für die Berücksichtigung des Rechts des Leistungsortes in der tatsächlichen engen Verbindung dieses Rechts zur Leistung des Schuldners liegt. Eine bloße Bequemlichkeit für den Gläubiger hingegen kann damit nicht gewollt sein.

---

7 Gaudemet-Tallon Rev trim dr europ 1981, 215, 268.

8 *Attività esecutiva* (Broggini 91).

9 Firsching IPRax 1981, 37, 42.

10 Kegel[6] 416; Mankowski IPRax 1991, 305, 312.

4. Recht dieses Staates

Zu berücksichtigen ist nur das *Recht* des Staates, in dem die Erfüllung erfolgt. Damit sind alle Rechtsnormen, aber auch das Gewohnheitsrecht dieses Staates zu berücksichtigen. Eine Beschränkung auf ein bestimmtes Rechtsgebiet ist dem Wortlaut nicht zu entnehmen. Auch die Berücksichtigung von ausländischem öffentlichem Recht ist danach nicht ausgeschlossen. Im Gegenteil legt gerade die Rechtsfolge der Norm, nämlich die "Berücksichtigung" (nicht: "Anwendung", dazu sogleich unter 5.) eine Einbeziehung öffentlichen Rechts nahe, denn hier gilt traditionell der Grundsatz, daß ausländisches öffentliches Recht nicht *angewandt* wird[11], wohl aber als Tatsache im Rahmen des anwendbaren Privatrecht "berücksichtigt" werden kann[12].

Die Berücksichtigung von Gebräuchen hingegen, zum Beispiel Handelsbräuchen, die eine große Bedeutung im Bereich der Erfüllungshandlungen haben können, ist vom Wortlaut der Vorschrift nur gedeckt, wenn sie die Qualität von Gewohnheitsrecht erlangt haben[13].

Festzuhalten ist weiterhin, daß dem Wortlaut keine Beschränkung auf die Berücksichtigung *zwingenden* Rechts des Erfüllungsortes zu entnehmen ist, so daß auch die Berücksichtigung von dispositivem Recht jedenfalls vom Wortlaut gedeckt ist.

5. "ist ... zu berücksichtigen"

Die Auslegung des Wortlauts der Rechtsfolge von Art. 32 Abs. 2 EGBGB, nämlich daß das Recht des Erfüllungsortes zu berücksichtigen sei, bereitet erhebliche Schwierigkeiten. Sicher ist, daß dem Richter kein Ermessen bei der Frage eingeräumt wird, ob er das Recht des Erfüllungsortes berücksichtigt oder nicht. Er ist hierzu verpflichtet[14].

---

11 Kegel[6] 714.

12 Kegel[6] 718.

13 Die Nichtberücksichtigung von ausländischen Gebräuchen im Bereich der "Erfüllungsmodalitäten" im weitesten Sinne ist keineswegs selbstverständlich, wie Art. 38 Abs. 4 EKG zeigt, nach welchem die Form der Untersuchung sich mangels Vereinbarung der Parteien nach dem Recht oder den Gebräuchen des Ortes richtet, an dem die Untersuchung vorzunehmen ist. Allgemein zu der Berücksichtigung ausländischer Gebräuche ablehnend Keller/Siehr 505.

14 Soergel-von Hoffmann[12] (im Druck) Rz. 71 zu Art. 32 EGBGB.

Problematisch ist hingegen die Bedeutung des Begriffes "berücksichtigen". Der Begriff, der im deutschen Recht in § 12 AGBG Verwendung findet[15], ist "rechtstechnisch nicht fixiert"[16]. Geht man vom natürlichen, gewöhnlichen Wortsinn aus, kann dieses "berücksichtigen" viererlei bedeuten: 1. eine Sonderanknüpfung der Art und Weise der Erfüllung sowie der vom Gläubiger im Fall mangelhafter Erfüllung zu treffenden Maßnahmen an das Recht des Erfüllungsortes; 2. ein Hinweis auf die Frage des Auslandssachverhaltes; 3. die Anordnung, entsprechende Vorschriften des Erfüllungsortes als *local data* zu berücksichtigen; 4. die Anordnung einer zwingenden Beachtung von entsprechenden Eingriffsnormen des Erfüllungsortes.

a) Sonderanknüpfung

Eine Sonderanknüpfung in dem Sinne, daß für einen Teilbereich eines Sachverhalts ein anderes als das nach der allgemeinen Regel maßgebliche Recht anwendbar wäre, läge vor, wenn Art. 32 Abs. 2 EGBGB wie folgt zu lesen wäre: "In bezug auf die Art und Weise der Erfüllung und die vom Gläubiger im Fall mangelhafter Erfüllung zu treffenden Maßnahmen ist das Recht des Erfüllungsortes anwendbar." Vom natürlichen Wortlaut ausgehend ist eine "Anwendung" eines Rechts durchaus als dessen "Berücksichtigung" anzusehen. Da es sich jedoch um einen juristischen Text handelt, ist davon auszugehen, daß die "Berücksichtigung" eines Rechts etwas anderes sein soll als dessen Anwendung[17], genauer gesagt ein Minus hierzu: eine Kenntnisnahme, ein Einbeziehen in die Entscheidungsfindung[18]. In welcher Weise dieses Einbeziehen die Entscheidungsfindung allerdings beeinflussen soll, bleibt ungeklärt[19]. Aus diesem Grund kann sogar die Eigenschaft der Vorschrift als Kollisionsnorm bezweifelt werden: Eine Kollisions-

---

15 § 12 AGBG: "Unterliegt ein Vertrag ausländischem Recht ..., so sind die Vorschriften dieses Gesetzes gleichwohl zu berücksichtigen, wenn ...".

16 Sonnenberger Festschr Ferid 1978, 377, 385.

17 Die Möglichkeit, die Verwendung des Begriffs "berücksichtigen" als Ausdruck der Auffassung anzusehen, daß ausländisches Recht niemals "angewandt" werde, sondern lediglich als Tatsache gewertet werde (*vested rights theory*, Dicey, Beale, vgl. oben S. 30), kann ausgeschlossen werden, da diese Theorie in ihrer Allgemeinheit heute nicht mehr vertreten wird.

18 In bezug auf den in Art. 7 Vorentwurf zum EVÜ, der die Berücksichtigung drittstaatlichen zwingenden Rechts vorsieht, verwendeten Begriff *"take into account"* beschreibt van Hecke, Festschr Mann 1977, 183, 188 dessen Bedeutung als *"something that lies in between the outright rejection and the blind enforcement of the foreign rule"*.

19 Sehr kritisch zu der entsprechenden Formulierung in § 12 AGBG daher auch Sonnenberger Festschr Ferid 1978, 377, 393 ff.

norm setzt voraus, daß sie selbständig oder gemeinsam mit einer anderen Kollisionsnorm zur Bestimmung des anwendbaren Sachrechts führt [20]. Auf Art. 32 Abs. 2 EGBGB trifft beides nicht zu: Er sagt weder selbst noch bei Ergänzung durch andere Normen, welches Sachrecht anwendbar ist, sondern er gibt eine Anweisung hinsichtlich des zu "berücksichtigenden" Rechts[21]. Stellt er damit schon keine Kollisionsnorm dar, kann er erst recht keine Sonderanknüpfung sein[22]. Nicht mit dem Wortlaut zu vereinbaren ist es daher, die Art und Weise der Erfüllung sowie die vom Gläubiger im Fall mangelhafter Erfüllung zu treffenden Maßnahmen gesondert an das Recht des Erfüllungsortes anzuknüpfen[23].

b) Auslandssachverhalt

Möglicherweise soll mit der Vorschrift dem Gedanken des sogenannten "Auslandssachverhalts" Rechnung getragen werden. Damit ist hier nicht der Umstand gemeint, daß ein zu entscheidender Fall einen Auslandsbezug hat[24]. Mit diesem Schlagwort werden vielmehr in der europäischen Rechtslehre Fallgestal-

---

20 Kegel[6] 185 f. Einen wesentlich weiteren Begriff vertreten Keller/Siehr 241, wonach Kollisionsnormen alle diejenigen Vorschriften sind, die Rechtsfragen internationaler Sachverhalte zum Gegenstand haben, wobei Verweisungsnormen nur eine Untergruppe der Kollisionsnormen sind, a.a.O. 249. Auch nach dieser Ansicht liegt in Art. 32 Abs. 2 EGBGB jedoch mangels Anordnung der *Anwendbarkeit* einer bestimmten Rechtsordnung keine Verweisungsnorm, so daß auch danach keine Sonderanknüpfung vorliegen kann. Ähnlich zu Art. 7 Abs. 1 EVÜ, der vorsieht, daß zwingenden Bestimmungen "Wirkung verliehen" werden kann: Hier liege keine Verweisung vor, sondern eine "Öffnung, in welche ausländische zwingende Bestimmungen unter gewissen ... Voraussetzungen eindringen und so im Forumstaat Geltung erlangen" könnten, 277.

21 Widersprüchlich insofern Siehr RabelsZ 52 (1988) 41, 69 (Differenzierung zwischen Anwendung des Rechts des Erfüllungsortes und dessen Berücksichtigung) und 72 (Behauptung einer von Art. 10 Abs. 2 EVÜ bzw. 32 Abs. 2 EGBGB vorgesehenen Sonderanknüpfung).

22 Kegel[6] 188, 318 sieht in der Vorschrift eine "Beachtungsklausel", die er als (Kollisions-)"Normvorstufe", als "Rechtsanzeichen" einordnet. Auch die "Rechtsanzeichen" beinhalteten Rechtssätze, "aber nicht solche, die sagen, was Recht ist, sondern was zu *beachten* ist, wenn man Recht auslegen und fortbilden will." Siehr RabelsZ 52 (1988) 41, 72 bezeichnet Art. 32 Abs. 2 EGBGB zwar als "Sonderanknüpfung", meint damit aber nicht die Sonderanknüpfung der Erfüllungsmodalitäten und der vom Gläubiger im Fall mangelhafter Erfüllung zu treffenden Maßnahmen an das Recht des Erfüllungsortes, sondern bezieht dies allein auf Eingriffsnormen, s. unten d).

23 A. A. Mankowski IPRax 1991, 305, 310 ("kumulative partielle Sonderanknüpfung"), der allerdings gleichzeitig relativierend nicht von einer Anwendbarkeit, sondern nur von einem "bestimmten Mitspracherecht" ausgeht, a.a.O. 312. Eine Sonderanknüpfung sieht dagegen Art. 125 des schweizerischen IPRG vor: "Erfüllungs- und Untersuchungsmodalitäten unterstehen dem Recht des Staates, in dem sie tatsächlich erfolgen."

24 In diesem Sinne z.B. Siehr RabelsZ 46 (1982) 357, 380.

tungen umschrieben, in denen zwar nur ein einziges Recht anwendbar ist, bei der Anwendung aber zu berücksichtigen ist, daß der Sachverhalt das Ausland berührt[25].

Dabei geht es einmal um die Gleichwertigkeit fremder Rechtserscheinungen für den Tatbestand nationaler Sachrechtsnormen (Substitution[26]). Hierunter fällt etwa die Frage, ob beispielsweise in deutschen Normen vorgesehene notarielle Beurkundungen auch vorliegen, wenn die Beurkundung durch einen ausländischen Notar erfolgte[27]. Auf Art. 32 Abs. 2 EGBGB bezogen könnte sich hier z.B. die Frage stellen, ob der Schuldner, der im Ausland den geschuldeten Gegenstand hinterlegt hat, dies bei einer öffentlichen Stelle i. S. v. § 372 BGB getan hat. Die "Berücksichtigung" des Rechts des Drittstaates liegt in diesen Fällen darin, daß durch Auslegung der *lex causae* ermittelt wird, ob die drittstaatliche Rechtserscheinung derjenigen der *lex causae* gleichzusetzen ist[28].

Zum zweiten werden hierunter aber auch die Fälle verstanden, in denen drittstaatliche Normen nach Feststellung des anwendbaren Rechts "von Bedeutung sind", indem sich z.B. die Leistung als unerbringbar erweist infolge eines zwar nicht "anwendbaren", aber "faktisch bestehenden und wirkenden" drittstaatlichen Leistungsverbotes[29].

Festzuhalten ist in beiden Fällen, daß bei der Anerkennung eines "Auslandssachverhaltes" die Bestimmung des Sachstatuts nach kollisionsrechtlichen Regeln bereits vorausgegangen ist. Es wird lediglich das Sachstatut unter "Berücksichtigung" des Umstandes, daß sich der Tatbestand der Sachnorm (ganz oder zum Teil) im Ausland verwirklicht, ausgelegt.

Die "Berücksichtigung" unter dem Gesichtspunkt des Auslandssachverhalts stünde also im Einklang mit dem Wortlaut der Vorschrift.

c) Datum-Theorie

Auch die sogenannte "Datum-Theorie" fordert eine "Berücksichtigung" des Rechts des Ortes, an dem sich der Sachverhalt verwirklicht. Diese Theorie geht

---

25 Soergel-Kegel[11] Rz. 12 vor Art. 7 EGBGB a. F.
26 Lewald Rec des Cours 1939-III § 2, 130 f.
27 MünchKomm-Sonnenberger[2] Rz. 437 Einl. zum EGBGB.
28 MünchKomm-Sonnenberger[2] a.a.O.
29 Schurig 313.

auf Ehrenzweig zurück[30] und wurde von Jayme für das europäische Kollisionsrecht aufgegriffen[31]. Sie vertritt eine "zweistufige" Theorie des IPR[32]: Auf der ersten Stufe soll das anwendbare Recht mit den traditionellen Methoden ermittelt werden. Ein bestimmtes Sachrecht kann jedoch nicht nur als auf diese Weise gefundenes Geschäftsstatut Anwendung finden[33]. Auf der zweiten Stufe ist nämlich zu ermitteln, ob ein - nicht als Geschäftsstatut anwendbares - Sachrecht nicht auch im Rahmen des Tatbestands von Normen des Geschäftsstatuts zu "berücksichtigen" ist, und zwar als Tatsache, als "datum"[34]. Dabei unterscheidet die Datum-Theorie *local data* und *moral data*. Im hier zu untersuchenden Zusammenhang sind vor allem die *local data* von Bedeutung. *Local data* sind diejenigen Rechtsvorschriften des Ortes, an dem sich der Sachverhalt verwirklicht, die auch ohne besondere Verweisungsnorm anwendbar sind. Verletze beispielsweise ein Deutscher einen anderen Deutschen in England, so sei deutsches Deliktsrecht anwendbar; jedoch könne für die Frage der Schuld nicht auf die englische Verkehrsregel, daß links zu fahren ist, verzichtet werden[35]. Dennoch soll insofern keine Verweisung auf das ausländische Recht vorliegen, sondern dieses soll als *"datum"*, als Teil des nach einem bestimmten Sachrecht zu beurteilenden Sachverhalts wie andere Fakten auch zu "berücksichtigen" sein[36]. Der Unterschied dieser "Berücksichtigung" zu einer echten Verweisung wird darin gesehen, daß bei einer Verweisung auch die Rechtsfolge der ausländischen Norm zu entnehmen sei, während bei einer "Berücksichtigung" der jeweiligen Norm deren Rechtsfolge lediglich dazu diene, den *Tatbestand* einschlägigen Norm des Geschäftsstatuts zu konkretisieren[37].

---

30 *Local and Moral Data in the Conflict of Laws: Terra Incognita*, Buffalo L. R. 16 (1966) 55 ff.; *The Lex Aequitatis Fori: The Moral Datum*, GS Akrothinia Vallindas (Sonderdruck 1966), 135 ff.; *Dati di fatto e dati morali in diritto internazionale privato*, Dir int 21 (1967-I), 246 ff. [zit. nach Jayme, Gedächtnisschr Ehrenzweig 35, 39 Fn. 11].

31 Jayme Gedächtnisschr Ehrenzweig 35, 42 - 49; ders., Kollisionsrecht und Bankgeschäfte 25 - 28; ders. in: Zacher (Hrsg.), Versorgungsausgleich 423, 424; ders. Festschr Müller-Freienfels 1986, 341, 367, 369 f.

32 In diesem Sinne auch Keller/Siehr 517.

33 Während Jayme a.a.O. und Heßler die Anwendung der Datum-Theorie nur auf Fälle beziehen, in denen nach Kollisionsrecht deutsches Sachrecht anwendbar ist, stellt Lorenz FamRZ 1987, 645, 646 klar, daß in gleicher Weise zu verfahren sei, wenn ein ausländisches Sachrecht anwendbar sei. Insbesondere hierzu ablehnend MünchKomm-Sonnenberger[2] Rz. 443 Einl. zum EGBGB.

34 Heßler 99; Lorenz FamRZ 1987, 645, 646.

35 Beispiel von Jayme, Kollisionsrecht und Bankgeschäfte 25 f.. Im Rahmen des Deliktsrechts hat der Begriff der *local data* immerhin eine gewisse Verbreitung gefunden, vgl. Stoll IPRax 1989, 89, 92; Staudinger-von Hoffmann[12] Rz. 471 zu Art. 38 n. F.

36 Jayme Gedächtnisschr Ehrenzweig 35, 39.

37 Mülbert IPRax 1986, 140, 141.

Für die Art und Weise der Erfüllung wäre etwa folgendes Beispiel denkbar: Aus dem Vertragsstatut ergibt sich ein Lieferdatum, an dem die Lieferung aufgrund von Feiertagsvorschriften des Erfüllungsortes undurchführbar ist. Diese Vorschriften wären als *local data* zu "berücksichtigen" bei der Feststellung, ob Lieferung an diesem Tag möglich war. Welche Rechtsfolge diese Berücksichtigung jedoch für das vertragliche Leistungsgefüge hätte, wäre damit noch nicht gesagt; fest stünde allein, daß die Lieferung undurchführbar ist. Ob dies einen Schuldnerverzug zur Folge hat oder gar Unmöglichkeit vorliegt, welche der Parteien ein Verschulden trifft oder ob die Geschäftsgrundlage weggefallen ist[38], all das richtete sich weiterhin nach dem Vertragsstatut.

Ob die Datum-Theorie ihrem Anspruch, eine neue Theorie des IPR zu entwikkeln[39], gerecht wird, ist umstritten[40]. Als Vorteil wird von ihren Befürwortern jedenfalls ihre größere Flexibilität bei der Berücksichtigung ausländischen Rechts gegenüber einer entsprechenden Lösung durch eine kollisionsrechtliche Ausweichklausel oder eine Sonderkollisionsnorm für Teilfragen ins Feld geführt[41]. Nach Lorenz[42] verdeutlicht die Zweistufentheorie lediglich die in allen Kollisionsnormen enthaltene Anweisung, daß das berufene Sachrecht lediglich "entsprechend", nämlich so, wie es die internationale (heterogene) Verknüpfung des Sachverhalts erfordert, anzuwenden sei[43]. Damit befände sich die Datum-Theorie aber in unmittelbarer Nähe zur Figur des eben erörterten "Auslandssachverhalts".

d) Eingriffsnormen

Eine dritte Möglichkeit besteht darin, die Anordnung der "Berücksichtigung" in Art. 32 Abs. 2 EGBGB als Einfallstor für Eingriffsnormen anzusehen. Wenn die Vorschrift zwingend die "Berücksichtigung" der Eingriffsnormen des Erfüllungs-

---

38 Jayme a.a.O. (Fn. 36) 25 f.; ders. Gedächtnisschr Ehrenzweig 35, 45; Mülbert IPRax 1986, 140, 141.

39 Nach Jayme Gedächtnisschr Ehrenzweig 35, 43 wird die traditionelle Verweisungstechnik des IPR "schon in naher Zukunft wahrscheinlich nur eine unter anderen Methoden sein .., um Fälle mit Auslandsberührung zu lösen".

40 Ablehnend MünchKomm-Sonnenberger[2] Rz. 441 - 443 Einl. zum EGBGB.

41 Heßler 112; Jayme Festschr Müller-Freienfels 1986, 341, 370. A. A. Siehr RabelsZ 52 (1988) 41, 72. Von Overbeck, in: Serick/Niederländer/Jayme (Hg.) 165 (Diskussionsbeitrag) sieht hierin allerdings eine Quelle für Manipulationen des berufenen Sachrechts und bevorzugt demgegenüber eine Regelung ausschließlich durch "einseitige Eingriffsnormen".

42 FamRZ 1987, 645, 647, 653.

43 Ähnlich auch Jayme Festschr Kegel 1987, 253, 258.

ortes vorschreibt, so könnte dies als Hinweis darauf angesehen werden, daß diese Normen zwar nicht angewandt werden müssen (Sonderanknüpfung), wohl aber ihren tatsächlichen Auswirkungen in der Weise Rechnung zu tragen ist, daß die Bestimmungen des Vertragsstatuts über faktische Leistungshindernisse anzuwenden sind (sachrechtliche Berücksichtigung). Letzteres entspräche der Berücksichtigung ausländischen Rechts im Tatbestand der Normen des Geschäftsstatuts, wie sie die Datum-Theorie (oben b) vorschlägt[44].

6. Zusammenfassung

Die grammatische Auslegung führt nur in beschränktem Umfang zu Erkenntnissen über den Inhalt der Vorschrift.

Was den Tatbestand angeht, ist zunächst die Frage, wann (lediglich) die Art und Weise der Erfüllung im Gegensatz zum "Wieviel" der Verpflichtung, oder, um einen in der Rechtstradition anderer Mitgliedstaaten verwendeten Begriff[45] zu benutzen, im Gegensatz zur *Substanz* der Verpflichtung betroffen ist, nicht zu klären[46]. In bezug auf die vom Gläubiger bei mangelhafter Erfüllung zu treffenden Maßnahmen läßt sich wie folgt abgrenzen: Keine mangelhafte Erfüllung liegt vor, wenn überhaupt nicht erfüllt wurde. Ansonsten sind alle Fehler der Leistung erfaßt. Das Recht des Erfüllungsortes ist nur in bezug auf die vom Gläubiger (nach dem Vertragsstatut) in diesem Fall durchzuführenden *Handlungen*, nicht aber in bezug auf die dem Gläubiger aus der mangelhaften Erfüllung erwachsenden Rechte zu berücksichtigen.

In bezug auf die Rechtsfolge der Norm ist zunächst festzuhalten, daß dem Richter kein Ermessen hinsichtlich der Berücksichtigung des Rechts des Erfüllungsortes zusteht. Er muß es berücksichtigen.

---

44 Siehr RabelsZ 52 (1988) 41, 80, der auf einen wichtigen Unterschied zwischen Sonderanknüpfung von Eingriffsnormen und deren Berücksichtigung als *datum* hinweist: Über die Berücksichtigung einer drittstaatlichen Eingriffsnorm als *datum* hat allein das anwendbare Sachstatut zu entscheiden, das unter Umständen ein von der lex fori verschiedenes Recht ist. Das Ergebnis kann dann nur noch über den ordre public der *lex fori* korrigiert werden. Bei einer Sonderanknüpfung entscheidet hingegen allein die *lex fori* als maßgebliche Kollisionsrechtsordnung, ob und wieweit eine drittstaatliche Eingriffsnorm zu beachten ist.

45 Oben S. 110.

46 Broggini 93: "Für den Gläubiger wird jeder Bestandteil des Vertrages immer die Substanz der Verpflichtung betreffen, für den Schuldner das Gegenteil der Fall sein." (Übersetzung der Verfasserin).

Weiter beinhaltet der Wortlaut keine Beschränkung auf bestimmte Gruppen von Rechtsnormen. Es kann zunächst sowohl öffentliches als auch Privatrecht, zwingendes wie dispositives Recht gemeint sein. Unklar bleibt hingegen, ob der Ort, an dem die Erfüllung tatsächlich erfolgt, nur der Handlungsort oder auch der Erfolgsort ist. Angesichts des Umstandes, daß das Recht dieses Ortes auch für die vom Gläubiger zu ergreifenden Maßnahmen zu berücksichtigen sein soll, ist aber zu vermuten, daß nur das Recht des Handlungsortes zu berücksichtigen ist, da dieses eine materielle Verbindung zur Leistung aufweist.

Völlig ungeklärt bleibt hingegen, in welcher Weise eine Berücksichtigung rechtstechnisch vorzunehmen ist. Es kann insofern lediglich ausgeschlossen werden, daß die Vorschrift eine Sonderanknüpfung der Erfüllungsmodalitäten und der vom Gläubiger im Fall mangelhafter Erfüllung zu treffenden Maßnahmen an das Recht des Erfüllungsortes vorschreibt. Vom Wortlaut gedeckt wäre hingegen eine Beachtung dieses Rechts im Rahmen des Vertragsstatuts, sei es unter dem Gesichtspunkt des "Auslandssachverhaltes", sei es als *"local datum"*, sei es als Eingriffsnormen.

IV. Systematische Auslegung

Die systematische Auslegung stellt auf den Bedeutungszusammenhang ab, in dem eine Norm steht[1]. Dabei ist die Norm so auszulegen, daß ein Widerspruch mit den übrigen Regelungen vermieden wird[2]. Diese Auslegungsmethode erfährt jedoch im Fall der nationalen Kollisionsnorm staatsvertraglichen Ursprungs die Modifikation, daß nicht der Gesamtzusammenhang der *nationalen* Rechtsordnung allein ausschlaggebend ist. Zwar ist auch diesbezüglich eine Widerspruchsfreiheit wünschenswert. Entscheidend ist aber im Interesse der Rechtsvereinheitlichung der Bedeutungszusammenhang innerhalb des Staatsvertrages[3], hier des EVÜ. Auf die Schwierigkeiten für die systematische Auslegung, die sich aus der teilweisen Umstellung der inkorporierten Vorschriften gegenüber deren Anordnung im EVÜ ergeben, soll hier nicht eingegangen werden[4], da sie für die zu untersuchende Norm des Art. 32 Abs. 2 EGBGB nicht relevant werden.

Im übrigen ist auch der Bedeutungszusammenhang mit anderen Texten des Einheitsrechts, soweit ein solcher beabsichtigt war, zu berücksichtigen[5], hier also der Zusammenhang mit dem GVÜ[6].

1. Bedeutungszusammenhang innerhalb des Art. 32 EGBGB

Art. 32 Abs. 1 EGBGB soll dem Grundsatz der *Einheitlichkeit des Vertragsstatuts* Ausdruck verleihen: Grundsätzlich sollen alle Bestandteile des Vertrages einheitlich an das Vertragsstatut angeknüpft werden[7]. Um dies zu präzisieren, zählt die Vorschrift in Abs. 1 Nrn. 1 - 5 einige Punkte auf, die in der Vergangenheit zum Teil umstritten waren. Was das Verhältnis zu Art. 32 Abs. 2 EGBGB betrifft, so ist zunächst zu betonen, daß sich die Anwendung von Abs. 1 und Abs. 2 nicht gegenseitig ausschließt: Nach Abs. 1 ist das Vertragsstatut "maßgebend"

---

1 So auch Art. 31 Abs. 1 WVK.
2 Kropholler, Einheitsrecht 271.
3 Meyer-Sparenberg 165; MünchKomm-Martiny[2] Rz. 17 zu Art. 36 EGBGB.
4 Vgl. dazu u.a. von Hoffmann, IPRax 1984, 11 f.
5 Kropholler, Einheitsrecht 273.
6 Kropholler, IPR 62.
7 Vgl. oben S. 21, 124 ff.

für die dort genannten Bereiche, also anwendbares Recht, während nach Abs. 2 das Recht des Erfüllungsortes nur "berücksichtigt", also nicht angewandt werden soll[8]. Eine systematische Auslegung kann also nicht zu dem Ergebnis kommen, daß auf die Vertragsteile, die nach Abs. 1 dem Vertragsstatut unterliegen, Abs. 2 nicht anzuwenden ist. Dennoch bleibt die Abgrenzung der in Abs. 1 genannten Bereiche von den Erfüllungsmodalitäten des Abs. 2 von Bedeutung: Wo eine "Berücksichtigung" im praktischen Ergebnis auf eine Anwendung des Rechts des Erfüllungsortes auf die in Abs. 1 genannten Materien hinausläuft, hat sie zu unterbleiben. Ziel einer systematischen Auslegung kann daher nur sein, aufzuzeigen, zu welchen Ergebnissen eine Berücksichtung des Rechts des Erfüllungsortes nicht führen darf.

a) Art. 32 Abs. 1 Nr. 1 EGBGB

Das Vertragsstatut soll zunächst maßgeblich sein für die Auslegung [9]. Die Vertragsauslegung hat einen tatsächlichen Bestandteil (Absichten der Parteien, technischer, kaufmännischer, rechtlicher Sinn bestimmter von den Parteien verwendeter Ausdrücke) sowie einen normativen Bestandteil (gesetzliche Auslegungsregeln)[10], wobei die Abgrenzung allerdings schwierig sein kann. Dem Vertragsstatut unterliegt nur der normative Bestandteil, also nicht die Frage, ob eine bestimmte Tatsache gegeben ist, sondern nur die Frage, ob das Vorhandensein dieser Tatsache für die Auslegung von Bedeutung ist, beispielsweise ob ein vom allgemeinen Verständnis abweichendes besonderes Begriffsverständnis der beteiligten Verkehrskreise[11] maßgeblich ist. Fraglich ist, ob sich hierbei Berührungspunkte zu Art. 32 Abs. 2 EGBGB ergeben können. Wie oben[12] festgestellt, enthält die Vorschrift keine Sonderanknüpfung der dort genannten Vertragsbestandteile. Dies gilt auch hinsichtlich der Auslegung des Teils des Vertrages, der die Art und Weise der Erfüllung und die vom Gläubiger im Fall mangelhafter Erfüllung zu treffenden Maßnahmen betrifft. Ist also beispielsweise vertraglich vereinbart, daß eine Schiffsladung "free alongside ship"[13] zu liefern ist, so kann der

8 Vgl. oben S. 117.

9 Kritisch zu einer an einer bestimmten nationalen Rechtsordnung orientierten Auslegung im allgemeinen Weick Festg. Söllner 607, 612 ff.

10 Soergel-von Hoffmann[12] (im Druck) Rz. 9 zu Art. 32 EGBGB.

11 Soergel-von Hoffmann[12] (im Druck) Rz. 11 zu Art. 32 EGBGB.

12 S. 117, 122 f.

13 Frei Längsseite Schiff, was bedeutet, daß die Ladung vom Beförderer nicht zu löschen ist, sondern lediglich längs des Schiffes zur Übernahme durch den Empfänger bereitzuhalten ist.

Richter für die Frage, welche Handlungen des Beförderers im einzelnen zu diesem Bereithalten längs des Schiffes gehören, nicht einfach auf das Verständnis des Erfüllungsortes, wie es sich in dessen gesetzlichen Regelungen äußert, zurückgreifen, denn dies würde bedeuten, daß für die Auslegung das Recht des Erfüllungsortes nicht nur "berücksichtigt", sondern angewandt würde[14]. Darüber hinaus zeigt schon dieses willkürlich gewählte Beispiel deutlich, warum die Auslegung dem Schuldstatut unterliegt: viele Auslegungsregeln haben einen materiellrechtlichen Gehalt; das materielle Recht soll aber dem Vertragsstatut entnommen werden[15]. Dieser Gedanke findet sich auch in Art. 32 Abs. 3 S. 1 EGBGB. Art. 32 Abs. 2 EGBGB legitimiert also nicht die Auslegung vertraglicher Begriffe anhand des Rechts des Erfüllungsortes. Davon zu unterscheiden ist die Frage, ob die Parteien ein bestimmtes, am Erfüllungsort *tatsächlich* vorhandenes Begriffsverständnis zum Bestandteil ihres Vertrages erheben wollten. Diese *Tatsachenfeststellung* wiederum ist von Art. 32 Abs. 2 EGBGB überhaupt nicht erfaßt, da dieser sich nur auf das Recht des Erfüllungsortes bezieht.

Nur theoretisch denkbar und mit Art. 32 Abs. 1 Nr. 1 EGBGB vereinbar erscheinen daher auch folgende Arten der "Berücksichtigung" des Rechts des Erfüllungsortes bei der Auslegung des Vertrages:

1. Erweisen sich bestimmte Erfüllungsmodalitäten oder Maßnahmen des Gläubigers bei mangelhafter Erfüllung, wie sie vom Vertragsstatut vorgesehen sind, aufgrund des Rechts des Erfüllungsortes als undurchführbar (z.B. Hinterlegung bei bestimmten Stellen, bestimmte Modalitäten des Löschens von Schiffsladung, Lieferung zu bestimmten Tageszeiten), ist dies zunächst, und insoweit ist Art. 32 Abs. 2 EGBGB zwingend[16], vom Richter zur Kenntnis zu nehmen. Für die Auslegung des Vertrages könnte die Berücksichtigung dieses Rechts dann dazu führen, daß der Richter den Vertrag so auslegt, daß etwas, was nach dem Recht des Erfüllungsortes nicht durchführbar ist, als von den Parteien nicht gewollt anzusehen ist[17]. Hier zeigt sich allerdings sogleich wieder die starke Verflechtung von ma-

---

14 Das Verhältnis zwischen "Anwendung" eines Rechts bei der Auslegung und dessen "Berücksichtigung" ist noch nicht geklärt. So besteht Einigkeit darüber, daß im internationalen Geschäftsverkehr bei Gebrauch ausländischer (aus der Sicht des Vertragsstatuts) Begriffe für deren Auslegung auf das Recht Rücksicht zu nehmen ist, dem die Begriffe entstammen, Vischer 60 f.; Soergel-von Hoffmann[12] (im Druck) Rz. 12 zu Art. 32 EGBGB mit zahlreichen Nachw. zur deutschen Rechtsprechung; Lando IECL 115. Wie sich diese "Rücksichtnahme" allerdings von einer *Anwendung* des Rechts des Ursprungslandes auf die Auslegung des Vertrages unterscheiden soll (so Nußbaum 242: "Auslegungsnebenstatut"), bleibt offen.

15 MünchKomm-Martiny[2] Rz. 8 zu Art. 32 EGBGB. Auch Art. 32 Abs. 3 S. 1 EGBGB stellt dies noch einmal klar, wenn er gesetzliche Vermutungen für vertragliche Schuldverhältnisse dem Vertragsstatut unterwirft.

16 Vgl. oben S. 122.

17 So der HC in *Norden Steamship v. Dempsey*, oben S. 50 f.

teriellem Recht und Auslegung: Mag man diese Möglichkeit in dem Fall, in dem der Vertragstext schweigt, noch für hinnehmbar erachten, so kommen doch erhebliche Zweifel, wenn die Parteien ausdrücklich das vom Richter als undurchführbar Erkannte vereinbart haben. Hier darf sich der Richter nicht über den Parteiwillen hinwegsetzen mit dem Ergebnis, daß die Rechtsfolgen etwa einer anfänglichen Unmöglichkeit nach dem Vertragsstatut umgangen werden, denn letztlich trägt nicht der Richter, sondern tragen die Parteien die wirtschaftliche Verantwortung für das "Gelingen" des Vertrages. Diese Art der Berücksichtigung des Rechts des Erfüllungsortes für die Auslegung des Vertrages würde Modifikationen des Vertrages durch den Richter Tür und Tor öffnen und ist daher abzulehnen.

2. Ausschließlich theoretisch scheint auch folgende Bedeutung des Art. 32 Abs. 2 EGBGB für die Auslegung: Haben die Parteien für die Erfüllungsmodalitäten und für die Maßnahmen des Gläubigers bei mangelhafter Erfüllung Regelungen getroffen und entsprechen diese dem vom Vertragsstatut verschiedenen Recht des Erfüllungsortes, könnte dies als Hinweis auf eine von den Parteien konkludent getroffene Teilrechtswahl im Sinne von Art. 27 Abs. 1 S. 3 EGBGB[18] dienen. Die eigenständige Bedeutung von Art. 32 Abs. 2 EGBGB wäre dann allerdings äußerst gering. Daß der Richter verpflichtet ist zu der Prüfung, ob möglicherweise eine Teilrechtswahl vorliegt, ist eine Selbstverständlichkeit und ergibt sich schon aus dem Vorhandensein von Art. 27 Abs. 1 S. 3 EGBGB bzw. Art. 3 Abs. 1 S. 3 EVÜ. Art. 32 Abs. 2 EGBGB würde den Richter über diese Selbstverständlichkeit hinaus lediglich verpflichten, in *jedem* Fall zu prüfen, ob nicht möglicherweise eine Teilrechtswahl des Rechts des Erfüllungsortes vorliegt. Warum der Gesetzgeber allerdings den Richter verpflichten sollte, in jedem Fall, d.h. auch ohne besonderen Anlaß den Vertrag auf eine derartige Teilrechtswahl hin zu prüfen, ist nicht erkennbar. Auch diese Möglichkeit einer Berücksichtigung des Rechts des Erfüllungsortes für die Auslegung des Vertrages scheidet daher praktisch aus.

Zusammenfassend ist daher festzuhalten, daß sich aus der ausdrücklichen Unterwerfung der Vertragsauslegung unter das Vertragsstatut für Art. 32 Abs. 2 EGBGB ergibt, daß dieser jedenfalls nicht eine Berücksichtigung des Rechts des Erfüllungsortes in der Weise zuläßt, daß die Auslegung des Vertrages, was die Erfüllungsmodalitäten und die vom Gläubiger bei mangelhafter Erfüllung zu treffenden Maßnahmen angeht, anhand der Regeln des Erfüllungsortes erfolgt.

---

18 MünchKomm-Spellenberg[2] Rz. 38 vor Art. 11 EGBGB.

b) Art. 32 Abs. 1 Nr. 2 EGBGB

Gemäß Art. 32 Abs. 1 S. 2 EGBGB unterliegt die Erfüllung der Verpflichtungen von Schuldner und Gläubiger[19] dem Vertragsstatut. Hierunter fallen nach allgemeiner Meinung hauptsächlich folgende Punkte:

- die Bestimmung, ob eine Hol-, Bring- oder Schickschuld vorliegt[20];
- die Anforderungen an die Zahlungspflicht (z.B. Barzahlung, Überweisung, Scheck, Akkreditiv)[21];
- die Bestimmung des Zahlungsortes [22] und allgemein des Erfüllungsortes[23];
- die Schuldwährung [24];
- die Leistungszeit [25];
- die Zulässigkeit von Teilleistungen[26];
- die Zulässigkeit der Leistung durch Dritte[27].

Darüber hinaus werden auch Nebenansprüche des Gläubigers, etwa auf Aufklärung und Anleitung, auf Herausgabe von Begleitpapieren oder etwa der Anspruch des Schuldners auf Erteilung einer Quittung dem Vertragsstatut unterworfen[28].

Im Zusammenhang mit Art. 32 Abs. 1 Nr. 2 EGBGB ist anhand der Frage nach der zulässigen Zahlungswährung die Abgrenzung der Erfüllung, die dem Vertragsstatut unterstehen soll, von den Erfüllungsmodalitäten des Art. 32 Abs. 2 EGBGB diskutiert worden. Umstritten ist, ob auch das Vorliegen einer Ersetzungsbefugnis des Schuldners hinsichtlich der Zahlungswährung (Zahlung in einer anderen als der vereinbarten Währung) nach dem Vertragsstatut zu beurteilen ist. Teilweise wird vertreten, diese Ersetzungsbefugnis richte sich als Erfüllungsmodalität nach dem Recht des Ortes, an dem die Zahlung erfolge[29]. Dem wird

---

19 Soergel-von Hoffmann[12] (im Druck) Rz. 14 zu Art. 32 EGBGB.

20 Soergel-von Hoffmann[12] (im Druck) Rz. 15 zu Art. 32 EGBGB; C von Bar IPR II Rz. 541; MünchKomm-Martiny[2] Rz. 15 zu Art. 32 EGBGB.

21 Soergel-von Hoffmann[12] (im Druck) Rz. 16 zu Art. 32 EGBGB; OLG Celle RIW/AWD 1988, 137, 138; C von Bar IPR II Rz. 542.

22 Soergel-von Hoffmann[12] (im Druck) a.a.O.

23 MünchKomm-Martiny[2] Rz. 15 zu Art. 32 EGBGB.

24 Palandt-Heldrich[52] Rz. 10 zu Art. 32 EGBGB; C von Bar IPR II Rz. 543; Soergel-von Hoffmann[12] (im Druck) Rz. 17 zu Art. 32 EGBGB. Schuldwährung ist die Währung, in der der Umfang der Schuld bemessen wird. Sie ist zu unterscheiden von der Zahlungswährung, also der Währung, in der die Zahlung erfolgt (erfolgen darf). Dazu näher oben S. 39.

25 MünchKomm-Martiny[2] Rz. 15 zu Art. 32 EGBGB.

26 MünchKomm-Martiny[2] a.a.O.; Soergel-von Hoffmann12 Rz. 25 zu Art. 32 EGBGB.

27 Siehr AWD 1973, 569, 583.

28 Soergel-von Hoffmann[12] (im Druck) Rz. 24 zu Art. 32 EGBGB.

29 Batiffol/Lagarde II[7] 344; Mann, Das Recht des Geldes 279; Nußbaum 361; Lando RabelsZ 38 (1974) 6, 46; Siehr AWD 1973, 569, 584.

widersprochen, da die Ersetzungsbefugnis des Schuldners nicht nur die Art und Weise der Erfüllung betreffe, sondern die Substanz der Hauptleistung, etwa durch Abwertung der Währung, in der tatsächlich geleistet worden sei, gegenüber der vereinbarten Währung, beeinflusse [30].

Die Auseinandersetzung um die Zahlungswährung ist exemplarisch für die Abgrenzungsschwierigkeiten zwischen der "Erfüllung" im Sinne von Art. 32 Abs. 1 Nr. 2 EGBGB und den Erfüllungsmodalitäten gemäß Art. 32 Abs. 2 EGBGB. Eine Unterscheidung wird in den Vertragstaaten, in denen der Begriff der Erfüllungsmodalitäten eine Tradition hat, meist mit Hilfe des Begriffs der Substanz der Verpflichtung (*substance of the obligation, substance de l'obligation, sostanzialità*)[31] versucht. Dieses Abgrenzungsmerkmal scheint zunächst[32] überzeugend: Wieviel der Schuldner zu leisten hat, was also erforderlich ist, um erfüllt zu haben, wird als Substanz der Verpflichtung bezeichnet und unterliegt dem Vertragsstatut. Steht der Umfang der Leistung hingegen fest und geht es nur darum, wie der Schuldner diese Leistung zu erbringen hat, sind lediglich Erfüllungsmodalitäten betroffen, und hier ist das Recht des tatsächlichen Erfüllungsortes zu berücksichtigen. Im Fall der Zahlungswährung spricht das Argument, durch Abwertung der vom Schuldner einseitig gewählten Zahlungswährung könne auch der Umfang der Verpflichtung verringert werden, in der Tat dafür, die Frage der Zahlungswährung ausschließlich dem Vertragsstatut zu unterwerfen. Allerdings bildet die Zahlungswährung einen Sonderfall, denn hier ist eine Abweichung vom Umfang der vereinbarten Leistung verhältnismäßig einfach durch Umrechnung des gezahlten Betrages in die vereinbarte Zahlungswährung feststellbar: Der Umfang der Verpflichtung ist quantifizierbar. Aus diesem Grund ist auch die Frage der Schuldwährung ohne weiteres dem Vertragsstatut zu unterwerfen. Schwieriger wird es bei anderen Fragen, die zwar unbestritten dem Vertragsstatut zugeordnet werden, deren Qualifizierung als Erfüllungsmodalitäten nach dem Kriterium des "Wie" der Erfüllung im Gegensatz zur Substanz der Verpflichtung jedoch begrifflich nichts im Wege stünde. Vergleichsweise offensichtlich scheint dabei noch, daß die Frage, ob der Schuldner die Ware zur Abholung bereitzustellen oder sie zum Wohnort des Gläubigers zu transportieren hat, die Substanz der Verpflichtung betrifft: in letzterem Fall hat der Schuldner ein "Mehr" zu leisten. Zweifelhaft ist hingegen die Zuordnung der Zahlungsweise (bar oder bargeldlos) zur Substanz der Verpflichtung. Hier wird man nicht behaupten können, der Schuldner, der bar zahlt, leiste objektiv mehr als derjenige, der eine Überweisung tätigt. Anders sieht es jedoch aus der Sicht des Gläubigers aus: Ist ausdrücklich eine bestimmte Art der Zahlung vereinbart, wird der Gläubiger jede andere Zahlungs-

---

30 Soergel-von Hoffmann[12] (im Druck) Rz. 20 zu Art. 32 EGBGB; C von Bar IPR II Rz. 543.

31 Näher dazu oben II 2, 3, 4.

32 Zu seiner Untauglichkeit vgl. oben S. 112.

weise in der Regel als "Minus" zu der versprochenen Leistung ansehen. Ist hingegen keine bestimmte Zahlungsweise vereinbart, könnte man unter Hinweis auf die objektive Gleichwertigkeit aller Zahlungsarten auch die Ansicht vertreten, hier handele es sich um bloße Erfüllungsmodalitäten. Gleiches gilt für die Frage der Zulässigkeit einer Leistung durch Dritte. Wenn diese Punkte dennoch einhellig dem Vertragsstatut unterworfen werden, so nicht deshalb, weil ihnen ein Einfluß auf den Umfang der Verpflichtung zugesprochen wird, sondern weil unterstellt wird, der Gläubiger habe *typischerweise*, also ungeachtet möglicher Abweichungen im Einzelfall, ein Interesse an der Regelung dieser Fragen durch das Vertragsstatut, weil sie wesentliche Bestandteile der Leistung betreffen. Deutlich wird das etwa bei der Bestimmung von Zahlungsort und Leistungszeit. Sieht man als Substanz der Verpflichtung nur die Leistung als solche an, könnte man Ort und Zeit als bloßes "Wie" der Leistung, als Erfüllungsmodalität einordnen. Es ist aber kaum vorstellbar, daß Zeit und Ort der Leistung für den Gläubiger keine wesentlichen Bestandteile des Vertrages sind. Also ist es geboten, einen typisierten wesentlichen Bestandteil der Leistung anzunehmen und diesen dem Vertragsstatut zu unterwerfen.

Daraus, daß die Zugehörigkeit eines Vertragsbestandteils zur "Erfüllung" damit nicht logisch, sondern nur empirisch begründet wird, ergibt sich, daß im Einzelfall jeder beliebige Bestandteil der Leistung von den wesentlichen Vertragsinteressen des Gläubigers erfaßt sein kann. Ist beispielsweise vereinbart, daß der Schuldner eine Ware nicht nur am Wohnort des Gläubigers abzuliefern hat, sondern sie auch an einem bestimmten Eingang von dessen Haus abzugeben hat, so kann selbst diese "Erfüllungsmodalität" als wesentlicher Bestandteil der Verpflichtung angesehen werden. Die Zulässigkeit einer Ablieferung an einer anderen Stelle des Hauses wäre folglich nach dem Vertragsstatut zu beurteilen.

Als Ergebnis läßt sich also festhalten, daß die Frage, ob eine bestimmte Leistung als vertragsgemäße Erfüllung anzusehen ist, auch die Beurteilung beinhaltet, ob eine bestimmte Art und Weise der Erfüllung vertragsgemäß ist. Da sich Erfüllung und Erfüllungsmodalitäten somit nicht voneinander trennen lassen, unterliegen auch die Erfüllungsmodalitäten dem Vertragsstatut gemäß Art 32 Abs. 1 Nr. 2 EGBGB. Für die Auslegung von Art. 32 Abs. 2 EGBGB ergibt sich daraus weiter, daß es nicht möglich ist, eine bestimmte Gruppe von Erfüllungshandlungen allgemein als Erfüllungsmodalitäten anzusehen ohne Rücksicht auf die jeweilige vertragliche Vereinbarung.

c) Art. 32 Abs. 1 Nr. 3 EGBGB

Auch die Folgen der vollständigen oder teilweisen Nichterfüllung des Vertrages sind gemäß Art. 32 Abs. 1 Nr. 3 EGBGB dem Vertragsstatut unterworfen. Unter "Nichterfüllung" ist hierbei nicht nur die Nichterfüllung im engeren Sinne des deutschen Rechts zu verstehen, sondern erfaßt sind alle Arten von Leistungsstörungen[33], also das Bestehen von Erfüllungs- oder Schadensersatzansprüchen, aber auch Ansprüche des Gläubigers wegen Schuldnerverzug, Gewährleistungs- oder Rücktrittsansprüche [34]. Die entsprechenden Normen des Vertragsstatuts bestimmen damit auch die Voraussetzungen der Haftung des Schuldners, also den Verschuldensgrad und die Verantwortlichkeit für Hilfspersonen sowie die Gefahrtragungsregeln[35]. Weiter ist die Frage, ob Leistungshindernisse oder -erschwernisse beachtlich sind (Unmöglichkeit, Wegfall der Geschäftsgrundlage), nach dem Vertragsstatut zu beantworten[36]. Nach allgemeiner Ansicht unterliegen schließlich auch die Regelungen über die "Mitverantwortlichkeit" des Gläubigers (Annahmeverzug, Mitverschulden, Verstoß gegen Mitwirkungspflichten) dem Vertragsstatut[37].

Für die Auslegung von Art. 32 Abs. 2 EGBGB soll zunächst die Fallgruppe der Leistungshindernisse und -erschwernisse betrachtet werden. Was die "Erfüllungsmodalitäten" angeht, so kann sich aus dem Recht des Erfüllungsortes ergeben, daß die vereinbarte Art und Weise der Erfüllung nicht durchführbar ist, etwa, weil die Lieferung an einem bestimmten Tag gegen Feiertagsregelungen des Erfül-

---

33 Soergel-von Hoffmann[12] (im Druck) Rz. 31 zu Art. 32 EGBGB; C von Bar IPR II Rz. 546.

34 C von Bar IPR II Rz. 546; Soergel-von Hoffmann[12] (im Druck) Rz. 32, 36, 37 zu Art. 32 EGBGB; MünchKomm-Martiny[2] Rz. 26 ff. zu Art. 32 EGBGB.

35 Soergel-von Hoffmann[12] (im Druck) Rz. 35, 33 zu Art. 32 EGBGB.

36 MünchKomm-Martiny[2] Rz. 25 zu Art. 32 EGBGB.

37 C von Bar IPR II Rz. 546; Soergel-von Hoffmann[12] (im Druck) Rz. 35 zu Art. 32 EGBGB. Die Begründung von Bars a.a.O., auch insoweit handele es sich um "Folgen" einer völligen oder teilweisen Nichterfüllung der Verpflichtung des Schuldners, kann allerdings nicht recht überzeugen: Scheitert die Erfüllung daran, daß der Gläubiger nicht annimmt, so ist der Annahmeverzug nicht Folge der Nichterfüllung, sondern deren Voraussetzung. Um zu einer Anknüpfung dieser Verpflichtungen des Gläubigers an das Vertragsstatut zu gelangen, ist es indessen nicht erforderlich, diese unter Nr. 3 zu subsumieren. Eine Anknüpfung an das Vertragsstatut ist schon deshalb sinnvoll, weil die Folgen der Nichterfüllung der Verpflichtungen des Gläubigers häufig Einfluß auf die Verpflichtungen des Schuldners haben werden (beispielsweise eine Erleichterung der Haftung des Schuldners im Annahmeverzug des Gläubigers) und eine Sonderanknüpfung in diesen Fällen leicht zu unerwünschten Normwidersprüchen führen kann, vgl. Soergel-von Hoffmann[12] (im Druck) Rz. 1 zu Art. 32 EGBGB. Da im übrigen Art. 32 Abs. 1 EGBGB nur eine beispielhafte Aufzählung der nach dem Vertragsstatut zu beurteilenden Fragen enthält, Bericht Giuliano/Lagarde BTDrucks 10/503, 36, 64; MünchKomm-Martiny[2] Rz. 4 zu Art. 32 EGBGB, würde ein Ausschluß von Nr. 3 nicht zwangsläufig bedeuten, daß eine Sonderanknüpfung vorzunehmen ist.

lungsortes verstößt. Läßt man die Möglichkeit außer Acht, gegen diese Bestimmungen zu verstoßen[38], liegt ein Leistungshindernis vor, das zumindest die rechtzeitige Leistung unmöglich macht. Bei der rechtlichen Wertung dieses Hindernisses sind zwei Fragen zu unterscheiden:

1. Wann liegt ein Leistungshindernis vor?
2. Welche Folgen hat dieses Leistungshindernis für das vertragliche Leistungsgefüge?

Würde der Richter bei einem vom Vertragsstatut verschiedenen Erfüllungsort die erste Frage anhand des Vertragsstatuts beantworten, so könnte dies zu dem praktisch wenig sinnvollen Ergebnis führen, daß der Leistung nur nach dem Vertragsstatut, nicht aber nach dem Recht des Ortes, an dem die Erfüllung tatsächlich stattfindet, ein Hindernis entgegensteht. Es liegt daher nahe und entspricht auch den praktischen Bedürfnissen, die Feststellung, ob ein Leistungshindernis besteht, anhand des Rechts des Erfüllungsortes zu prüfen. Der Richter wendet dabei dieses Recht nicht auf einen Vertragsbestandteil an (er entnimmt diesem Recht ja keine Rechtsfolgen für das vertragliche Leistungsgefüge), sondern er berücksichtigt nur die tatsächlichen Auswirkungen, die es auf die Leistungsfähigkeit des Schuldners hat. Die Wirkungen dieses Leistungshindernisses für das vertragliche Leistungsgefüge hingegen unterliegen dem Vertragsstatut[39]. Nach ihm hat der Richter beispielsweise zu entscheiden, ob die Feiertagsregelung des Erfüllungsortes einen Schuldnerverzug zur Folge hat, d.h. ob der Schuldner die Verspätung zu vertreten hat, weil er etwa bei Vertragsschluß von dieser Regelung wußte.

Ähnliches gilt für die Maßnahmen des Gläubigers im Fall mangelhafter Erfüllung: Ob der Gläubiger zu bestimmten Maßnahmen im Fall der mangelhaften Erfüllung (, die nach dem weiten Begriff der Nr. 3 ja ein Unterfall der Nichterfüllung ist,) verpflichtet ist, um seine Rechte zu wahren (z.B. Rügepflicht innerhalb einer bestimmten Frist, Untersuchungspflicht, Pflicht zum Inverzugsetzen), bestimmt das Vertragsstatut[40]. Können diese Maßnahmen infolge gesetzlicher Regelungen am Erfüllungsort nicht oder nicht innerhalb der vom Vertragsstatut bestimmten Fristen getroffen werden, so muß der Richter dies berücksichtigen, das heißt die tatsächlichen Folgen zur Kenntnis nehmen. Ist der Gläubiger beispielsweise zur Untersuchung durch vereidigte Sachverständige verpflichtet, existieren solche am Erfüllungsort aber aufgrund der dortigen gesetzlichen Regelung nicht, so kann die vereinbarte Art der Untersuchung nicht stattfinden. Damit ist aber noch nichts über die vertragsrechtlichen Folgen gesagt. In einem solchen Fall wird der Richter

---

38 Vgl. RGZ 93, 185: Kein Anspruch des Gläubigers auf Einschlagung von Schleichwegen seitens des Schuldners, um ein ausländisches Verbot zu umgehen. Differenzierend Anderegg 180 - 187.

39 Vgl. Wengler ZvglRW 1941, 168, 203; Zweigert RabelsZ 14 (1942) 283, 303.

40 Gaudemet-Tallon Rev trim dr eur 17 (1981) 215, 268.

durch Auslegung des Vertragsstatuts zu bestimmen haben, ob eine andere Art der Untersuchung den Anforderungen des Vertragsstatuts entspricht. Damit läge in der "Berücksichtigung" des Rechts des Erfüllungsortes aber nichts anderes als die Anerkennung des sogenannten "Auslandssachverhalts"[41].

Aus dem Zusammenhang mit Art. 32 Abs. 1 Nr. 3 EGBGB ergibt sich damit, daß dieser es nur ausschließt, die *vertragsrechtlichen* Folgen von Leistungshindernissen auf seiten des Schuldners oder Hindernissen bei der Wahrnehmung der Gläubigerrechte im Fall mangelhafter Erfüllung dem Recht des Erfüllungsortes zu entnehmen. Mit dieser Vorschrift vereinbar wäre es aber, eine Berücksichtigung des Rechts des Erfüllungsortes in der Weise vorzunehmen, daß dieses dazu dient, festzustellen, ob überhaupt ein Leistungshindernis vorliegt in dem Sinne, daß der Schuldner/der Gläubiger daran gehindert ist, seine Verpflichtung zu erfüllen. Der Bedeutungsgehalt des Art. 32 Abs. 2 EGBGB läge dann darin, daß der Richter nicht nur solche Leistungshindernisse oder Hindernisse bei der Ergreifung vertraglich vorgesehener Gläubigermaßnahmen berücksichtigen müßte, die sich aus "natürlichen" Vorgängen ergeben, sondern auch solche, die sich aus Rechtsvorschriften des Erfüllungsortes ergeben. Diese Berücksichtigung ausländischen Rechts bei der Nichterfüllung ist keineswegs selbstverständlich. Wie Zweigert aufgezeigt hat, sind alle Leistungsstörungsgründe zwar objektiv äquivalent [42], ein normatives Leistungshindernis aber ist "... insofern immerhin von einer gewissen Eigenart, als es seine Eigenschaft, Leistungshindernis zu sein, nicht schon aus dem Tatsachenbereich des gesetzlosen Lebens bezieht (wie etwa ein Nichtleistenkönnen wegen tatsächlicher Vernichtung der geschuldeten Sache), sie wird vielmehr erst kraft eines zusätzlichen Denkvorganges entfaltet, nämlich kraft der Idee von der G e l t u n g des Verbots.[43]"

d) Art. 32 Abs. 1 Nr. 4 EGBGB

Gemäß Art. 32 Abs. 1 Nr. 4 EGBGB werden unter anderem[44] die verschiedenen Arten des Erlöschens der Verpflichtungen dem Vertragsstatut unterworfen.

Die Vorschrift bezieht sich, nachdem die Erfüllung als Erlöschensgrund bereits in Art. 32 Abs. 1 Nr. 2 EGBGB geregelt ist, insbesondere auf andere Erlöschens-

---

41 Vgl. oben S. 118 f.

42 Zweigert RabelsZ 14 (1952) 283, 286.

43 Zweigert a.a.O. 283, 284.

44 Daneben unterwirft Nr. 4 die Verjährung sowie die Rechtsverluste durch Fristablauf dem Vertragsstatut.

gründe wie Aufrechnung, Hinterlegung, Erlaß, Kündigung [45]. Man kann ihr also entnehmen, daß im Rahmen des Art. 32 EGBGB zu unterscheiden ist zwischen "Erfüllung" der Verpflichtung, d.h. dem Fall, daß die geschuldete Leistung tatsächlich erbracht wird, und dem Erlöschen der Verpflichtung aus sonstigen Gründen. Daraus ergibt sich, daß die Art und Weise der "Erfüllung" sich nicht auf die Art und Weise bezieht, in der die oben genannten Erfüllungssurrogate [46] verwirklicht werden, sondern nur auf die Art und Weise, in der die geschuldete Leistung erbracht wird. Das bedeutet, daß der Richter nicht gezwungen ist, bei der Beurteilung, ob Aufrechnung, Hinterlegung, Erlaß oder Kündigung dem Vertragsstatut gemäß erfolgten, das Recht des Ortes zu berücksichtigen, an dem diese vorgenommen werden. Für dieses Ergebnis spricht auch der Wortlaut von Art. 32 Abs. 2 EGBGB: Aufrechnung, Erlaß oder Kündigung wird man nicht mehr als Art und Weise der "Erfüllung" ansehen können. Wenn Art. 32 Abs. 2 EGBGB sich nur auf die Art und Weise der "Erfüllung" und eben nicht auf Erfüllungssurrogate bezieht, könnte darin auch ein Hinweis auf den Sinn der Vorschrift stecken: Aufrechnung, Erlaß, Kündigung werden durch bloße Willenserklärungen verwirklicht. Abgesehen von Formfragen, die aber durch Art. 11 EGBGB entschärft werden, sind keine Rechtsvorschriften des "Erfüllungsortes" denkbar, die den Schuldner/Gläubiger an der wirksamen Abgabe einer entsprechenden Willenserklärung hindern könnten. Daher ergäbe sich hier kein Bedürfnis für die Berücksichtigung des Rechts des Erfüllungsortes. Anderes gilt für die Hinterlegung. Sie wird, obwohl sie nicht nur die Abgabe einer Willenserklärung erfordert, sondern auch die geschuldete körperliche Leistung erbracht wird, allgemein nicht als Erfüllung angesehen, da die Leistung eben nicht an den Gläubiger erbracht wird. Dennoch kann der Schuldner an einer vertragsgemäßen Hinterlegung durch Rechtsvorschriften des Erfüllungsortes gehindert sein. Zur Lösung dieses Konfliktes zwischen Art. 32 Abs. 1 Nr. 4 EGBGB und Art. 32 Abs. 2 EGBGB stehen zwei Möglichkeiten zur Verfügung:

1. Man legt den Begriff der "Erfüllung" in Art. 32 Abs. 2 EGBGB weiter als in Art. 32 Abs. 1 Nr. 2 EGBGB aus und bezieht hierin auch die Hinterlegung ein. Gerechtfertigt könnte dies sein, wenn der Sinn der Vorschrift die allgemeine Berücksichtigung von Leistungshindernissen ist, die sich aus dem Recht des Handlungsortes ergeben.

2. Man sieht in der Hinterlegung keine "Art und Weise der Erfüllung" und nimmt sie damit vom Anwendungsbereich des Art. 32 Abs. 2 EGBGB aus. Dies hätte jedoch nicht zur Folge, daß der Richter Hindernisse einer vertragsgemäßen Hinterlegung, die sich aus dem Recht des Erfüllungsortes ergeben, nicht berücksichtigen könnte. Er wäre lediglich nicht wie in den Fäl-

---

45 MünchKomm-Martiny[2] Rz. 36 zu Art. 32 EGBGB; C von Bar IPR II Rz. 547.

46 Soergel-von Hoffmann[12] (im Druck) Rz. 40 zu Art. 32 EGBGB.

len des Art. 32 Abs. 2 EGBGB dazu verpflichtet. Dieser Möglichkeit liegt die Annahme zugrunde, daß Art. 32 Abs. 2 EGBGB das Privileg der zwingenden Berücksichtigung des Rechts des Erfüllungsortes dem Schuldner eben nur bei Erfüllung seiner Verpflichtung, nicht aber bei Erfüllungssurrogaten gewähren will.

Da eine abschließende Entscheidung auch hier nur unter Hinzuziehung der anderen Auslegungsmethoden möglich sind, sollen diese beiden Möglichkeiten hier zunächst nur aufgezeigt werden.

2. Bedeutungszusammenhang innerhalb der Gesamtregelung des IPR

Art. 32 Abs. 2 EGBGB ist auch im Zusammenhang mit anderen Vorschriften des EGBGB bzw. des EVÜ zu sehen. Ist eine Frage bereits durch eine andere Vorschrift entschieden, kann kein davon abweichendes Ergebnis durch Anwendung von Art. 32 Abs. 2 EGBGB erzielt werden. In Betracht kommen Berührungspunkte zu folgenden Vorschriften:

a) Art. 11 EGBGB

Art. 11 EGBGB unterwirft die Form des Rechtsgeschäfts alternativ der *lex causae* oder dem Recht des Vornahmeortes und verstärkt diesen *favor negotii* noch dadurch, daß bei einem Vertrag unter Parteien verschiedenen Aufenthaltstaates auch die Formgültigkeit nach einem dieser beiden Rechte ausreicht[47]. Soweit die "Art und Weise" der Erfüllung oder die vom Gläubiger bei mangelhafter Erfüllung zu ergreifenden Maßnahmen also Rechtsgeschäfte darstellen, gelten für die zu beobachtende Form vorbehaltlich einer auch in bezug auf Formfragen möglichen Teilrechtswahl[48] ausschließlich die Regelungen des Art. 11 Abs. 1 und 2 EGBGB bzw. für Verbraucherverträge die Sonderregel des Art. 29 Abs. 3 EGBGB[49]. Obwohl die Abgrenzung zwischen Form und Inhalt des Rechtsgeschäfts

47 MünchKomm-Spellenberg[2] Rz. 1 zu Art. 11 EGBGB.

48 MünchKomm-Spellenberg[2] Rz. 31 zu Art. 11 EGBGB.

49 Danach unterliegt die Form von Verbraucherverträgen zwingend dem Recht des gewöhnlichen Aufenthaltsorts des Verbrauchers.

in gleicher Weise wie die Abgrenzung zwischen Art und Weise der Erfüllung und der Erfüllung selbst nicht unproblematisch ist, wird zur Form allgemein zunächst die Art und Weise einer Willensäußerung gezählt, also Mündlichkeit, Schriftlichkeit, Eigenhändigkeit, öffentliche Beglaubigung oder Beurkundung [50]. In bezug auf Art. 32 Abs. 2 EGBGB ergibt sich hieraus, daß, soweit die Erfüllungshandlungen oder die vom Gläubiger bei mangelhafter Erfüllung zu treffenden Maßnahmen Rechtsgeschäfte oder geschäftsähnliche Rechtshandlungen (z.B. Mahnung [51]) darstellen, für deren Form alternativ das Vertragsstatut oder das Recht des Vornahmeortes maßgeblich sind. Der Vornahmeort ist aber in bezug auf die Art und Weise der Erfüllung identisch mit dem "Ort, an dem die Erfüllung tatsächlich stattfindet". Alle Formfragen der Erfüllung durch *Rechtsgeschäfte* oder *geschäftsähnliche Handlungen* werden also kraft Art. 11 Abs. 1 EGBGB ohnehin alternativ dem Recht des Handlungsortes unterworfen. Kann die in Frage stehende "Art und Weise" der Erfüllung also als Formfrage im Sinne von Art. 11 EGBGB qualifiziert werden, scheidet eine Anwendung von Art. 32 Abs. 2 EGBGB aus, denn es ist anzunehmen, daß die Formvorschriften des Erfüllungsortes im Einklang stehen mit seinen übrigen Rechtsnormen. Ein Bedürfnis für eine "Berücksichtigung" des Rechts des Erfüllungsortes ist daher nicht denkbar.

Fraglich ist, ob eine Berücksichtigung des Rechts des Erfüllungsortes in bezug auf Formfragen der vom Gläubiger bei mangelhafter Erfüllung zu treffenden Maßnahmen denkbar ist. In Betracht kommen auch hier wieder die Äußerungsformen, also etwa bei Mahnung oder Rüge. Der Gläubiger handelt hier formgerecht, wenn er sich entweder gemäß Vertragsstatut oder gemäß dem Recht des Vornahmeortes verhält. Auch hier ist damit nicht ersichtlich, wie und warum das Recht des Erfüllungsortes berücksichtigt werden könnte bei der Beurteilung der Formgerechtheit, denn es zwar denkbar, daß Vorschriften des Erfüllungsortes den Gläubiger an der Beobachtung der vom *Vertragsstatut* vorgeschriebenen Form hindern können, nicht aber, daß Vorschriften des Handlungsortes den Gläubiger an der Beobachtung der vom Vornahmeort vorgeschriebenen Form hindern können.

Ausgeschlossen ist auch, Art. 32 Abs. 2 EGBGB als weitere Alternativanknüpfung der Form zu verstehen, da, wie bereits dargelegt, keine Sonderanknüpfung vorliegt.

Soweit die Art und Weise der Erfüllung und die vom Gläubiger bei mangelhafter Erfüllung zu treffenden Maßnahmen also aus Rechtsgeschäften oder geschäftsähnlichen Handlungen bestehen, ist für Fragen der Form kein Raum für die Anwendung von Art. 32 Abs. 2 EGBGB.

---

50 MünchKomm-Spellenberg² Rz. 79 zu Art. 11 EGBGB.
51 Frankenstein IPR I 558.

Es sind jedoch "Formfragen" denkbar, die ausschließlich Realakte betreffen. So ist beispielsweise die Untersuchung der Ware durch den Gläubiger ein solcher Realakt, der nicht Art. 11 EGBGB untersteht. Fraglich ist, ob nun das Recht des Erfüllungsortes in einer Art. 11 EGBGB entsprechenden Weise zu "berücksichtigen" ist, daß angenommen wird, der Gläubiger genüge seinen Untersuchungspflichten, wenn er die nach dem Recht des Erfüllungsortes vorgesehene Art und Weise der Untersuchung vornimmt, so, wenn er z.B.entgegen den Bestimmungen des Vertragsstatuts die Untersuchung mangels vorhandener Sachverständiger eigenhändig durchführt. Dagegen spricht jedoch zweierlei: Zum einen lassen sich, wie gezeigt, weder Art und Weise der Erfüllung noch die vom Gläubiger zu treffenden Maßnahmen vom Umfang der jeweiligen Verpflichtungen trennen. Führt der Gläubiger in unserem Beispiel die Untersuchung selbst durch, hat er eben seiner durch das Vertragsstatut festgesetzten Pflicht nicht genügt. Zweitens würde eine diesen Mangel aufhebende "Berücksichtigung" das Recht des Erfüllungsortes auf eine Teilanknüpfung des Vertrages hinauslaufen, die aber über das bloße Berücksichtigungsgebot hinausginge.

b) Sonderanknüpfungen zwingenden Rechts

Vorrangiges Ziel des Internationalen Vertragsrechts ist es, diejenige Privatrechtsordnung auf einen Vertrag zur Anwendung zu bringen, die am geeignetsten erscheint, das Privatrechtsverhältnis zwischen den Vertragspartnern zu regeln. Dieses Privatrechtsverhältnis bewegt sich aber in einem staats-, sozial- und wirtschaftspolitischen Ordnungsgefüge, auf dessen Erhaltung kein Staat verzichten kann[52]. Soweit die Normen, die dieses Ordnungsgefüge ausgestalten, in Privatrechtsverhältnisse eingreifen, indem sie z.B. Handelsverbote aussprechen oder Moratorien anordnen, werden sie als "Eingriffsnormen" bezeichnet[53]. Während Existenz und Daseinsberechtigung solcher Normen allgemein anerkannt sind, gehen die Ansichten dazu, in welcher Weise Eingriffsnormen in die rechtliche Beurteilung des Vertragsverhältnisses einzubeziehen sind und zu der Frage, die Eingriffsnormen welcher Staaten einzubeziehen sind, auseinander [54]. Berührungspunkte zu Art. 32 Abs. 2 EGBGB können sich daraus ergeben, daß das Recht des Ortes, an dem die Erfüllung stattfindet, bestimmte Erfüllungshandlungen des

---

52 MünchKomm-Sonnenberger[2] Rz. 30 Einl. zum EGBGB.

53 Siehr RabelsZ 52 (1988) 41 f. Im englischen Recht *overriding statutes* (oben S. 32), im französischen Recht *lois d'application immédiate* (oben S. 64 ff.), im italienischen Recht *leggi di applicazione necessaria* (oben S. 82 ff.).

54 Vgl. vorige Fn.

Schuldners gezielt verbietet, etwa Lieferung an Feiertagen oder an bestimmten Örtlichkeiten. Das Verhältnis von Eingriffsnormen und Art. 32 Abs. 2 EGBGB ist dabei offener als dasjenige zu Art. 32 Abs. 1 EGBGB. Letzterer legt fest, welches Recht "anwendbar" ist in dem Sinne, daß eine vertragsrechtliche Teilfrage von einem bestimmten Recht geregelt wird, während Art. 32 Abs. 2 EGBGB nur eine "Berücksichtigung" eines bestimmten Rechts, nämlich desjenigen des Erfüllungsortes, vorschreibt. Aus diesem Grund besteht zwischen Art. 32 Abs. 2 EGBGB einerseits und Artt. 32 Abs. 1 EGBGB keine Konkurrenz in dem Sinne, daß alternativ nur Art. 32 Abs. 1 oder Abs. 2 anwendbar ist. Anders liegt es beim Verhältnis zu den Eingriffsnormen. Die Meinungen darüber, ob eine Eingriffsnorm überhaupt "anwendbar" ist auf ein Privatrechtsverhältnis oder ob von vornherein nur ihre "Berücksichtigung" möglich ist, gehen auseinander. Problemlos von einer Rechts"anwendung" auf den Vertrag wird man nur sprechen können, wenn die fragliche Eingriffsnorm auch eine zivilrechtliche Rechtsfolge (also etwa: Nichtigkeit des auf die Umgehung bestimmter Vorschriften gerichteten Vertrages) bereithält [55]. Dagegen scheint es zweifelhaft, von einer "Anwendung" von Ausfuhrbestimmungen auf den Vertrag zu sprechen, wenn diese lediglich die Ausfuhr bestimmter Werte verbieten, aber - weil der Grund der Ausfuhr gerade außer Betracht bleibt - keine privatrechtliche Rechtsfolge beinhalten. Wenn der Richter in letzterem Fall die Leistung beispielsweise als unmöglich oder den Vertrag als nichtig ansieht: Hat er dann das ausländische Ausfuhrverbot "angewandt"? Oder hat er nicht lediglich die Unmöglichkeit im Sinne des Vertragsstatuts unter "Berücksichtigung" der Existenz des Ausfuhrverbotes festgestellt? Schließt man sich letzterer Sichtweise an, so besteht systematisch zumindest eine Überschneidung des Anwendungsbereichs von Art. 32 Abs. 2 EGBGB und der Einbeziehung bestimmter Eingriffsnormen: Eingriffsnormen könnten dann sowohl aufgrund der allgemeinen Regeln als auch aufgrund von Art. 32 Abs. 2 EGBGB zu "berücksichtigen" sein[56].

Im EGBGB ist nur die Behandlung von deutschen Eingriffsnormen als *lex fori* in Art. 34 EGBGB, der Art. 7 Abs. 2 EVÜ entspricht, geregelt. In bezug auf Art. 7 Abs. 1 EVÜ, der die Einbeziehung von (aus Sicht des Forums) ausländischen Eingriffsnormen betrifft, hat Deutschland hingegen einen Vorbehalt gemäß Art. 22 Abs. 1 Buchst. a EVÜ erklärt.

---

55 MünchKomm-Martiny[2] Rz. 55 zu Art. 34 EGBGB.

56 Diese Auslegung von Art. 32 Abs. 2 EGBGB (Abweichung vom Vertragsstatut bei international zwingenden Erfüllungsregeln) bevorzugt wohl Junker RabelsZ 55 (1991) 674, 681.

aa) Art. 34 EGBGB

Nach Art. 34 EGBGB berühren die Regelungen des Internationalen Vertragsrechts nicht die Anwendung der Bestimmungen des deutschen Rechts, die ohne Rücksicht auf das auf den Vertrag anzuwendende Recht den Sachverhalt zwingend regeln. Die Vorschrift soll die Durchsetzung deutschen international zwingenden Rechts[57] auch gegenüber einem ausländischen Vertragsstatut sichern. Als international zwingend werden z.B. Ein- und Ausfuhrbestimmungen[58], Wettbewerbsvorschriften[59], berufsrechtliche Bestimmungen[60] und Bestimmungen auf dem Gebiet des Kulturgüterschutzes[61], des Umweltschutzes[62] und des Währungs- und Devisenrechts[63] angesehen. Diese Vorschriften finden ungeachtet des Vertragsstatuts Anwendung, wenn der Sachverhalt entweder in den durch die Normen ausdrücklich festgelegten räumlich-persönlichen Anwendungsbereich fällt oder eine Anwendung nach ihrem Zweck, also insbesondere bei Berührung des Falles mit dem deutschen Machtbereich, geboten ist[64]. In bezug auf Art. 32 Abs. 2 EGBGB bedeutet dies: Eine Anwendung deutscher Eingriffsnormen ist denkbar, wenn die Erfüllung tatsächlich in Deutschland erfolgt. Fraglich ist jedoch, ob diese Eingriffsnormen als zu "berücksichtigendes" Recht im Sinne dieser Vorschrift in Betracht kommen. Dagegen spricht zunächst dogmatisch der Umstand, daß das aufgrund von Art. 34 EGBGB anwendbare Recht ausdrücklich "anzuwenden" und nicht nur zu berücksichtigen ist; es liegt also eine Sonderanknüpfung vor[65]. Diese "Anwendung" hätte, genau genommen, zur Folge, daß auch die vertragsrechtlichen Konsequenzen nicht dem Vertragsstatut, sondern dem Eingriffsrecht zu entnehmen sind[66]. Rechtsfolge der jeweiligen Vorschriften ist meist das Erfordernis einer Genehmigung oder Erlaubnis. Welche Folgen das

---

57 MünchKomm-Martiny[2] Rz. 7 zu Art. 34 EGBGB.

58 Z.B. Genehmigungserfordernisse nach dem Washingtoner Artenschutzabkommen vom 3. 3. 1973 (BGBl. 1975 II 773; 1976 II 1237), dem Außenwirtschaftsgesetz vom 28. 4. 1961 (BGBl. 1961 I 481; 1992 I 376) oder dem Kriegswaffenkontrollgesetz vom 20. 4. 1961 (BGBl. 1961 I 444; 1992 I 2150).

59 Vgl. § 98 Abs. 2 GWB.

60 Z.B. Erlaubnispflicht für die rechtsberatenden Berufe gemäß § 1 Rechtsberatungsgesetz.

61 Genehmigungspflicht für Ausfuhren nach § 1 Abs. 4 des Gesetzes zum Schutz deutschen Kulturgutes gegen Abwanderung vom 6. 8. 1955 (BGBl. 1955 I 501; 1990 I 889).

62 Genehmigungspflicht für Ein- und Ausfuhr von Abfällen in das bzw. aus dem Gebiet der Bundesrepublik gemäß § 13 Abfallgesetz.

63 Z.B. Genehmigungserfordernis nach § 3 Währungsgesetz bei Wahl einer fremden Währung oder Vereinbarung einer Wertsicherungsklausel.

64 Soergel-von Hoffmann[12] (im Druck) Rz. 13 zu Art. 34 EGBGB.

65 MünchKomm-Martiny[2] Rz. 85 zu Art. 34 EGBGB.

66 MünchKomm-Martiny[2] Rz. 55 zu Art. 34 EGBGB.

Fehlen einer derartigen Genehmigung oder Erlaubnis jedoch für das vertragliche Verhältnis zwischen den Parteien hat, ist diesen Normen nicht zu entnehmen. Die deutsche Rechtsprechung nimmt in solchen Fällen - wohl in Anwendung des Rechtsgedankens von § 134 BGB - eine schwebende Unwirksamkeit des Vertrages[67] bzw. eine Nichtigkeit an, wenn der Vertrag von den Parteien von vornherein in der Absicht geschlossen wurde, die erforderliche Genehmigung nicht einzuholen[68]. Widersprechen also Erfüllungshandlungen oder vom Gläubiger bei mangelhafter Erfüllung zu treffende Maßnahmen *deutschem* Eingriffsrecht (des Erfüllungsortes), so ist dieses nicht nur zu berücksichtigen, sondern einschließlich eventuell vorhandener vertragsrechtlicher Folgen anzuwenden. Ist damit das Recht des Ortes, an dem die Erfüllung tatsächlich stattfindet, identisch mit der deutschen *lex fori* und beansprucht diese als Eingriffsrecht Geltung, ist insofern für die Anwendung von Art. 32 Abs. 2 EGBGB kein Raum mehr[69].

bb) ausländische Eingriffsnormen

Nicht geregelt im EGBGB ist die Einbeziehung ausländischer Eingriffsnormen. Die entsprechende Vorschrift des Art. 7 Abs. 1 EVÜ, die nicht übernommen wurde, lautet:

"Bei Anwendung des Rechts eines bestimmten Staates auf Grund dieses Übereinkommens kann den zwingenden Bestimmungen des Rechts eines anderen Staates, mit dem der Sachverhalt eine enge Verbindung aufweist, Wirkung verliehen werden, soweit diese Bestimmungen nach dem Recht des letztgenannten Staates ohne Rücksicht darauf anzuwenden sind, welchem Recht der Vertrag unterliegt. Bei der Entscheidung, ob diesen zwingenden Bestimmungen Wirkung zu verleihen ist, sind ihre Natur und ihr Gegenstand sowie die Folgen zu berücksichtigen, die sich aus ihrer Anwendung oder Nichtanwendung ergeben würden."

Die Vorschrift weist in ihrer Rechtsfolge, nämlich dem "Verleihen von Wirkungen", eine gewisse Ähnlichkeit zum "Berücksichtigen" in Art. 32 Abs. 2 EGBGB auf[70]. In beiden Fällen handelt es sich nicht um die Anwendung des in Rede stehenden Rechts, sondern um ein Minus hierzu[71]. Fraglich ist jedoch grundsätzlich, ob und wieweit bei der systematischen Auslegung der deutschen Vorschrift des

---

67 Soergel-Hefermehl[12] Rz. 44 zu § 134 BGB.

68 BGH MDR 1951, 153; BGH NJW 1953, 1587; BGH WM 1955, 1385.

69 Ähnlich Mankowski IPRax 1991, 305, 310 Fn. 77, der diese Abgrenzung allerdings nicht auf Eingriffsnormen der *lex fori* beschränkt.

70 Siehr AWD 1973, 569, 584 (zum Vorentwurf).

71 Vgl. Gaudemet-Tallon Rev trim dr eur 17 (1981) 215, 262 f.

Art. 32 Abs. 2 EGBGB der nicht in das deutsche Recht übernommene Art. 7 Abs. 1 EVÜ überhaupt zu berücksichtigen ist. Gemäß Art. 36 EGBGB ist bei der Auslegung der vertragsrechtlichen Vorschriften des EGBGB zu berücksichtigen, daß die ihnen zugrunde liegenden Vorschriften des EVÜ in den Vertragsstaaten einheitlich ausgelegt werden sollen. Art. 7 Abs. 1 EVÜ ist daher bei der Auslegung von Art. 32 Abs. 2 EGBGB zumindest in der Weise zu berücksichtigen, daß dessen Auslegung nicht im Widerspruch zu Art. 7 Abs. 1 EVÜ, der in der Mehrzahl der Vertragsstaaten ja Anwendung findet[72], stehen darf[73]. Es erweist sich also für die Auslegung von Art. 32 Abs. 2 EGBGB als erforderlich, auch den nicht übernommenen Art. 7 Abs. 1 EVÜ zu berücksichtigen.

Eine auch nur halbwegs erschöpfende Behandlung dieser höchst umstrittenen Vorschrift würde den Rahmen dieser Untersuchung bei weitem sprengen. Der hier unternommene Versuch seiner Auslegung wird sich daher auf die auch für Art. 32 Abs. 2 EGBGB relevanten Punkte beschränken. Zunächst wird man wohl feststellen können, daß das Recht des tatsächlichen Erfüllungsortes die nach Art. 7 Abs. 1 EVÜ erforderliche "enge Verbindung" zum Sachverhalt aufweist[74]. Weitere Voraussetzung wäre, daß die entsprechende Vorschrift des tatsächlichen Erfüllungsortes aus dessen Sicht international zwingend ist. Dies ließe sich z.B. für Feiertagsregelungen oder Hafenvorschriften bejahen. Gemäß Art. 7 Abs. 1 S. 2 EVÜ hat der Richter bei der Prüfung, ob diesen Vorschriften "Wirkung zu verleihen" ist, "ihre Natur", "ihren Gegenstand" sowie die "Folgen zu berücksichtigen, die sich aus ihrer Anwendung oder Nichtanwendung ergeben würden". Sicher scheint nur, daß damit eine Kontrolle des von dem fremden Recht angeordneten Geltungswillens beabsichtigt ist[75]. Eine nähere Konkretisierung dieser Erfordernisse, die nicht eindeutig der Tatbestands- oder der Rechtsfolgenseite des Art. 7 Abs. 1 EVÜ zuzuordnen sind[76], ist hingegen noch nicht erfolgt[77]. Ursächlich hierfür ist das Fehlen jeglicher Entscheidungsmaximen, anhand derer der *maßgebliche* Gegenstand, die *maßgebliche* Natur und die *maßgeblichen* Folgen zu bestimmen wären[78]. Offen bleibt also insbesondere, ob als "Folgen" des

---

72 Einen Vorbehalt haben außer Deutschland Luxemburg, Irland und das Vereinigte Königreich erklärt.

73 Vgl. Martiny IPRax 1985, 277, 279. Dazu, daß der Richter in dieser Weise bei der Auslegung doch wieder auf das Abkommen zurückgeführt wird, was den Vorteil der Transformation des EVÜ in deutsches Recht zum Teil wieder aufhebt, von Hoffmann IPRax 1984, 10, 12; Junker RabelsZ 55 (1991) 675, 691.

74 Der Bericht Giuliano/Lagarde BTDrucks 10/503, 36, 59 nennt zwar nur den Staat, in dem erfüllt werden muß, als enge Verbindung, jedoch ergibt sich aus der Begründung, daß eine "echte", d.h. materielle Verbindung entscheidend ist.

75 Coester ZvglRW 1983, 1, 22.

76 Coester ZvglRW 1983, 1, 20; Coing WM 1981, 810, 811.

77 Kegel Rpfleger 1987, 1, 2 bezeichnet die Vorschrift als "gefährliche Qualle".

78 Coester ZvglRW 1983, 1, 23; Hentzen RIW 1988, 508, 109. Laut Bericht Giuliano/Lagarde BTDrucks 10/503, 36, 59 wies auch eine Delegation während der Vor-

"Wirkung-Verleihens" diejenigen für die Interessen der Parteien oder diejenigen für allgemeine, staatliche Interessen wie etwa die wirtschaftspolitische Zusammenarbeit mit bestimmten Staaten zu berücksichtigen sind[79]. Anhaltspunkte liefert der Bericht lediglich insofern, als er darauf hinweist, daß die Vorschrift bereits vorhandenen Grundsätzen einiger EG-Staaten entspreche[80]. Im französischen Recht beispielsweise ist damit wohl die Anwendung ausländischer *lois de police* bzw. *lois d'application immédiate* [81] gemeint, im italienischen Recht die der *norme di applicazione necessaria*[82]. Im englischen Recht ist die "Anwendung" ausländischen zwingenden Rechts weniger eindeutig zuzuordnen. Wie oben gezeigt[83], wird es zum Teil im Rahmen der *public policy* berücksichtigt, zum Teil als Voraussetzung für die *material validity* des Vertrages angesehen und zum Teil im Rahmen des materiellen Rechts beachtet, wobei letzteres umstritten ist. Im deutschen autonomen Kollisionsrecht ist hier die Behandlung ausländischer Eingriffsnormen angesprochen, wobei insbesondere die Lehre von der Sonderanknüpfung ausländischen Eingriffsrechts eine starke Ähnlichkeit zu der in Art. 7 Abs. 1 EVÜ getroffenen Regelung aufweist[84].

Es läßt sich daher keine einheitliche dogmatische Konstruktion, aufgrund derer ausländische Eingriffsnormen "angewandt" oder "berücksichtigt" werden, erkennen. Als unter den Vertragsstaaten konsensfähig bei der Auslegung der Vorschrift wird man aber als Minimum erstens die Feststellung ansehen können, daß ausländische Eingriffsnormen faktisch Einfluß auf die vertragliche Leistungsbeziehung haben können und zweitens die normative Forderung, daß der Richter diesen Einfluß auch bei der Beurteilung der vertraglichen Rechte und Pflichten berücksichtigen muß.

Wenn nun eine bestimmte Art und Weise der Erfüllung oder eine vom Gläubiger bei mangelhafter Erfüllung zu treffende Maßnahme gegen Eingriffsnormen des Rechts des Ortes, an dem die Erfüllung tatsächlich stattfindet, verstößt (Beispiel: Transport per LKW ist an bestimmten Tagen verboten) oder ihre Durchführung rein tatsächlich aufgrund von Eingriffsnormen unmöglich ist (Einfuhrverbot), besteht zumindest dem Wortlaut nach kein Hindernis, sowohl den Tatbestand des Art. 7 Abs. 1 EVÜ als auch den des Art. 32 Abs. 2 EGBGB als erfüllt anzusehen.

---

arbeiten auf das Fehlen dieser Maximen hin und schlug eine Konkretisierung dahin vor, daß international anerkannte Kriterien wie z.B. gleichartige Rechtsvorschriften in anderen Ländern oder ein allgemein anerkanntes Interesse angelegt werden müßten. Dieser Vorschlag wurde jedoch, "ohne den Gedanken an sich zu verwerfen", wegen des angeblichen Fehlens solcher internationaler Kriterien von der Gruppe verworfen.

79 Coing WM 1981, 810, 811.

80 Bericht Giuliano/Lagarde BTDrucks 10/503, 36, 59.

81 Gaudemet-Tallon Rev trim dr eur 17 (1981) 215, 260. S. oben S. 64.

82 S. oben S. 82 ff.

83 S. 32 ff.

84 Vgl. näher oben S. 140 ff.

Fraglich ist damit, welcher Vorschrift die Rechtsfolge zu entnehmen ist. Bei aller Vorsicht, die bei der Trennung von Tatbestand und Rechtsfolge von Art. 7 Abs. 1 EVÜ geboten ist[85], wird man doch feststellen können, daß das "Wirkung verleihen" aufgrund der Einschränkung des Art. 7 Abs. 1 S. 2 EVÜ an strengere Voraussetzungen gebunden ist als das "Berücksichtigen" des Art. 32 Abs. 2 EGBGB[86]: in letzterem Fall *muß* der Richter, wenn die Tatbestandsvoraussetzungen gegeben sind, das Recht des Erfüllungsortes berücksichtigen, während dies bei Art. 7 Abs. 1 EVÜ in seinem Ermessen steht. Entscheidend ist damit das Verhältnis beider Vorschriften zueinander. Nicht ausgeschlossen erscheint es aus systematischen Gründen, Art. 32 Abs. 2 EGBGB als *lex specialis* zu Art. 7 Abs. 1 EVÜ anzusehen. Er ließe sich dann wie folgt zu lesen: "In bezug auf die Art und Weise der Erfüllung und die vom Gläubiger im Fall mangelhafter Erfüllung zu treffenden Maßnahmen sind die Vorschriften des Rechts des Ortes, an dem die Erfüllung tatsächlich stattfindet, die nach dem Recht dieses Ortes ohne Rücksicht darauf anzuwenden sind, welchem Recht der Vertrag unterliegt, zu berücksichtigen.[87]" Das "Berücksichtigen" entspräche dabei dem "Wirkung verleihen" und trüge dem Umstand Rechnung, daß es nicht um die Anwendung öffentlich-rechtlicher Vorschriften selbst ginge, sondern lediglich um die Anerkennung ihrer Reflexwirkungen auf das Privatrechtsverhältnis[88].

c) Art. 6 EGBGB

Wie gezeigt, haben englische Gerichte zum Teil das Recht des Erfüllungsortes in der Art und Weise "berücksichtigt", daß sie einen Verstoß gegen den englischen *ordre public* annahmen, wenn der Vertrag gegen das Recht des Erfüllungsortes verstieß[89]. Fraglich ist also, ob auch Art. 32 Abs. 2 EGBGB so ausgelegt werden könnte, daß eine "Berücksichtigung" des Rechts des Erfüllungsortes unter dem Gesichtspunkt eines Verstoßes gegen den *ordre public* des Forums erfolgen könnte. Eine solche Anwendung des Art. 6 EGBGB, der der in Art. 16 EVÜ getroffenen Regelung entspricht, ist nach dem Gesamtzusammenhang des EVÜ

---

85 S. oben S. 141.

86 Siehr AWD 1973, 569, 584.

87 Anders Siehr (zu Art. 15 Abs. 2 Vorentwurf zum EVÜ, der Art. 32 Abs. 2 EGBGB entspricht) a.a.O., der auch eine Berücksichtigung des Rechts des tatsächlichen Erfüllungsortes, falls eine Spezialität zu Art. 7 (Vorentwurf) vorliege, vom Vorliegen der zusätzlichen Voraussetzungen des Art. 7 abhängig machen will.

88 MünchKomm-Martiny[2] Rz. 36 zu Art. 34 EGBGB; Soergel-von Hoffmann[12] (im Druck) Rz. 84 zu Art. 34 EGBGB.

89 S. oben S. 33 f.

nicht vertretbar. Sie betrifft in der Sache nämlich die "Anwendung" ausländischer Eingriffsnormen, und diese Frage ist im EVÜ in Art. 7 Abs. 1 bzw. im deutschen autonomen IPR nach den hierfür entwickelten Grundsätzen zu lösen, nicht aber über die Figur des *ordre public*. Eine "Berücksichtigung" des Rechts des Erfüllungsortes im Sinne von Art. 32 Abs. 2 EGBGB zwecks Feststellung, ob der Vertrag wegen Verstoßes gegen dieses Recht gegen den *ordre public* des Forums verstößt, kommt daher nicht in Betracht.

d) Art. 31 Abs. 1 EGBGB

Ebenso ergeben sich keine Berührungspunkte zwischen Art. 32 Abs. 2 EGBGB und Art. 31 Abs. 1 EGBGB. Die "Berücksichtigung" des Rechts des Erfüllungsortes nach der englischen Regel, der Vertrag sei insoweit *unwirksam*, als die Erfüllung gegen das Recht des Erfüllungsortes verstoße[90], ist nicht mit der Regelung des Art. 31 Abs. 1 EGBGB, der die Fragen der Wirksamkeit ausdrücklich dem Vertragsstatut unterwirft, zu vereinbaren. Im übrigen ergeben sich auch hier Überschneidungen zur Frage der Einbeziehung ausländischer Eingriffsnormen[91], die aber ebenfalls in Art. 7 Abs. 1 EVÜ eine gesonderte Regelung erfahren haben. Art. 32 Abs. 2 EGBGB kann also auch kein Ausdruck der eben genannten englischen Regel sein.

3. Zusammenfassung

Aus dem Zusammenspiel mit *Art. 32 Abs. 1 EGBGB* ergeben sich für die Auslegung von Art. 32 Abs. 2 EGBGB folgende Hinweise: Art. 32 Abs. 1 EGBGB verleiht dem Grundgedanken Ausdruck, daß die Frage, ob der Schuldner oder der Gläubiger ihre vertraglichen Verpflichtungen erfüllt haben, stets nach dem Vertragsstatut zu beantworten ist. Eine "Berücksichtigung" des Rechts des Erfüllungsortes mit dem Ergebnis, daß der Umfang dieser Verpflichtungen geändert wird, ist daher unzulässig. Dies bedeutet insbesondere, daß

---

90 S. oben S. 34 ff.

91 MünchKomm-Martiny[2] Rz. 17 zu Art. 31 EGBGB.

- Begriffe des Vertragsstatuts, die die in Art. 32 Abs. 2 EGBGB angesprochenen Bereiche betreffen, nicht anhand des Rechts des Erfüllungsortes ausgelegt werden dürfen;
- die Art und Weise der Erfüllung, da sie nicht von der Erfüllung selbst zu trennen ist, ebenfalls den Vorschriften des Vertragsstatuts entsprechend erfolgen muß;
- die vom Gläubiger bei mangelhafter Erfüllung zu treffenden Maßnahmen als Folgen der Nichterfüllung anzusehen sind, die ebenfalls dem Vertragsstatut unterliegen;
- bei der Beurteilung der Zulässigkeit von Erfüllungssurrogaten und ihrer Verwirklichung Art. 32 Abs. 2 EGBGB nicht anwendbar ist, da Surrogate nicht als "Erfüllung" anzusehen sind. Grund hierfür könnte sein, daß der Schuldner nur bei der Erfüllung zu über die Abgabe einer Willenserklärung hinausgehenden Handlungen verpflichtet ist, bei deren Durchführung ihm eine Berücksichtigung des Rechts des Erfüllungsortes zugestanden werden soll. Eine Ausnahme könnte insoweit die Hinterlegung darstellen.

Aus dem Zusammenhang mit der *Gesamtregelung* des Internationalen Schuldvertragsrechts bzw. des EVÜ ergibt sich, daß Fragen der Art und Weise der Erfüllung sowie der vom Gläubiger bei mangelhafter Erfüllung zu treffenden Maßnahmen, soweit *Rechtsgeschäfte* oder *geschäftsähnliche Handlungen* vorliegen, bereits von Art. 11 EGBGB abschließend geregelt sind. Eine Art. 11 EGBGB entsprechende Berücksichtigung des Rechts des Erfüllungsortes für Realakte wiederum widerspricht der in Art. 32 Abs. 1 EGBGB enthaltenen Grundregel, daß die beiderseitigen Rechte und Pflichten, abgesehen von den im EGBGB enthaltenen Sonderanknüpfungen, dem Vertragsstatut unterliegen, und Art. 32 Abs. 2 EGBGB gerade keine Sonderanknüpfung beabsichtigt. Systematisch nicht ausgeschlossen ist es jedoch, die Vorschrift als *lex specialis* zu Art. 7 Abs. 1 EVÜ bzw. als Sonderregelung für die Einbeziehung ausländischer Eingriffsnormen zu betrachten. In diesem Fall schriebe sie dem Richter zwingend vor, den Umstand, daß eine bestimmte Art und Weise der Erfüllung/bestimmte Maßnahmen des Gläubigers aufgrund von international zwingenden Vorschriften des Erfüllungsortes nicht durchführbar ist, als *Tatsache* zur Kenntnis zu nehmen und daraus eine Leistungsstörung abzuleiten. Welche Folgen diese Leistungsstörung für die beiderseitigen Verpflichtungen hat, bliebe dabei auch weiterhin dem Vertragsstatut überlassen. Eine derartige Berücksichtigung des Rechts des Erfüllungsortes stünde auch nicht im Widerspruch zu Art. 32 Abs. 1 EGBGB, der es nur verbietet, die vom ihm geregelten *vertragsrechtlichen* Fragen einem anderen Recht als dem Vertragsstatut zu unterwerfen.

V. Historische Auslegung

Als historische Auslegung wird im allgemeinen die Heranziehung des Willens des Gesetzgebers für die Interpretation bezeichnet[1]. Der Stellenwert dieser subjektiven Methode ist schon im deutschen Recht gegenüber den objektiven, allein am Gesetzestext orientierten Methoden (grammatische, systematische, teleologische Auslegung) relativ gering[2]. Dies gilt gleichermaßen für das internationale Einheitsrecht, denn auch hier steht eine sinnvolle Ordnung der Gegenwart im Vordergrund und nicht eine Festschreibung eines historischen Zustandes [3].

Dennoch kommt dem Willen des Gesetzgebers im internationalen Einheitsrecht aus praktischen Gründen eine besondere Bedeutung zu: Bei jungen Übereinkommen, insbesondere, wenn sie neue Begriffsschöpfungen verwenden, ergibt die Intention des Normsetzers möglicherweise überhaupt erst einen Anhaltspunkt für die Auslegung [4]. In diesem Sinne ist auch der Bericht von *Giuliano/Lagarde* gedacht[5]. Er sollte jedoch andererseits nicht überbewertet werden, da er lediglich ein Arbeitsbericht hat sein wollen und keine Kommentierung [6].

---

1 Das Verständnis der historischen Auslegung als dogmengeschichtlicher Untersuchung eines Rechtsinstituts spielt, da Übereinkommen regelmäßig nicht das Ergebnis eines längeren geschichtlichen Prozesses sind, bei der Auslegung internationalen Einheitsrechts zunächst keine Rolle, Meyer-Sparenberg 114.

2 Larenz, Methodenlehre 330.

3 Kropholler, Einheitsrecht 174. Auch Art. 32 WVK sieht die vorbereitenden Arbeiten und die Umstände des Vertragsabschlusses nur als ergänzende Auslegungsmittel an.

4 Kropholler, Einheitsrecht 275.

5 MünchKomm-Martiny[2] Rz. 18 zu Art. 36 EGBGB. Die Verwendung des Berichts ist nunmehr durch den Contracts (Applicable Law) Act 1990 auch für englische Gerichte, die traditionell Materialien zum nationalen Recht nicht benutzen, ausdrücklich zugelassen, Junker, RabelsZ 55 (1991) 680. Skeptisch zur Akzeptanz der vier klassischen Auslegungskriterien im anglo-amerikanischen Rechtskreis dennoch Weick, Festschr. Söllner 607 f., 609 f.

6 In diesem Sinne auch Karl *Arndt*, der als Vorsitzender der deutschen Delegation an der Erarbeitung des EVÜ mitgewirkt hatte und überrascht war, was z.T. aus wenigen Sätzen des Berichts herausgelesen wurde, BerGesVR 27 (1986), 186 (Diskussionsbeitrag).

1. Bericht Giuliano/Lagarde

Der Bericht von Giuliano/Lagarde enthält nur Andeutungen zum Verständnis des Art. 32 Abs. 2 EGBGB. Zunächst wird festgestellt, daß die dort vorgesehene Einschränkung im innerstaatlichen Recht mehrerer Staaten sowie in einigen internationalen Übereinkommen häufig vorgenommen werde. Der Begriff "Art und Weise der Erfüllung" "scheine" in diesen Staaten keinen einheitlichen Inhalt zu haben. Die Gruppe habe ihrerseits eine mehr oder weniger strenge Definition des Begriffs nicht aufstellen wollen. Daher sei eine Qualifikation nach der *lex fori* vorzunehmen. Zu den Vorschriften, die normalerweise zur Kategorie der Erfüllungsmodalitäten gehörten, werde man "wohl auf jeden Fall" die Regelung über die Feiertage und die Modalitäten der Prüfung der Ware sowie die im Falle einer Zurückweisung der Ware zu treffenden Maßnahmen zählen können. Die Anordnung der "Berücksichtigung" dieses Rechts bedeute, daß das Gericht prüfen könne, ob dieses Recht für die Art und Weise der Vertragserfüllung maßgeblich sei, und daß das Gericht dieses Recht ganz oder teilweise anwenden könne[7].

Zu diesen Erläuterungen ist zunächst zweierlei festzustellen: Zum einen spricht sich der Bericht für eine Qualifikation der "Erfüllungsmodalitäten" nach der *lex fori* aus. Dem ist zu widersprechen. Gerade im Hinblick darauf, daß dieser Begriff in den Vertragsstaaten, in denen er traditionell verwendet wird, keine einheitliche Bedeutung hat [8], verbietet sich eine solche Qualifikation, da sie nicht zu einer Rechtsvereinheitlichung führen, sondern die Rechtszersplitterung fortschreiben würde. Die Begriffe "Art und Weise der Erfüllung" und "vom Gläubiger im Fall mangelhafter Erfüllung zu treffende Maßnahmen" sind daher autonom auszulegen[9]. Zum zweiten erklärt der Bericht ausdrücklich, der Richter könne prüfen, ob das Recht des Erfüllungsortes "für die Art und Weise der Vertragserfüllung maßgeblich" sei. Dies kann nur so verstanden werden, daß der Bericht die Möglichkeit einer Sonderanknüpfung der Erfüllungsmodalitäten an das *Vertragsrecht* des Erfüllungsortes eröffnen will. Wie gezeigt[10], ist eine Sonderanknüpfung *vertragsrechtlicher* Vorschriften im Gegensatz zu einer Sonderanknüpfung von Eingriffsrecht jedoch nicht vom Wortlaut der Vorschrift gedeckt.

Weiteren Aufschluß über die hinter der Vorschrift stehende Intention der Gruppe können die entsprechende Vorschrift des Vorentwurfs zum EVÜ von 1972/1978

7 Bericht Giuliano/Lagarde BTDrucks 10/503, 36, 65 f.

8 Vgl. oben S. 110 f.

9 Soergel-von Hoffmann[12] (im Druck) Rz. 69 zu Art. 32 EGBGB; MünchKomm-Martiny[2] Rz. 18 zu Art. 32 EGBGB.

10 Oben S. 117 f.

und dessen Vorbilder, Art. 15 Abs. 3 des Benelux-Entwurfes von 1968[11], Art. 4 des Haager Kaufrechtsübereinkommens von 1955[12] sowie Art. 38 Abs. 4 des Einheitlichen Kaufgesetzes von 1964[13] geben, da der Bericht ausdrücklich darauf verweist, daß die in Art. 10 Abs. 2 EVÜ vorgenommene Einschränkung auch in einigen Abkommen vorgenommen werde.

2. Art. 15 Abs. 2 Vorentwurf

Der Vorgänger des mit Art. 32 Abs. 2 EGBGB wörtlich übereinstimmenden Art. 10 Abs. 2 EVÜ, Art. 15 Abs. 2 Vorentwurf, lautet:
"Hinsichtlich der Art und Weise der Erfüllung wird das Recht des Staates berücksichtigt, in dem die Erfüllung erfolgt."

Der Vorentwurf weicht damit insofern von der Fassung des EVÜ ab, als er nur die "Art und Weise der Erfüllung", nicht aber den Komplex "der vom Gläubiger im Falle mangelhafter Erfüllung zu treffenden Maßnahmen" betrifft. In dem Bericht zu Art. 15 Abs. 2 Vorentwurf werden als Beispiele für modalités d'exécution jedoch auch die Modalitäten der Untersuchung gelieferter Ware und die im Fall ihrer Zurückweisung zu treffenden Maßnahmen genannt[14]. Es ist also davon auszugehen, daß die Gruppe diese Maßnahmen des Gläubigers im Auge hatte, als sie in die Fassung des Art. 10 Abs. 2 EVÜ die "vom Gläubiger im Fall mangelhafter Erfüllung zu treffenden Maßnahmen" aufnahm.

In der Anordnung des Berücksichtigens besteht hingegen kein Unterschied: Wenn etwas "berücksichtigt *wird*" ist dies genauso zwingend wie die Formulierung "ist ... zu berücksichtigen". Auch die Erläuterungen Giulianos zu Art. 15 Abs. 2 Vorentwurf in dem hierzu verfaßten Bericht entsprechen nahezu wörtlich denen zu

---

11 Vertrag vom 18. 5. 1951 zur Einführung eines einheitlichen Gesetzes über das internationale Privatrecht in den Niederlanden, in Belgien und in Luxemburg in der Fassung des Änderungsentwurfs vom 4. 10. 1968 (auszugsweise abgedruckt in Staudinger-Firsching[10/11] Rz. 139 vor Art. 12 EGBGB).

12 Haager Übereinkommen betreffend das auf Internationale Kaufverträge über bewegliche Sachen anzuwendende Recht vom 15. 6. 1955, abgedruckt bei Jayme/Hausmann Nr. 45. Die Bundesrepublik hat das Übereinkommen nicht gezeichnet.

13 Anhang des Haager Übereinkommens zur Einführung eines Einheitlichen Gesetzes über den internationalen Kauf beweglicher Sachen vom 1. 7. 1964 (BGBl. 1973 II 886). Das EKG ist in der Bundesrepublik Deutschland am 16. 4. 1974 in Kraft getreten (BGBl. I 856) und am 1. 1. 1991 mit Inkrafttreten des Wiener UN-Übereinkommens über Verträge über den internationalen Warenkauf (BGBl. 1989 II 588) außer Kraft getreten.

14 Bericht Giuliano/Lagarde/van Sasse van Ysselt, in: Lando/von Hoffmann/Siehr 241, 297.

Art. 10 Abs. 2 EVÜ[15], so daß sich insofern ebenfalls keine weiteren Rückschlüsse auf das Verständnis der Vorschrift ziehen lassen.

3. Art. 15 Benelux-Entwurf 1968

Der Wortlaut ist auf Art. 15 Abs. 3 des Benelux-Entwurfs zur Vereinheitlichung des IPR der Benelux-Staaten zurückzuführen[16]. Dieser lautet:
"In jedem Fall müssen bezüglich der Art der Erfüllung die zwingenden Vorschriften des Rechtes des Landes der Erfüllung beachtet werden[17]."

Der Vorentwurf wie auch das EVÜ stimmen damit insofern mit dieser Vorschrift überein, als sie nicht die Anwendung, sondern nur die Beachtung des Rechts des Erfüllungsortes vorschreiben. Indes weichen sie in einem wichtigen Punkt vom Benelux-Entwurf ab, indem sie die Pflicht zur Berücksichtigung nicht auf den Bereich des *zwingenden* Rechts beschränken[18]. Fraglich ist damit, ob der Vorentwurf die gleiche Regelung wie der Benelux-Entwurf bezweckte. Die Anordnung, das zwingende Recht des Erfüllungsortes zu "beachten" (und nicht: "anzuwenden"), läßt darauf schließen, daß der Benelux-Entwurf hier nicht eine Anwendung des zwingenden Vertragsrechts des Erfüllungsortes vorschreiben wollte, sondern eine Regelung über die Einbeziehung von ausländischem Eingriffsrecht treffen wollte[19]. Daß der Unterschied zwischen "Beachten" und "Anwenden" den Verfassern des Benelux-Entwurfs durchaus bewußt war, ergibt sich schon daraus, daß in Art. 13 Abs. 1 des Benelux-Entwurfs ausdrücklich festgestellt wird, daß für Verträge das von den Parteien gewählte Recht sowohl hinsichtlich der zwingenden als auch der ergänzenden Vorschriften "maßgebend" ist. Auch an anderen Stellen bringt der Benelux-Entwurf klar zum Ausdruck, wann ein bestimmtes Recht angewendet werden soll (z.B. Art. 15 Abs. 1: "Das Recht ... *bestimmt* ..."). Die Wahl des demgegenüber schwächeren "Beachtens" spiegelte damit die Unsicherheit wider, die insbesondere im Rechtskreis des Code civil[20] hinsichtlich

---

15 Bericht Giuliano/Lagarde/van Sasse van Ysselt, in: Lando/von Hoffmann/Siehr 241, 296 f.

16 Vander Elst J trib 88 (1973) 249, 253.

17 *En ce qui concerne les modalités d'exécution, on aura toujours égard aux règles impératives de la loi du pays où l'exécution a lieu.*

18 König, EuR 10 (1975) 289, 305.

19 König EuR 10 (1975) 289, 305.

20 In dessen Rechtstradition stehen die Benelux-Länder, Ferid, StAZ 1969, 241, 250.

der Frage der Beachtlichkeit ausländischer *lois d'application immédiate* herrschte[21].

Neben diesem Unterschied im Wortlaut läßt auch ein weiterer Umstand Zweifel daran aufkommen, ob der Vorentwurf/das EVÜ eine Art. 15 Abs. 3 Benelux-Entwurf entsprechende Vorschrift beabsichtigten. Die Ergänzung des Vorentwurfs im EVÜ um die "vom Gläubiger im Fall mangelhafter Erfüllung zu treffenden Maßnahmen" weist nämlich eine starke Ähnlichkeit zu Art. 15 Abs. 2 des Benelux-Entwurfs auf, der lautet:

"Bezüglich der Lieferung beweglicher körperlicher Gegenstände bestimmt das Recht des Landes, in welchem diese Gegenstände abgenommen werden müssen, die Fristen und die Art der Untersuchung wie auch die Maßnahmen, die hinsichtlich dieser Gegenstände im Falle der Verweigerung der Annahme zu treffen sind - alles, sofern nichts anderes vereinbart worden ist."

Diese Vorschrift beinhaltet aber im Gegensatz zu Art. 15 Abs. 3 des Benelux-Entwurfs eine *Sonderanknüpfung* bestimmter vom Gläubiger zu treffender Maßnahmen an das Recht des Abnahmeortes. Hier geht es nicht um die Einbeziehung ausländischen Eingriffsrechts, sondern um eine Anwendung eines Teilstatuts. Sinn dieser Regelung ist wohl eine Erleichterung für den Gläubiger, weswegen sie auch der Disposition der Parteien unterliegt. Art. 15 Abs. 3 Benelux-Entwurf hat damit einen völlig anderen Regelungszweck als Art. 15 Abs. 2 Benelux-Entwurf. Dadurch, daß Art. 10 Abs. 2 EVÜ die beiden genannten Absätze des Art. 15 Benelux-Entwurf gleichsam zusammenzieht, wird die Herleitung einer beabsichtigten (einheitlichen) Bedeutung aus diesen Vorschriften unmöglich gemacht.

4. Art. 4 Haager Übereinkommen/Art. 38 Abs. 4 EKG

Wie bereits erwähnt, sieht der Bericht zum Vorentwurf des EVÜ als Erfüllungsmodalitäten auch die Modalitäten der Untersuchung der Ware sowie die im Fall ihrer Zurückweisung zu ergreifenden Maßnahmen an. Er nimmt hierzu auf Art. 4 des Haager Übereinkommens von 1955 und Art. 38 Abs. 4 EKG Bezug [22].

Art. 4 Haager Übereinkommen lautet:
"Mangels einer ausdrücklichen, anderslautenden Vereinbarung ist das innerstaatliche Recht des Landes, in dem die auf Grund des Kaufvertrages gelieferten Sa-

21 Vgl. oben S. 65 ff.

22 Bericht Giuliano/Lagarde/van Sasse van Ysselt, in: Lando/von Hoffmann/Siehr 241, 297 Fn. 94.

chen zu prüfen sind, maßgebend für die Form und die Fristen, in denen die Prüfung und die diesbezüglichen Mitteilungen zu erfolgen haben, sowie für die bei einer allfälligen Verweigerung der Annahme der Sachen zu treffenden Vorkehrungen."

Art. 38 Abs. 4 EKG lautet:
"Die Form der Untersuchung bestimmt sich nach der Vereinbarung der Parteien oder in Ermangelung einer Vereinbarung nach dem Recht oder den Gebräuchen des Ortes, an dem die Untersuchung vorzunehmen ist."

Diese Vorschriften weichen jedoch in mehrfacher Hinsicht von der Regelung des Art. 10 Abs. 2 EVÜ ab.

Einmal sprechen sowohl Art. 38 Abs. 4 EKG als auch Art. 4 Haager Übereinkommen von dem Recht oder den Gebräuchen des Staates/Ortes, in/an dem die *Untersuchung* zu erfolgen hat bzw. vorzunehmen *ist* [23]. Art. 10 Abs. 2 EVÜ verweist hingegen nach seinem insoweit eindeutigen Wortlaut auf das Recht des Staates, in dem die *Erfüllung tatsächlich* erfolgt. Beides kann durchaus zu unterschiedlichen Ergebnissen führen:

Zunächst kann der Untersuchungsort vom Erfüllungsort abweichen. Ist beispielsweise bei einem internationalen Kauf einer Ware, die in New York verschifft wird und nach Hamburg geliefert werden soll, als Erfüllungsort im Sinne des Leistungsortes New York, als Untersuchungsort hingegen Hamburg vereinbart, so richteten sich gemäß Art. 4 Haager Übereinkommen und Art. 38 Abs. 4 EKG die Untersuchungsmodalitäten nach deutschem Recht, nach Art. 10 Abs. 2 EVÜ wäre hingegen amerikanisches Recht zu "berücksichtigen"[24]: Eine für den in Hamburg ansässigen Gläubiger sehr unzweckmäßige Regelung.

Das Abstellen auf den *tatsächlichen* Erfüllungsort kann im Zusammenhang mit dem GVÜ, dessen materiellrechtliche Fortschreibung mit dem EVÜ ja geplant war, damit erklärt werden, daß eine verbreitete Praxis bestand und besteht, einen bestimmten Ort als Erfüllungsort zu vereinbaren, um damit einen Gerichtsstand gemäß Art. 5 Nr. 1 GVÜ zu erreichen[25]. Der so vereinbarte Erfüllungsort ist oft von dem tatsächlichen Erfüllungsort verschieden. Wenn Art. 10 Abs. 2 EVÜ nur die Vorschriften des letzteren berücksichtigen lassen will, so könnte dies ein Hinweis darauf sein, daß die Vorschrift materiellen Erfordernissen Rechnung tragen will, d.h. berücksichtigen will, daß der Gläubiger aufgrund des Rechts des

---

23 Beide Vorschriften enthalten nach Zweigert/Drobnig, RabelsZ 29 (1965), S. 155 f., 157 f. bzw. Mertens/Rehbinder, Rn. 18 zu Art. 38/39 EKG Sonderanknüpfungen.

24 Beispiel nach König, EuR 10 (1975) 289, 305 Fn. 91, der die Regelung für diese Fallgruppen auch für ungeeignet hält.

25 Wrangel 16, 181 ff.

Erfüllungsortes bestimmte vom Vertragsstatut vorgesehene Maßnahmen nicht ergreifen kann.

Zum zweiten räumt Art. 10 Abs. 2 EVÜ im Gegensatz zu den beiden anderen Vorschriften nicht die Möglichkeit einer abweichenden Parteivereinbarung ein. Art. 4 Haager Übereinkommen ist nur anwendbar mangels einer "ausdrücklichen, anderslautenden Vereinbarung", nach Art. 38 Abs. 4 EKG bestimmt sich die Form der Untersuchung nach der Vereinbarung der Parteien und nur in Ermangelung einer solchen nach dem Recht des (vertraglich vereinbarten) Untersuchungsortes. Art. 10 Abs. 2 EVÜ erwähnt die Möglichkeit einer derartigen Parteivereinbarung nicht. Da das EVÜ aber Rechtswahlmöglichkeiten ansonsten immer ausdrücklich eröffnet, läßt sich aus dem Fehlen eines Vorbehalts zugunsten einer abweichenden Parteivereinbarung in Art. 10 Abs. 2 EVÜ der Schluß ziehen, daß die Vorschrift nicht dispositiv ist. Eine zwingende Anknüpfungsregel deutet aber darauf hin, daß mit ihr nicht (oder nicht in erster Linie) Interessen der Parteien, sondern auch staatliche oder Ordnungsinteressen geschützt werden sollen.

Drittens besteht ein erheblicher Unterschied darin, daß Art. 4 Haager Übereinkommen und Art. 38 Abs. 4 EKG die *Anwendung* des Rechts des Untersuchungsortes vorsehen und nicht nur dessen Berücksichtigung. Dies erklärt sich wie bei der entsprechenden Vorschrift des Art. 15 Abs. 2 Benelux-Entwurf daraus, daß es sich um eine echte Sonderanknüpfung handelt. Daß eine solche bei Art. 10 Abs. 2 EVÜ nicht beabsichtigt ist, zeigt neben dem Wortlaut auch deutlich die Änderung der englischen Fassung gegenüber Art. 15 Abs. 2 des Vorentwurfs: Während im Vorentwurf noch angeordnet ist, daß die Vorschriften des Rechts des Erfüllungsortes "must be taken into account"[26], heißt es in Art. 10 Abs. 2 EVÜ: "regard shall be had", was eine weitere Abschwächung bedeutet[27].

5. Zusammenfassung

Eine historische Auslegung, die den Willen der Verfasser des Art. 10 Abs. 2 EVÜ und dessen Vorbilder berücksichtigt, läßt folgende Schlüsse zu:

Die Verfasser waren sich bei Einführung der Vorschrift nicht im klaren darüber, welches ihr Regelungszweck sein sollte. So wurden zweierlei Arten von kollisi-

26 Zu dieser Formulierung im Zusammenhang mit Art. 7 Vorentwurf von Hoffmann in: Lando/von Hoffmann/Siehr 16 f.

27 Nach Dicey/Morris[11] 1230 ist die Formulierung "regard shall be had" sogar noch vorsichtiger als die gegenüber "must be taken into account" schon moderatere Formel "to take notice of".

onsrechtlichen Normen in ihr vermischt. Zum einen wurde die Formulierung der Rechtsfolge, das "Berücksichtigen", einer Vorschrift entnommen, die den Unsicherheiten bezüglich der Form des Einflusses ausländischen Eingriffsrechts Rechnung tragen wollte und daher keine Anwendung dieses Rechts, sondern nur eine "Beachtung" dieses Rechts vorschrieb. Auf der anderen Seite wurde mit der Aufnahme der vom Gläubiger bei mangelhafter Erfüllung zu treffenden Maßnahmen eine in verschiedenen Abkommen und Kollisionsrechten vorgenommene dispositive Sonderanknüpfung von Untersuchungsmodalitäten an das Recht des Erfüllungsortes aufgegriffen, die nicht die Beachtung von Eingriffsrecht, sondern die *Anwendung* von *vertraglichen* Regeln des Erfüllungsortes vorsah. Da die Verfasser aber als Rechtsfolge nur ein "Berücksichtigen" und keine Anwendung des Rechts des Erfüllungsortes angeordnet haben, liegt zwar einerseits die Vermutung nahe, daß ein Sonderfall des Art. 7 Abs. 1 EVÜ vorliegt. Aus den Berichten geht eine entsprechende Absicht der Verfasser oder auch nur ein Bewußtsein eines Berührungspunktes zu jener Vorschrift jedoch nicht hervor. Es drängt sich vielmehr der Eindruck auf, daß die Verfasser einfach die Rechtstradition einiger Vertragsstaaten, Erfüllungsmodalitäten eine gewisse Sonderbehandlung zukommen zu lassen, in einer möglichst offenen Formulierung in das EVÜ aufnehmen wollten, ohne daß eine nähere Untersuchung dieser Rechtstraditionen im Lichte des EVÜ erfolgt wäre. Dann wurden die Erfüllungsmodalitäten mit den verwandt klingenden Bestimmungen einiger Abkommen über die vom Gläubiger zu treffenden Untersuchungs- und Zurückweisungsmaßnahmen bei Lieferung einer Ware kombiniert, wobei allerdings die Sonderanknüpfung - wohl ebenfalls unbewußt - zugunsten einer bloßen Berücksichtigung aufgegeben wurde.

Die historische Auslegung gibt damit Aufschluß darüber, daß die Vorbilder der Vorschrift zwei unterschiedliche Zwecke verfolgten: Auf der einen Seite die Einbeziehung von ausländischem Eingriffsrecht, auf der anderen Seite eine bloße Erleichterung für den Gläubiger. Eine eindeutige Intention der Verfasser der EVÜ ist hingegen nicht zu erkennen. Ob für die Auslegung des Art. 32 Abs. 2 EGBGB einer dieser Zwecke zu bevorzugen ist oder beide Zwecke einbezogen werden können, ist jedoch mit Hilfe der historischen Auslegung nicht zu klären.

VI. Teleologische Auslegung

1. Allgemeines

Die teleologische Auslegung sieht auch im internationalen Einheitsrecht zunächst auf den Sinn und Zweck einer Norm, daneben aber auch auf die allgemein in den Vorschriften des jeweiligen Übereinkommens zutage tretenden Ziele und Zwecke des jeweiligen Übereinkommens[1]. Im EVÜ sind dies vor allem:

- die Freiheit der Rechtswahl,
- die Maßgeblichkeit der engsten Beziehung, falls keine Rechtswahl getroffen wurde,
- der Grundsatz der Einheitlichkeit des Vertragsstatuts[2].

Allerdings sind der teleologischen Interpretation im Einheitsrecht engere Grenzen als im nationalen Recht gesteckt: Je freier die Interpretation und je weiter sie sich vom Wortlaut entfernt, desto größer ist die Gefahr, daß das Ergebnis dem angestrebten Ziel der Rechtseinheit widerspricht[3]. Eine Auslegung, die aufgrund ihrer Freiheit schon dem Bereich der Rechtsfortbildung zuzuordnen wäre, wird also immer die Frage im Auge behalten müssen, ob sie auch in den anderen Vertragsstaaten akzeptiert werden könnte[4]. Andererseits wächst die Möglichkeit einer freieren Auslegung mit der Schaffung organisatorischer Strukturen zur Bewahrung der Rechtseinheit[5]. Dies ist mit der Vereinbarung einer Zuständigkeit des EuGH zur Auslegung im ersten und zweiten Protokolls zum EVÜ[6] geschehen,

---

1 MünchKomm-Martiny[2] Rz. 19 zu Art. 36 EGBGB; Kropholler, IPR 277.
2 MünchKomm-Martiny[2] Rz. 20 zu Art. 36 EGBGB.
3 Meyer-Sparenberg 110.
4 Junker, RabelsZ 55 (1991) 679.
5 Kropholler, Einheitsrecht 277.
6 Erstes Protokoll betreffend die Auslegung des am 19. 6. 1980 in Rom zur Unterzeichnung aufgelegten Übereinkommens über das auf vertragliche Schuldverhältnisse anwendbare Recht durch den Gerichtshof der Europäischen Gemeinschaften vom 19. 12. 1988 (ABlEuG 1989, L 48, 1); zweites Protokoll zur Übertragung bestimmter Zuständigkeiten für die Auslegung des am 19. 6. 1980 zur Unterzeichnung aufgelegten Übereinkommens über das auf vertragliche Schuldverhältnisse anwendbare Recht auf den Gerichtshof der Europäischen Gemeinschaften vom 19. 12. 1988 (ABlEuG 1989, L 48, 17). Weder das erste noch das zweite Protokoll sind bereits in Kraft getreten.

auch wenn im Gegensatz zum GVÜ keine Vorlage*pflicht* der nationalen Gerichte besteht[7].

Ob über die Ziele und Zwecke hinaus, die sich aus dem EVÜ ergeben, eine Auslegung im Lichte des EWG-Vertrages zu erfolgen hat, soll hier nicht diskutiert werden[8]. In Betracht kämen die Maxime der *integrationsfreundlichen Auslegung* sowie das Gebot der *Konformauslegung*[9]. Die integrationsfreundliche Auslegung bildet den Gegensatz zum - allerdings auch im Völkerrecht auf dem Rückzug befindlichen - Grundsatz der restriktiven Auslegung, die die Souveränität der Vertragsstaaten sowenig wie möglich einschränken soll[10]. Eine restriktive Auslegung ist, soweit es sich um privatrechtsvereinheitlichende Staatsverträge handelt, ohnehin unvereinbar mit dem angestrebten Vereinheitlichungziel und findet daher in diesem Bereich auch im Völkerrecht keine Anwendung. Im Rahmen der Konformauslegung, die eine Konformität mit den Zielen des EWG-Vertrages fordert, kommt insbesondere die Maxime der privatautonomen Gestaltung von Rechtsverhältnissen in Betracht[11]. Dem entspricht aber bereits der für das EVÜ tragende Grundsatz der Rechtswahlfreiheit des Art. 3 EVÜ, sodaß auch hier ein Rückgriff auf die besonderen Ziele von Gemeinschaftsrecht nicht zu grundlegend anderen Ergebnissen führt, als dies bei einer Orientierung an den allgemeinen Kriterien der teleologischen Auslegung der Fall ist[12].

2. Sinn und Zweck des Art. 32 Abs. 2 EGBGB

Wie dargelegt, läßt sich anhand der übrigen Auslegungsmethoden ein eindeutiger Sinn und Zweck des Artt. 32 Abs. 2 EGBGB bzw. 10 Abs. 2 EVÜ nicht feststellen. Mit Wortlaut, Systematik, und Entstehungsgeschichte vereinbar und auch im Hinblick auf die traditionellen Rechtsauffassungen anderer Mitgliedstaaten konsensfähig erscheint jedoch folgende Zweckbestimmung: Die Vorschrift will dem Umstand Rechnung tragen, daß das Recht des Ortes, an dem die Erfüllung tatsächlich erfolgt, sowohl die Ausführung von Erfüllungshandlungen als auch vom

7 Daneben rächt sich auch hier die Inkorporation des EVÜ: Der EuGH kann das deutsche Recht nicht auslegen; das vom EuGH auszulegende EVÜ hingegen hat gemäß Art. 1 Abs. 2 Zustimmungsgesetz in Deutschland keine unmittelbare Wirkung, s. dazu Junker, RabelsZ 55 (1991) 695.

8 S. dazu schon oben S. 27.

9 Junker, RabelsZ 55 (1991) 683.

10 Meyer-Sparenberg 117.

11 Rittner, JZ 1990, 841.

12 A. A. aber Junker, RabelsZ 55 (1991) 683 f.

Gläubiger bei mangelhafter Erfüllung zu treffende Maßnahmen beeinträchtigen kann. Denkbar sind dabei zwei Fallgruppen: Normen des Leistungsortes können zum einen als ausländische Eingriffsnormen auf den Vertrag einwirken, indem sie bestimmte Handlungen verbieten oder als öffentlich-rechtliche Vorschriften ihre Ausführung unmöglich machen; zum anderen kann die Durchführung bestimmter Handlungen nach dem Recht des Leistungsortes zwar nicht verboten, aber doch ausgeschlossen sein, weil diese Rechtsordnung nicht die vom Vertragsstatut vorausgesetzten Einrichtungen besitzt (Auslandssachverhalt).

a) Eingriffsnormen

Von Leistungsverboten (z.B. Importverboten) oder sonstigen Leistungshindernissen öffentlich-rechtlichen Ursprungs (z.B. Hafenvorschriften, die den Löschvorgang zwingend regeln) des tatsächlichen Erfüllungsortes werden meist Erfüllungshandlungen des Schuldners betroffen sein. Daß hingegen der Gläubiger bei mangelhafter Erfüllung durch ein entsprechendes Verbot des Leistungsortes an der Ergreifung einer Maßnahme gehindert ist, läßt sich schwerlich vorstellen. Für den Fall der Leistungsverbote ist Art. 32 Abs. 2 EGBGB bzw. 10 Abs. 2 EVÜ als Spezialregelung des Einflusses von Eingriffsnormen des Leistungsortes auf das Vertragsverhältnis anzusehen[13]. Der Richter hat hier im Gegensatz zu der allgemeinen Regelung des Art. 7 Abs. 1 EVÜ kein Ermessen hinsichtlich der "Berücksichtigung" solcher Eingriffsnormen, sondern ist dazu verpflichtet. Der Grund hierfür ist wohl darin zu sehen, daß der Umstand, daß die fragliche Erfüllungshandlung in dem Staat vorgenommen wird, eine derart enge Verbindung des Rechts dieses Staates zum Sachverhalt im Sinne von Art. 7 Abs. 1 EVÜ darstellt, daß eine zwingende Berücksichtigung seiner Eingriffsnormen gerechtfertigt erscheint. Diese Begründung ist in der Sache auch für Art. 32 Abs. 2 EGBGB tragfähig, obwohl Deutschland einen Vorbehalt gegen Art. 7 Abs. 1 EVÜ erklärt hat. Auch die in Deutschland vertretenen Kriterien für die - untechnisch verstandene - "Berücksichtigung" ausländischer Eingriffsnormen setzen nämlich sämtlich eine enge tatsächliche Beziehung des Sachverhalts zu der in Rede stehenden Norm voraus, die bei tatsächlichem Erfüllungsort im jeweiligen Staat gegeben ist[14]. Da

---

13 Für die Vertragsstaaten, in denen Art. 7 Abs. 1 EVÜ gilt, ist Art. 10 Abs. 2 EVÜ damit *lex specialis* zu jener Vorschrift.

14 Vgl. oben S. 94 ff. Die Schuldstatutstheorie setzt die "faktische" Geltung der jeweiligen Norm voraus, die Vertreter des Territorialitätsprinzips fordern, daß sich der Sachverhalt im fraglichen Staat abspielt, die Machttheorie fordert die Durchsetzbarkeit der Norm, die Lehre von der Sonderanknüpfung fordert den Geltungswillen der Norm, ihre Durchsetzbarkeit durch den Erlaßstaat und eine hinreichend enge räumliche/personelle

Art. 32 Abs. 2 EGBGB nur die "Berücksichtigung", nicht aber die Anwendung dieser Eingriffsnormen fordert, ist der Richter nicht verpflichtet, aber auch nicht berechtigt, die *vertragsrechtlichen* Rechtsfolgen - soweit vorhanden - diesen Eingriffsnormen oder dem Vertragsrecht des Erfüllungsortes zu entnehmen. Er ist vielmehr nur dazu berechtigt und verpflichtet, die ausländische Eingriffsnorm als Umstand, der die Erfüllung beeinträchtigt, zur Kenntnis zu nehmen und als Leistungshindernis anzusehen. Ob dieses Leistungshindernis hingegen von einer der Parteien zu vertreten ist (etwa weil der Schuldner eine Garantie für sein anfängliches Leistungsvermögen übernimmt) oder welche Folgen dieses Leistungshindernis für die gegenseitigen Rechte und Pflichten der Parteien hat (Befreiung von der Leistungspflicht oder Pflicht zur Leistung an einem anderen Ort, zu einer anderen Zeit usw.), ist weiterhin nach dem Vertragsstatut zu beurteilen. Diese Lösung steht auch in Einklang mit Art. 32 Abs. 1 Nr. 3 EGBGB, wonach die Folgen der Nichterfüllung, und dazu gehören eben auch die Folgen von Leistungsstörungen, dem Vertragsstatut unterliegen[15]. Schließlich wird sie auch vom Wortlaut unterstützt: Eine Norm "berücksichtigen" (Art. 32 Abs. 2 EGBGB/Art. 10 Abs. 2 EVÜ) ist weniger als ihr "Wirkung (zu) verleihen" (Art. 7 Abs. 1 EVÜ). Letzteres bringt die rechtliche Würdigung der Norm in unmittelbare Nähe zu ihrer Anwendung, während eine "Berücksichtigung" eher lediglich die Besonderheit zum Ausdruck bringt, daß die Leistung nicht aufgrund einer offenbaren Tatsache, sondern aufgrund einer Rechtsnorm behindert wird.

b) Auslandssachverhalt

Die zweite Fallgruppe betrifft meist, aber nicht notwendigerweise, die von Art. 32 Abs. 2 EGBGB genannten Maßnahmen, die der Gläubiger bei mangelhafter Erfüllung zu treffen hat. Welche Maßnahmen der Gläubiger in diesem Fall zu treffen *hat*, bestimmt, wie oben dargelegt[16], das Vertragsstatut. Indes ist es denkbar, daß der Gläubiger vertraglich vorgesehene Maßnahmen, wie etwa die Überprüfung gelieferter Ware durch amtliche oder halbamtliche Gutachterstellen, nicht durchführen kann, weil solche Stellen an dem Ort, an den die Ware geliefert wird, überhaupt nicht existieren. Diese Abweichung des Rechts des Erfüllungsortes von den Voraussetzungen des Vertragsstatuts muß der Richter gemäß Art. 32 Abs. 2

Beziehung des Sachverhalts zu der in Rede stehenden Norm. Nach allen Theorien wären damit Eingriffsnormen des tatsächlichen Erfüllungsortes zu berücksichtigen bzw. anzuwenden.

15 Oben S. 131 ff.

16 Vorige Fn.

EGBGB berücksichtigen. Er darf nicht ohne weiteres eine ordnungsgemäße Untersuchung der Ware verneinen, wenn der Gläubiger sich nicht der vom Vertragsstatut hierzu vorgeschriebenen Verfahrensweise bedient hat. Die Berücksichtigung des Rechts des Erfüllungsortes muß hier dazu führen, daß der Gläubiger den Anforderungen des Vertragsstatuts genügt, wenn er in *größtmöglichem* Umfang dessen Bestimmungen entsprechend handelt. Damit wird durch Art. 32 Abs. 2 EGBGB dem Gedanken des Auslandssachverhaltes[17] Rechnung getragen: Es wird keine *kollisionsrechtliche* Sonderbehandlung der vom Gläubiger bei mangelhafter Erfüllung zu treffenden Maßnahmen angeordnet, sondern eine *materiellrechtliche* Angleichung[18] des Vertragsstatuts. Der Grund für die zwingende Berücksichtigung des Rechts des Erfüllungsortes liegt bei dieser Fallgruppe letztlich darin, daß dem Gläubiger seine vertraglichen Rechte nicht dadurch entzogen werden sollen, daß er die zu deren Erhalt notwendigen Maßnahmen (v. a. Untersuchung gelieferter Ware, Aufbewahrung) nicht in der vertraglich vorgesehenen Form durchführen kann.

In beiden Fallgruppen wird damit das Recht des Leistungsortes nicht auf kollisionsrechtlicher Ebene, sondern auf der materiellrechtlichen Ebene des Vertragsstatuts "berücksichtigt". Ziel der Vorschrift ist es in beiden Fällen, Hindernisse, die sich faktisch aus der Geltung bestimmter Rechtsnormen am tatsächlichen Erfüllungsort ergeben, als solche zu berücksichtigen.

Zu dieser Zielrichtung paßt auch, daß nicht der Erfüllungsort im rechtlichen Sinne entscheidend ist, sondern der Ort, an dem die jeweiligen Handlungen tatsächlich durchgeführt werden. Während zum Zweck einer Zuständigkeitsbegründung gemäß Art. 5 Nr. 1 GVÜ wirksam ein Erfüllungsort vereinbart werden kann, der keinerlei tatsächliche Verbindung zu den Erfüllungshandlungen aufweist[19], ist für die Anwendung von Art. 32 Abs. 2 EGBGB nach dessen Sinn und Zweck eine materielle Verbindung zum Sachverhalt erforderlich. Man mag einwenden, daß die Berücksichtigung solcher Hindernisse sich von selbst verstehe und die Regelung daher, sollte sie den hier dargelegten Sinn haben, überflüssig sei. Dem ist jedoch entgegenzuhalten, daß die von ihr erfaßten Fallgruppen, nämlich Eingriffsnormen und Auslandssachverhalt, in der internationalprivatrechtlichen Theorie und Praxis nicht nur Deutschlands, sondern auch anderer Vertragsstaaten dogmatisch äußerst uneinheitlich behandelt werden. Wenn das hier vorgeschlagene Verständnis von Art. 32 Abs. 2 EGBGB erreichen kann, daß unabhängig von einer bestimmten dogmatischen Grundlage derartige "Handlungshindernisse" in dem eben dargestellten Sinn einheitlich in allen Vertragsstaaten berücksichtigt

---

17 Oben S. 118 f.

18 Soergel-von Hoffmann[12] (im Druck) Rz. 69 zu Art. 32 EGBGB.

19 Wrangel 16, 181 ff.

werden, ist damit ein wichtiger Beitrag zur Rechtsvereinheitlichung und auch zur Rechtssicherheit geleistet.

Weiter läßt die hier die hier vertretene Auslegung erwarten, daß sie auch in den anderen Vertragsstaaten des EVÜ konsensfähig ist. Dies hat zwei Gründe. Zum einen verläßt sie im Hinblick auf die besonders kritische Rechtsfolge der Vorschrift nicht die Grenzen des Wortlauts, da sie das Recht des Erfüllungsortes nicht anwendet, sondern nur "berücksichtigt". Zum zweiten ist ihr Anwendungsbereich auf den kleinsten gemeinsamen Nenner reduziert, in dessen Rahmen diejenigen Vertragsstaaten, denen die Figur der "Erfüllungsmodalitäten" in ihrer Rechtstradition bekannt ist, das Recht des Erfüllungsortes bereits aufgrund ihres autonomen Internationalen Vertragsrechts in dem hier vertretenen Sinne "berücksichtigt" haben.

Schließlich entspricht diese Auslegung auch dem oben angeführten Grundsatz der Einheitlichkeit des Vertragsstatuts, indem eine Sonderanknüpfung nicht vorgenommen wird.

3. Abweichende Parteivereinbarung

Bleibt die Frage zu klären, ob die in Art. 32 Abs. 2 EGBGB getroffene Regelung einer abweichenden Parteivereinbarung zugänglich ist.

a) Eingriffsnormen

Nach der hier vertretenen Auffassung besteht diese Möglichkeit nicht, soweit die Vorschrift die Berücksichtigung von Eingriffsrecht des Erfüllungsortes betrifft. Die Wirkung von Eingriffsnormen ist hier ebenso wie im allgemeinen nicht der Disposition der Parteien zugänglich.

b) Auslandssachverhalt

Fraglich ist, ob dies auch für die Fälle des Auslandssachverhaltes gilt. Für Art. 125 des schweizerischen IPRG, der allerdings eine echte Sonderanknüpfung der

Erfüllungs- und Untersuchungsmodalitäten an das Recht des Vornahmeortes vorsieht, wird die Möglichkeit einer abweichenden Parteivereinbarung verneint, weil ortsgebundene Maßnahmen sich gar nicht nach einem anderen Recht als demjenigen des Vornahmeortes durchführen ließen[20]. Dieses Argument trifft in der Sache auch für die hier vertretene "Berücksichtigung" des Rechts des Erfüllungsortes im Rahmen des Vertragsstatuts zu. Diese beruht ebenfalls darauf, daß der Handelnde (meist der Gläubiger) nur in den rechtlichen Rahmenbedingungen des Erfüllungsortes handeln kann. Andererseits hängt die Beachtlichkeit des Parteiwillens, soweit den Parteien im EGBGB bzw. EVÜ Autonomie eingeräumt ist, nicht davon ab, daß das Vereinbarte auch durchführbar ist. Der Richter hat einen ausdrücklichen Parteiwillen, der beispielsweise auf eine anfänglich unmögliche Leistung gerichtet ist, zu respektieren und muß die Rechtsfolgen, die ein solcher Vertrag auslöst (z.B. Nichtigkeit, Schadensersatzpflichten), dem Vertragsstatut entnehmen. Hier gelten die gleichen Grundsätze wie bei der Beurteilung der Gültigkeit einer Rechtswahl: Diese ist auch dann zu bejahen, wenn sie zu einer Ungültigkeit des Vertrages führen würde[21]. Indes ist die Möglichkeit einer abweichenden Parteivereinbarung dennoch abzulehnen. Dies erklärt sich aus der Besonderheit der durch das Schlagwort "Auslandssachverhalt" erfaßten Situationen. Wie dargelegt, handelt es sich dabei nicht um eine (Sonder)Anknüpfung von Teilfragen, sondern um eine durch den Richter vorgenommene Angleichung des materiellen Rechts. Eine solche Angleichung kann aber nur der Richter vornehmen. Die Parteien können lediglich das anwendbare Recht bestimmen. Dogmatisch gesehen ist damit eine von Art. 32 Abs. 2 EGBGB abweichende Parteivereinbarung in Fällen des Auslandssachverhaltes nicht möglich.

Es sprechen aber auch materielle Gründe gegen die Zulassung einer solchen Parteivereinbarung. Die Abgrenzung des "Auslandssachverhaltes" von der Berücksichtigung von Eingriffsnormen ist häufig fließend[22]. Kann der Gläubiger beispielsweise für eine Untersuchung gelieferter Ware nur auf private Gutachter des Erfüllungsortes zurückgreifen, während das Vertragsstatut die Beauftragung staatlicher Gutachterstellen fordert, so wird man im Wege materiellrechtlicher Angleichung die Erfordernisse des Vertragsstatuts mit der Beauftragung der privaten Gutachter als erfüllt ansehen. Gleichzeitig liegt aber auch ein Eingriff des Rechts des Erfüllungsortes in den Vertrag vor. Durch das Fehlen von staatlichen Gutachterstellen wird gleichsam negativ international zwingend deren Inanspruchnahme verweigert. Der Unterschied zu einer Eingriffsnorm liegt nur darin, daß nicht positiv eine bestimmte Handlung verboten wird, sondern lediglich deren Durchführung unmöglich gemacht wird. Die Möglichkeit einer abweichenden

20 Heini-Keller/Girsberger Rz. 27 zu Art. 125 IPRG; näher oben S. 109.
21 MünchKomm-Spellenberg^2 Rz. 33 zu Art. 11 EGBGB.
22 Vgl. oben S. 118 ff.

Parteivereinbarung ist also auch wegen dieser Nähe des Auslandssachverhaltes zu den Eingriffsnormen abzulehnen.

4. Zusammenfassung

Sinn und Zweck von Art. 32 Abs. 2 EGBGB bzw. Art. 10 Abs. 2 EVÜ entspricht es, der Vorschrift nur einen engen Anwendungsbereich zuzubilligen. Sie verpflichtet den Richter dazu, das Recht des tatsächlichen Erfüllungsortes soweit zu berücksichtigen, als es den Schuldner an der vertragsgemäßen Erbringung der Leistung bzw. den Gläubiger an der Ergreifung der vom Vertragsstatut vorgesehenen Maßnahmen bei mangelhafter Erfüllung hindert. Soweit *leistungshindernde* Vorschriften zu berücksichtigen sind, stellt Art. 32 Abs. 2 EGBGB einen gesetzlich geregelten Fall der Einflußnahme von ausländischen Eingriffsnormen dar bzw. ist Art. 10 Abs. 2 EVÜ *lex specialis* zu Art. 7 Abs. 1 EVÜ. Soweit *Maßnahmen des Gläubigers* betroffen sind, ist die Vorschrift Ausdruck der Figur der Auslandssachverhalts. In beiden Fällen findet keine Sonderanknüpfung an das Recht des Erfüllungsortes statt, sondern dieses wird nur auf der materiellrechtlichen Ebene des Vertragsstatuts berücksichtigt. Dies bedeutet vor allem, daß die rechtlichen Folgen für das vertragliche Leistungsgefüge nicht dem Recht des Erfüllungsortes, sondern dem Vertragsstatut entnommen werden. Die Berücksichtigung des Rechts des Erfüllungsortes kann nur dazu führen, daß der Richter das Bestehen eines Leistungs- bzw. Handlungshindernisses feststellt. Eine abweichende Parteivereinbarung ist nicht möglich.

TEIL C:

GESAMTWÜRDIGUNG UND AUSBLICK

I. Der Anwendungsbereich von Art. 32 Abs. 2 EGBGB

Die Auslegung des Art. 32 Abs. 2 EGBGB/Art. 10 Abs. 2 EVÜ anhand der klassischen Auslegungsmethoden hat zu einem unerwarteten Ergebnis geführt: Die Vorstellung der Verfasser des EVÜ, es bestehe in einigen Vertragsstaaten eine Art. 10 Abs. 2 EVÜ entsprechende Regel des IPR, erweist sich als nicht real. Zwar ist der Begriff "Erfüllungsmodalitäten" in der Tat zumindest in der englischen, französischen und italienischen Rechtstradition bekannt; was darunter abstrakt zu verstehen ist, ist jedoch in diesen Staaten bis heute nicht geklärt. Dies hängt damit zusammen, daß auch über die theoretische Begründung einer kollisionsrechtlichen Sonderbehandlung gewisser Bestandteile der Erfüllung bzw. Maßnahmen des Gläubigers bei mangelhafter Erfüllung bisher kein Konsens erzielt werden konnte. Von der Unterstellung eines entsprechenden Parteiwillens über eine Analogie zur Regel *locus regit actum* bis hin zu einer Anwendung von drittstaatlichem Eingriffsrecht geht der bunte Reigen der Begründungen. Überraschenderweise besteht dennoch eine vergleichsweise große Übereinstimmung, wenn man die konkreten Anwendungsbereiche dessen betrachtet, was unter dem Schlagwort "Erfüllungsmodalitäten" abgehandelt wird: Zahlungswährung, Feiertagsregelung, genaue Zeit und Örtlichkeit der Leistung, Form der Untersuchung gelieferter Ware, Hinterlegungsvorschriften, den Löschvorgang regelnde Hafenvorschriften. Schon diese Aufzählung zeigt, daß hier nicht die Frage beantwortet wird, was eine Erfüllungsmodalität oder eine Maßnahme des Gläubigers ist: Eine Feiertagsregelung z.B. ist keine Erfüllungsmodalität. Erfüllungsmodalität ist hier eine bestimmte terminliche Eigenschaft der Lieferung. Bereits der Umstand, daß als Erfüllungsmodalität nicht ein bestimmtes Handeln, sondern eine bestimmte Regelung genannt wird, zeigt, daß Ausgangspunkt für eine abstrakte Begriffsbestimmung die hinter der Erfüllungsmodalität stehende Regelung sein muß. Die Gemeinsamkeit dieser Regelungen wiederum weist den Weg zu einer konsensfähigen Auslegung von Art. 32 Abs. 2 EGBGB/Art. 10 Abs. 2 EVÜ. Als Gemeinsamkeit hat sich erwiesen, daß dem Umstand Rechnung getragen werden soll, daß eine Leistung - oder eine Maßnahme des Gläubigers bei mangelhafter Erfüllung - in der Art und Weise, wie sie das Vertragsstatut vorsieht, nach dem "juristischen Ortsklima" des Handlungsortes nicht durchführbar ist. Dies kann auf Eingriffsnormen des Handlungsortes (z.B. Devisenkontrollbestimmungen, die eine Zahlung in der vertraglich vereinbarten Währung am Zahlungsort unmöglich machen) beruhen, aber auch auf sonstigen rechtlichen Gegebenheiten (z.B. Fehlen der vom Vertragsstatut vorgesehenen staatlicher Gutachterstellen). Diese "Gegebenheiten" zu "berücksichtigen" soll der Richter nach Art. 32 Abs. 2 EGBGB/Art. 10 EVÜ verpflichtet sein bei der Beantwortung der Frage, ob die Erbringung der Leistung/das Ergreifen der Gläubigermaßnahme in der vertraglich vereinbarten Art und Weise möglich war. Welche Folgen derartige "Leistungshindernisse" für die vertraglichen Rechte und Pflichten der Parteien haben, bleibt hingegen weiter dem Vertragsstatut überlassen. Dieses wird z.B. im Hinblick auf die Haftung unterschiedliche Rechtsfolgen je nachdem vorsehen, ob die Undurchführbarkeit der betreffenden Partei bekannt war oder nicht.

Art. 32 Abs. 2 EGBGB/Art. 10 Abs. 2 EVÜ ist damit je nach Natur der zu berücksichtigenden Regelung ein Fall der Berücksichtigung von Eingriffsnormen bzw. lex specialis zu Art. 7 Abs. 1 EVÜ oder eine Regelung des "Auslandssachverhalts".

Daraus folgt: Es gibt keinen festen Kanon von Bestandteilen der Erfüllungshandlungen/Gläubigermaßnahmen, die sich allgemein als "Erfüllungsmodalitäten" bezeichnen ließen. Art. 32 Abs. 2 EGBGB/Art. 10 Abs. 2 EVÜ findet vielmehr immer dann Anwendung, wenn sich eine Handlung, die die Erfüllung bewirken soll/ eine Maßnahme des Gläubigers bei mangelhafter Erfüllung, aufgrund der rechtlichen Gegebenheiten des Handlungsortes in der vom Vertragsstatut vorgesehenen Art und Weise als nicht durchführbar erweist.

Diese Auslegung ist autonom und führt darüber hinaus zu internationalem Entscheidungseinklang, da jedes nationale Gericht gleich entscheiden wird.

Ausgeschlossen ist nach dem eben dargelegten Zweck der Vorschrift jedoch, sie dem Formstatut als bloße Erleichterung für den Schuldner/den Gläubiger anzusehen. Indes scheint dieser Ausschluß auch gerechtfertigt: Da Art. 32 Abs. 2 EGBGB/Art. 10 Abs. 2 EVÜ zur Berücksichtigung des Rechts des Handlungsortes auch verpflichtet, wenn vertragsbrüchigerweise an einem bestimmten Ort erfüllt wird, fehlt eine Rechtfertigung der Berücksichtigung durch den Konsens der Parteien. Eine restriktive Anwendung der Vorschrift ist daher geboten[1].

---

1 Schwander, Mélanges von Overbeck 680, 695.

II. Ausblick

"Im einzelnen ist hier .. Manches verworren". So bezeichnete von Sprecher[2] im Jahr 1956 die Behandlung der sogenannten "Erfüllungsmodalitäten". Daran hat sich, wie gezeigt, bis zum Inkrafttreten des EVÜ bzw. des reformierten deutschen internationalen Schuldvertragsrechts nichts geändert, möglicherweise, weil die mehr oder weniger gleichmäßige Anwendung traditioneller Ansätze in den jeweiligen Vertragsstaaten meist zu angemessenen Ergebnissen führte. Es ist jedoch zu erwarten, daß mit der Einführung der Problematik in ein kollisionsrechtsvereinheitlichendes Übereinkommen ein stärkerer Begründungsdruck entsteht. Dies folgt schon daraus, daß nur einige der Vertragsstaaten auf entsprechende autonome Rechtstraditionen zurückgreifen können.

Die Verfasser des EVÜ haben sich, wie es scheint, nur wenige Gedanken über den Inhalt der Regelung gemacht, die sie wohl in dem Vertrauen darauf einführten, daß etwas, was bereits in mehreren Vertragsstaaten vorhanden sei, auch in einem Übereinkommen nicht schaden könne. Ein legislatorisch zweifelhaftes Vorgehen; Rechtsprechung und Wissenschaft werden es jedoch positiv zu sehen wissen und die Gelegenheit zur Rechtsfortbildung ergreifen.

---

2 Der internationale Kauf, 88.

Literaturverzeichnis

Ago, Lezioni di diritto internazionale privato, Neudruck der Erstausgabe von 1939, Mailand 1955.

Anderegg, Kirsten, Ausländische Eingriffsnormen im internationalen Vertragsrecht, 1989.

Anton, A. E., Private International Law, 2. Auflage Edinburgh 1990.

Audit, Bernard, Droit international privé, Paris 1991.

Balladore Pallieri, G., Diritto internazionale privato, 2. Auflage Mailand 1950.

Ballarino, Tito, Diritto internazionale privato, Padua 1982.

von Bar, Carl Ludwig, Theorie und Praxis des internationalen Privatrechts, Band 2, Neudruck der 2. Auflage Hannover 1889, 1966.

von Bar, Christian (Hg.), Europäisches Gemeinschaftsrecht und Internationales Privatrecht, 1991 (zit. EuGMR).

Batiffol, Henri, Les conflits de lois en matière de contrats, Paris 1938.

Batiffol, Henri/Lagarde, Paul, Droit international privé, Tome I, 8. Auflage Paris 1993; Tome II, 7. Auflage Paris 1983.

Bernhardt, Rudolf, Die Auslegung völkerrechtlicher Verträge, 1963.

Birk, Rolf, Die Umrechnungsbefugnis bei Fremdwährungsforderungen im Internationalen Privatrecht, AWD 1973, 425 - 440.

Bosco, Giacinto, Corso di diritto internazionale privato, 3. Auflage Rom 1939.

Broggini, Gerardo, Le modalità d'esecuzione dei contratti in diritto internazionale privato, Freiburg/Schweiz 1951.

– Les modalités d'exécution, in: Gutzwiller, Max/Niederer, Werner, Beiträge zum Haager Internationalprivatrecht, Freiburg/Schweiz 1951, 52 - 54.

Bydlinski, Franz, Die kollisionsrechtliche Behandlung devisenrechtlicher Leistungsbeschränkungen, JBl 1959, 526 - 534.

von Caemmerer, Ernst, Anmerkung zu BGH v. 18. 9. 1958, JZ 1959, 362 - 365.

Cansacchi, Modalità di pagamento e lex loci executionis, Giur comp dir int priv IV (1938) 276 - 282.

Cassoni, Giuseppe, Osservazioni sulla rilevanza delle norme imperative straniere nell'ordinamento italiano, Giur it 1979 IV, 82 - 89.

Catellani, E. L., Il diritto internazionale privato e i suoi recenti progressi, Turin 1888.

Cereti, Carlo, Le obbligazioni nel diritto internazionale privato, Turin 1925.

Cheshire & North, Private International Law, 11. Auflage London 1987; 12. Auflage London 1992.

Coester, Michael, Die Berücksichtigung fremden zwingenden Rechts neben dem Vertragsstatut, ZVglRW 82 (1983) 1 - 30.

Coing, Helmut, Zur Anwendung zwingender ausländischer Verträge: Artikel 7 des Übereinkommens über das auf vertragliche Schuldverhältnisse anzuwendende Recht, WM 1981, 810 - 813.

– Europäisierung der Rechtswissenschaft, NJW 1990, 937 - 941.

Collins, Lawrence, Contractual obligations - the EEC preliminary draft Convention on private international law, IntCompLQ 25 (1976), 35 - 57.

Conforti, Benedetto, L'esecuzione delle obbligazioni nel diritto internazionale privato, Pompei 1962.

Consiglio nazionale del notario (Hg.), Problemi di riforma del diritto internazionale privato italiano, Mailand 1986.

De Nova, Rodolfo, L'estinzione delle obbligazioni convenzionali nel diritto internazionale privato, in: Studi nelle scienze giuridiche e sociali dell'Università di Pavia XVI (1931) 77 - 268.

Derrupé, Jean, Droit international privé, 10. Auflage Paris 1993.

Dicey & Morris, The Conflict of Laws, vol. 2, 11. Auflage London 1987.

Diena, Giulio, Trattato di diritto commerciale internazionale, Band 1, Florenz 1900.

– Principi di diritto internazionale, Band 2, Diritto internazionale privato, 2. Auflage Neapel 1917.

Dölle, Hans, Die 7. Haager Konferenz, RabelsZ 17 (1952) 161 - 210.

– (Hg.), Kommentar zum Einheitlichen Kaufrecht, 1976.

de Donatis, Alberto, L'autonomia delle parti e la scelta della legge applicabile al contratto internazionale, Padua 1991.

Drobnig, Ulrich, Comments on Art. 7 of the Draft Convention, in: Lando/von Hoffmann/Siehr (Hg.) 83 - 86.

Ebke, Werner F., Erste Erfahrungen mit dem EG-Schuldvertragsübereinkommen, in: von Bar (Hg.), Europäisches Gemeinschaftsrecht, 77 - 106.

Ehrenzweig, Albert A., Conflicts in a nutshell, 3. Auflage St. Paul (Minnesota) 1974.

Falconbridge, John, Essays on the Conflict of Laws, 2. Auflage Toronto 1954.

Fédération Suisse des Avocats, Droit international privé/Convention de Lugano - Internationales Privatrecht/Lugano-Abkommen, Zürich 1989.

Ferid, Murad, Internationales Privatrecht, 3. Auflage 1986.

Firsching, Karl, Übereinkommen über das auf vertragliche Schuldverhältnisse anzuwendende Recht (IPR-VertragsÜ) vom 11. 6. 1980, IPRax 1981, 37 - 42.

Fiore, Pasquale, Diritto internazionale privato, Band 1, 4. Auflage Turin 1902.

Foyer, Jacques, L'avant-projet de Convention C.E.E. sur la loi applicable aux obligations contractuelles et non-contractuelles, Clunet 103 (1976), 555 - 658.

Frankenstein, Ernst, Internationales Privatrecht (Grenzrecht), Band II, 1929.

Gaudemet-Tallon, Hélène, Le nouveau droit international privé européen des contrats (Commentaire de la convention C.E.E. no 80/934 sur la loi applicable aux obligations contractuelles, ouverte à la signature à Rome le 19 juin 1980), Rev trim dr eur 17 (1981), 215 - 285.

Gernhuber, Joachim, Die Erfüllung und ihre Surrogate, 1983.

Giuliano, Mario/Lagarde, Paul, Bericht über das auf vertragliche Schuldverhältnisse anzuwendende Recht, BRDrucks 224/83, 33 - 82.

Giuliano, Mario/Lagarde, Paul/van Sasse-van Ysselt, Theo, Rapport concernant l'avant-projet de convention sur la loi applicable aux obligations contractuelles et non-contractuelles, in: Lando/von Hoffmann/Siehr (Hg.), 241 - 318.

Graveson, R. H., Private International Law, 7. Auflage London 1974.

Grodecki, J. K., Anm. zu C. A. Hardy v. Pound, ModLRev 18 (1955) 405 - 408.

Haak, W. E., International contract law and the Draft E.E.C. Convention, NILR 22 (1975) 183 - 193.

van Hecke, G., Vertragsautonomie und Wirtschaftsgesetzgebung im IPR, ZfRV 7 (1966) 23 - 30.

– International Contracts and Domestic Legislative Policies, Festschr. Mann 1977, 183 - 191.

Heini, Anton, Die Anwendung wirtschaftlicher Zwangsmaßnahmen im IPR, BerGesVR 22 (1982) 37 - 55.

Heini, Anton/Keller, Max/Siehr, Kurt/Vischer, Frank/Volken, Paul, IPRG Kommentar, Zürich 1993.

Hentzen, Matthias, Zur Anwendung fremden Eingriffsrechts seit der IPR-Reform, RIW 1988, 508 - 511.

von Hoffmann, Bernd, General Report on Contractual Obligations, in: Lando/von Hoffmann/Siehr (Hg.), 1 - 41.

– Empfiehlt es sich, das EG-Übereinkommen über das auf vertragliche Schuldverhältnisse anzuwendende Recht in das deutsche IPR-Gesetz zu inkorporieren?, IPRax 1984, 10 - 13.

Jayme, Erik, Ausländische Rechtsregeln und Tatbestand inländischer Sachnormen - Betrachtungen zu Ehrenzweigs Datum-Theorie, Gedächtnisschr. Ehrenzweig 1976, 35 - 49.
– Kollisionsrecht und Bankgeschäfte mit Auslandsberührung, 1977.
– Versorgungsausgleich mit Auslandsberührung und Theorie des internationalen Privatrechts, in: Zacher (Hg.), Der Versorgungsausgleich im internationalen Vergleich und in der zwischenstaatlichen Praxis, Colloquium des Max-Planck-Instituts für ausländisches und internationales Sozialrecht, 1984, 423 - 425.
– Internationales Familienrecht heute, Festschr. Müller-Freienfels 1986, 341 - 375.
– Betrachtungen zur "depeçage" im internationalen Privatrecht, Festschr. Kegel 1987, 253 - 268.
Jayme, Erik/Mansel, Heinz-Peter, Internationales Bankrecht und Doppelbesteuerung, Tagung der Deutsch-Italienischen Juristenvereinigung, IPRax 1991, 427 - 429.
Jessurun d'Oliveira, Hans-Ulrich, "Characteristic Obligation" in the Draft EEC Obligation Convention, AmJCompL 1977, 303 - 331.
– International Contract Law - Observations concerning the preliminary draft E.E.C. Convention on the law applicable to contractual and extra-contractual obligations, NILR 22 (1975) 194 - 197.
Junker, Abbo, Die einheitliche europäische Auslegung nach dem EG-Schuldvertragsübereinkommen, RabelsZ 55 (1991) 674 - 696.
Kahn, Philippe, La convention de la Haye sur la loi applicable aux ventes à caractère international des objets mobiliers corporels, Clunet 1966, 301 - 335.
Kaye, Peter, The New Private International Law of Contracts of the European Community, Aldershot/Brookfield (USA)/Hong Kong/Singapore/Sydney 1993.
Kegel, Gerhard, Internationales Privatrecht, 6. Auflage 1987.
– Internationales Privatrecht - Rechtsangleichung in Europa und deutsche Reform, RPfleger 1987, 1 - 8.
Keller, Max/Siehr, Kurt, Allgemeine Lehren des internationalen Privatrechts, Zürich 1986.
Kindler, Peter, Einführung in das italienische Recht, 1993.
Knoepfler, François/Schweizer, Philippe, Précis de droit international privé suisse, Bern 1990.
König, Detlef, Vereinheitlichung des internationalen Schuldrechts in der Europäischen Gemeinschaft, EuR 10 (1975) 289 - 318.

Kösters, Friedrich, Die Anwendung ausländischer Eingriffsnormen im französischen Recht, Diss. Münster 1991.

Kohler, Christian, Kein Weg zur Rechtsvereinheitlichung - Zur Übernahme des EG-Übereinkommens vom 19. Juni 1980 über das auf vertragliche Schuldverhältnisse anzuwendende Recht, EuR 19 (1984) 155 - 173.

Kreuzer, Karl F., Das internationale Privatrecht des Warenkaufs in der deutschen Rechtsprechung, 1964.

Kropholler, Jan, Internationales Einheitsrecht, 1975.

– Internationales Privatrecht, 1990.

Küng, Joseph, Zahlung und Zahlungsort im internationalen Privatrecht, Freiburg/Schweiz 1970.

Kuhn, Arthur Kline, Comparative Commentaries on Private International Law or Conflict of Laws, New York 1937.

Lagarde, Paul, Examen de l'avant-projet de convention C.E.E. sur la loi applicable aux obligations contractuelles et non-contractuelles, Trav. com. fr. dr. int. pr. 32 - 34 (1971 - 1973) 147 - 201.

– Le "dépeçage" dans le contrat international privé des contrats, Riv dir int priv proc 1975, 652 - 677.

– The European Convention on the Law Applicable to Contractual Obligations: An Apologia, VirgJIntL 22 (1981) 91 - 103.

Lainé, Introduction au droit international privé, 2 Bände, Paris 1888, 1892.

Lando, Ole, Contracts, IECL, volume III, chapter 24, 1976.

– The EC Draft Convention on the Law Applicable to Contractual and Non-Contractual Obligations, RabelsZ 38 (1974) 6 - 55.

– Les obligations contractuelles, in: Lando/von Hoffmann/Siehr (Hg.), 125 - 154.

Lando, Ole/von Hoffmann, Bernd/Siehr, Kurt (Hg.), European Private International Law of Obligations, 1975.

Larenz, Karl, Lehrbuch des Schuldrechts, Band I, Allgemeiner Teil, 13. Auflage 1982.

– Methodenlehre der Rechtswissenschaft, 6. Aufl. 1991.

Lehmann, Michael, Die Untersuchungs- und Rügepflicht des Käufers in BGB und HGB, WM 1980, 1162 - 1169.

Leonhard, Franz, Erfüllungsort und Schuldort, 1907.

Lettieri, Franco, Die beabsichtigte italienische IPR-Reform unter besonderer Berücksichtigung des Staatsangehörigkeitsprinzips, in: Jayme, Erik/Mansel, Heinz-Peter (Hg.), Nation und Staat im Internationalen Privatrecht, 1988, 203 - 221.

Lewald, Hans, Das deutsche internationale Privatrecht auf Grundlage der Rechtsprechung, 1931.
Lipstein, Kurt (Hg.), Harmonisation of Private International Law by the E.E.C., London 1978.
– Comments on Arts. 1 - 21 of the Draft Convention, in: Lando/von Hoffmann/Siehr (Hg.), 155 - 164.
Lorenz, Egon, Zur Zweistufentheorie des IPR und zu ihrer Bedeutung für das neue internationale Versorgungsausgleichsrecht, FamRZ 1987, 645 - 653.
Loussouarn, Yvon/Bourel, Pierre, Droit international privé, 3. Auflage Paris 1988.
Makarov, A. N., Quellen des internationalen Privatrechts - Nationale Kodifikationen, 3. Auflage 1978.
Mankowski, Peter, Zur Analogie im internationalen Schuldvertragsrecht, IPRax 1991, 305 - 313.
Mann, Frederick Alexander, Proper law and illegality in private international law, BrYBIL 18 (1937) 97 - 113.
– On the meaning of the "pound" in contracts, LQR 68 (1952) 195 - 213.
– Das Recht des Geldes, 1960.
– Eingriffsgesetze und IPR, Festschr. Wahl 1973, 139 - 160.
– Contracts: Effect of Mandatory Rules, in: Lipstein (Hg.), Harmonisation 31 - 37.
– Sonderanknüpfung und zwingendes Recht im IPR, Festschr. Beitzke 1979, 607 - 624.
– The legal aspect of money, 5. Auflage Oxford 1992.
Mansel, Heinz-Peter, Europäisches Gemeinschaftsrecht und IPR, IPRax 1990, 344 - 346.
Martiny, Dieter, Der deutsche Vorbehalt gegen Art. 7 Abs. 1 des EG-Schuldvertragsübereinkommens vom 19. 6. 1980 - seine Folgen für die Anwendung ausländischen zwingenden Rechts, IPRax 1987, 277 - 280.
Matscher, Franz/Siehr, Kurt/Delbrück, Jost, Multilaterale Staatsverträge erga omnes und deren Inkorporation in nationale IPR-Kodifikationen - Vor- und Nachteile einer solchen Rezeption, BerGesVR 27 (1986).
Mayer, Pierre, Droit international privé, 2. Auflage Paris 1983.
Mengozzi, Paolo, Diritto internazionale privato italiano, Turin 1983.
de Meo, Francesco, Das französische IPR-System im Vergleich mit der Neuregelung des deutschen Internationalen Privatrechts (unter Berücksichtigung französischer Kodifikationsentwürfe), ZfRV 1987, 12 - 37; 107 - 146.
Mertens, Hans-Joachim/Rehbinder, Eckart, Internationales Kaufrecht, 1975.
Meyer-Sparenberg, Wolfgang, Staatsvertragliche Kollisionsnormen, 1990.

Monaco, Riccardo, L'efficacia della legge nello spazio, 2. Auflage Turin 1964.

Morris, J. H. C., The eclipse of the lex loci solutionis - a fallacy exploded, VandLRev 6 (1953) 505 - 532.

– The conflict of laws, 3. Auflage London 1984.

Mülbert, Peter O., Ausländische Eingriffsnormen als Datum, IPRax 1986, 140 - 142.

– Münchener Kommentar zum Bürgerlichen Gesetzbuch, 2. Auflage 1984/ 1990; 3. Auflage ab 1992.

Nadelmann, Kurt H., Impressionism and Unification of Law: The EEC Draft Convention on the Law Applicable to Contractual and Non-Contractual Obligations, AmJCompL 24 (1976) 1 - 21.

Neuner, Robert, Die Beurteilung gegenseitiger Verträge nach dem Rechte des Schuldners, RabelsZ 2 (1928) 108 - 133.

North, Peter M. (Hg.), Contract Conflicts. The E.E.C. Convention on the Law Applicable to Contractual Obligations: A Comparative Study, 1982.

Nussbaum, Arthur, Deutsches Internationales Privatrecht, 1932.

Picchio Forlati, Laura, La convenzione di Roma 1980 sulla legge applicabile ai contratti nell'ordinamento italiano, in: Jayme/Picchio Forlati (Hg.), Giurisdizione e legge applicabile ai contratti nella CEE, Padua 1990.

Pirrung, Jörg, Die Einführung des EG-Schuldvertragsrechtsübereinkommens in die nationalen Rechte, in: von Bar (Hg.), Europäisches Gemeinschaftsrecht, 21 - 70.

Plender, Richard, The European Contracts Convention, London 1991.

Pocar, Fausto, Kodifikation der Kollisionsnormen auf dem Gebiet des Vertragsrechts im Rahmen der Europäischen Gemeinschaften, RIW/AWD 1979, 384 - 392.

Raape, Leo, Internationales Privatrecht, 5. Auflage 1961.

Rabel, Ernst, The conflict of laws, Band II, 2. Auflage Ann Arbor 1960.

– Das Problem der Qualifikation, 1962 (= RabelsZ 5 ‹1931› 241 - 288).

– Das Recht des Warenkaufs, 1. Band 1964 (unveränderter Neudruck der Ausgaben von 1936 und 1957); 2. Band 1967 (unveränderter Neudruck der Ausgabe von 1958).

Reinhart, Gert, UN-Kaufrecht - Kommentar zum Übereinkommen der Vereinten Nationen vom 11. April 1980 über Verträge über den internationalen Warenkauf, 1991.

Reithmann, Christoph/Martiny, Dieter, Internationales Vertragsrecht, 4. Auflage 1988.

Salvioli, Gabriele, Note critiche sulle obbligazioni nel diritto internazionale privato, Riv dir int 1919, 32 - 57.
Sandrock, Otto, Über Sinn und Methode zivilistischer Rechtsvergleichung, 1966.
– Die Bedeutung des Gesetzes zur Neuregelung des Internationalen Privatrechts für die Unternehmenspraxis, RIW 1966, 841 - 855.
Sauveplanne, Jean Georges, Quelques remarques relatives à l'avant-projet de convention sur la loi applicable aux obligations contractuelles et non-contractuelles, in: Lando/von Hoffmann/Siehr (Hg.) 187 - 194.
Savigny, Friedrich Carl von, System des heutigen Römischen Rechts, Band VIII, 1849.
Schaack, Roger, Zu den Prinzipien der Privatautonomie im deutschen und französischen Rechtsanwendungsrecht, 1990.
Schack, Haimo, Der Erfüllungsort im deutschen, ausländischen und internationalen Privat- und Zivilprozeßrecht, 1985.
Schlechtriem, Peter/Magnus, Ulrich, Internationale Rechtsprechung zu EKG und EAG, 1987.
Schnitzer, Adolf F., Handbuch des Internationalen Privatrechts, 4. Auflage, Band I, Basel 1957; Band II, Basel 1958.
Schnitzer, Adolf F./Chatelain, Susan, Die Kodifikationen des internationalen Privatrechts, ZfRV 25 (1984) 276 - 307.
Schönenberger, Wilhelm/Jäggi, Peter, Kommentar zum Schweizerischen Zivilgesetzbuch, Band V, Obligationenrecht, Teilband V 1 a, Zürich 1973.
Schulze, Johannes, Das öffentliche Recht im internationalen Privatrecht, 1972.
Schurig, Klaus, Kollisionsnorm und Sachrecht, 1981.
– Lois d'application immédiate und Sonderanknüpfung zwingenden Rechts: Erkenntnisfortschritt oder Mystifikation?, in: Holl/Klinke (Hg.), Internationales Privatrecht - Internationales Wirtschaftsrecht, 1985, 55 - 76.
– Zwingendes Recht, "Eingriffsnormen" und neues IPR, RabelsZ 54 (1990) 218 - 250.
Schwander, Ivo, Zur heutigen Rolle des Erfüllungsortes im IPR, Mélanges von Overbeck, Freiburg/Schweiz 1990, 681 - 699.
Siehr, Kurt, Zum Vorentwurf eines EWG-Übereinkommens über das Internationale Schuldrecht, RIW/AWD 1973, 569 - 587.
– Normen mit eigener Bestimmung ihres räumlich-persönlichen Anwendungsbereichs im Kollisionsrecht der Bundesrepublik Deutschland, RabelsZ 46 (1982) 357 - 382.
– Gemeinsame Kollisionsnormen für das Recht der vertraglichen und außervertraglichen Schuldverhältnisse, Festschr. Moser, Zürich 1987, 101 - 118.
– Ausländische Eingriffsnormen im inländischen Wirtschaftskollisionsrecht, RabelsZ 52 (1988) 41 - 103.

– Rechtsangleichung im IPR durch nationale Kodifikationen, Mélanges von Overbeck, Freiburg/Schweiz 1990, 205 - 243.

Soergel, Bürgerliches Gesetzbuch mit Einführungsgesetz und Nebengesetzen, 12. Auflage 1988 ff. (zitiert Soergel-Bearbeiter)

Sonnenberger, Hans-Jürgen, Bemerkungen zum Internationalen Privatrecht im AGB-Gesetz, Festschr. Ferid 1978, 377 - 396.

Sperduti, Giuseppe, Evoluzione storica e diritto internazionale privato, Padua 1970.

Sprecher, Anton von, Der internationale Kauf, Zürich 1956.

Staudinger, Kommentar zum Bürgerlichen Gesetzbuch, 12. Auflage, 1978 ff.

Stoll, Hans, Internationalprivatrechtliche Fragen bei der landesrechtlichen Ergänzung des Einheitlichen Kaufrechts, FS Ferid 1988, 495 - 518.

– Sturz vom Balkon auf Gran Canaria - Akzessorische Anknüpfung, deutsches Deliktsrecht und örtlicher Sicherheitsstandard, IPRax 1989, 89 - 93.

Toubiana, Annie, Le domaine de la loi du contrat en droit international privé, Paris 1972.

Trapp, Christoph, Der internationalprivatrechtliche Geltungsanspruch des Gesetzes zur Regelung des Rechts der Allgemeinen Geschäftsbedingungen durch § 12 AGBG, Diss. Mainz 1991.

Udina, Manlio, Elementi di diritto internazionale privato, Rom 1933.

Vander Elst, Raymond, L'unification des règles de conflit de lois dans la C.E.E., J trib 88 (1973) 249 - 254.

Vischer, Frank, Internationales Vertragsrecht, Bern 1962.

– The Principle of the Typical Performance in International Contracts and the Draft Convention, in: Lipstein (Hg.) 25 - 30.

Vitta, Edoardo, Diritto internazionale privato, vol. I - III, Turin 1975.

– Corso di diritto internazionale privato e processuale, 4. Auflage Turin 1991.

– La convenzione C.E.E. sulle obbligazioni contrattuali e l'ordinamento italiano, Riv dir int priv proc 1981, 839 - 852.

Weber, Helmut J., Das Zwingende an den zwingenden Vorschriften im neuen internationalen Arbeitsrecht, IPRax 1988, 82 - 85.

Weick, Günter, Zur Auslegung von internationalen juristischen Texten, Freundesgabe Söllner 1990, 607 - 628.

Weitnauer, Wolfgang, Der Vertragsschwerpunkt, 1981.

Wengler, Wilhelm, Die Anknüpfung des zwingenden Schuldrechts im internationalen Privatrecht, ZvglRW 1941, 168 - 212.

Wiesner, Jobst-Hubert, Die Zulässigkeit der kollisionsrechtlichen Teilverweisung im internationalen Obligationenrecht, Diss. Freiburg (Schweiz) 1971.

Wolff, Martin, Das internationale Privatrecht Deutschlands, 3. Auflage 1954.

– Private International Law, 1977 (Reprint of the Second Edition Oxford 1950).

Zannini, Walter, Efficacia della lex loci solutionis nel regolamento internazionalprivatistico delle obbligazioni contrattuali, AnnDirInt 1949, 79 - 107.

Zitelmann, Ernst, Internationales Privatrecht, Band 2, 1912.

Zweigert, Konrad, Zum Abschlußort schuldrechtlicher Distanzverträge, Festschr Rabel 1954, Band I, 631 - 654.

– Nichterfüllung auf Grund ausländischer Leistungsverbote, RabelsZ 14 (1942) 283 - 307.

– Internationales Privatrecht und Öffentliches Recht, in: Fünfzig Jahre Institut für Internationales Recht an der Universität Kiel, 1965, 124 - 157.

– Zur Armut des Internationalen Privatrechts an sozialen Werten, RabelsZ 37 (1973) 435 - 452.

Zweigert, Konrad/Drobnig, Ulrich, Einheitliches Kaufgesetz und Internationales Privatrecht, RabelsZ 29 (1965) 146 - 165.

Zweigert, Konrad/Kötz, Hein, Einführung in die Rechtsvergleichung auf dem Gebiete des Privatrechts, Band II: Institutionen, 1969.

Abkürzungsverzeichnis

a. A.	anderer Ansicht
a.a.O.	am angegebenen Ort
ABlEuG	Amtsblatt der Europäischen Gemeinschaften
Abs.	Absatz
A. C.	Law Reports, Appeal Cases
a. F.	alte Fassung
AG	Amtsgericht
AGBG	Gesetz zur Regelung des Rechts der Allgemeinen Geschäftsbedingungen vom 9. 12. 1976 (BGBl. 3317)
All ER	The All England Law Reports Annotated
AmJCompL	American Journal of Comparative Law
AmJIntL	American Journal of International Law
Anh.	Anhang
Anm.	Anmerkung
AnnDirInt	Annuario di diritto internazionale
Art.	Artikel
Aufs.	Aufsatz
AWD	Außenwirtschaftsdienst des Betriebs-Beraters
BadRpr	Badische Rechtspraxis
BAGE	Entscheidungen des Bundesarbeitsgerichts
BerGesVR	Berichte der Deutschen Gesellschaft für Völkerrecht
Betr	Der Betrieb
BGB	Bürgerliches Gesetzbuch
BGBl.	Bundesgesetzblatt
BGH	Bundesgerichtshof
BGHZ	Entscheidungen des Bundesgerichtshofs in Zivilsachen
BRDrucks	Drucksachen des Bundesrats
BrYBIL	British Year Book of International Law
BTDrucks	Drucksachen des Bundestags

Buchst.	Buchstabe
Buffalo LR	Buffalo Law Review
Bull arr	Bulletin des arrêts
bzw.	beziehungsweise
C. A.	Court of Appeal
Cass.	Cour de cassation, Corte di cassazione
Cass. Com.	Cour de Cassation, Chambre Commerciale
C. B.	Common Bench
cc	Code civil, codice civile
Ch.	Law Reports, Chancery Division
CLR	Commonwealth Law Reports
Clunet	Journal du droit international privé et de la jurisprudence comparée (1874 - 1914); Journal du droit international (1915 ff.)
CMLRev	Common Market Law Review
CompLYb	Comparative Law Yearbook
Cowp	Cowper
C. P. D.	Law Reports, Common Pleas Division
Cour App.	Cour d'Appel
ders.	derselbe
d.h.	das heißt
disp. prel.	Disposizioni sulla legge in generale (disposizioni preliminari) zum codice civile
DirInt	Diritto Internazionale
Diss.	Dissertation
DJZ	Deutsche Juristenzeitung
Dr mar fr	Droit maritime français
EGBGB	Einführungsgesetz zum BGB
Einl.	Einleitung
EKG	Einheitliches Gesetz über den internationalen Kauf beweglicher Sachen vom 17. 7. 1973 (BGBl. 1973 II 886)
EuGH	Gerichtshof der Europäischen Gemeinschaft
EuR	Europarecht
EVÜ	Römisches EWG-Übereinkommen über das auf vertragliche Schuldverhältnisse anwendbare Recht vom 19. 6. 1980 (BGBl. 1986 II 810)

EWGV	Vertrag zur Gründung der Europäischen Wirtschaftsgemeinschaft vom 25.3.1957
f., ff.	folgend, folgende
FamRZ	Zeitschrift für das gesamte Familienrecht
Festg.	Festgabe
Festschr.	Festschrift
Fn.	Fußnote
Foro It	Il Foro Italiano
GazPal	La gazette du palais et du notariat
Gedächtnisschr.	Gedächtnisschrift
gem.	gemäß
GermanYbIntL	German Yearbook of International Law
Giur comp dir int priv	Giurisprudenza comparata di diritto internazionale privato
Giur it	Giurisprudenza italiana
GVÜ	Europäisches Übereinkommen über die gerichtliche Zuständigkeit und die Vollstreckung gerichtlicher Entscheidungen in Zivil- und Handelssachen vom 27. 9. 1968 (BGBl. 1972 II 773)
GWB	Gesetz gegen Wettbewerbsbeschränkungen i. d. F. der Bekanntmachung vom 20. 2. 1990 (BGBl. 235)
Halbs.	Halbsatz
HansGZ	Hanseatische Gerichtszeitung
HarvLRev	Harvard Law Review
HC	High Court of Justice
Hg.	Herausgeber
HGB	Handelsgesetzbuch vom 10.5.1897 (RGBl. 219)
h. M.	herrschende Meinung
HL	House of Lords
i. d. F.	in der Fassung
IECL	International Encyclopedia of Comparative Law
ILM	International Legal Materials
IntCompLQ	The International and Comparative Law Quarterly
IPR	Internationales Privatrecht

IPRax	Praxis des Internationalen Privat- und Verfahrensrechts
IPRG	(Schweizerisches) Bundesgesetz über das Internationale Privatrecht vom 1.1.1989
IPRspr	Die deutsche Rechtsprechung auf dem Gebiet des internationalen Privatrechts
i. S. v.	im Sinne von
JBL	Journal of Business Law
JBl	Juristische Blätter
JCP	Juris-Classeur Périodique
J trib	Journal des tribunaux
JW	Juristische Wochenschrift
JZ	Juristenzeitung
Kap.	Kapitel
K. B.	Law Reports, King's Bench Division
KG	Kammergericht
LG	Landgericht
Lloyd's MCLQ	Lloyd's Maritime and Commercial Law Quarterly
LQR	Law Quarterly Review
Lloyd's Rep	Lloyd's List Law Reports
LR	Law Reports, First Series
m.	mit
MDR	Monatsschrift für deutsches Recht
ModLRev	Modern Law Review
MünchKomm	Münchener Kommentar zum Bürgerlichen Gesetzbuch
m. w. N.	mit weiteren Nachweisen
n.	nummero
NedYBIntL	Netherlands Yearbook of International Law
n. F.	neue Fassung
NILR	Netherlands International Law Review
NJW	Neue Juristische Wochenschrift
Nr.	Nummer
NTIR	Nederlands Tijdschrift voor Internationaal Recht (= NILR)
OLG	Oberlandesgericht

P.	Law Reports, Third Series, Probate Division
P. C.	Privy Council
Q. B.	Law Reports, Queen's Bench Division
RabelsZ	Rabels Zeitschrift für ausländisches und internationales Privatrecht
Rec Dalloz	Receuil Dalloz
Rec des Cours	Receuil des Cours de l'Académie de droit international
Rep dr int	Répertoire de droit international
Rev crit dr i p	Revue critique de droit international privé
Rev trim dr eur	Revue trimestrielle de droit européen
RG	Reichsgericht
RGBl.	Reichsgesetzblatt
RGZ	Entscheidungen des Reichsgerichts in Zivilsachen
Riv dir int	Rivista di diritto internazionale
Riv dir int priv proc	Rivista di diritto internazionale privato e processuale
RiW	Recht der internationalen Wirtschaft
RIW/AWD	Recht der Internationalen Wirtschaft/Außenwirtschaftsdienst des Betriebsberaters
Rpfleger	Der deutsche Rechtspfleger
Rz.	Randziffer
S.	Satz, Seite, Session Cases
s.	siehe
sect.	section
SeuffA	Seufferts Archiv für Entscheidungen der obersten Gerichte in den deutschen Staaten
Sirey	Receuil général des lois et arrêts
SLR	Scottish Law Review
StAZ	Zeitschrift für Standesamtswesen
Trav Com fr dr i p	Travaux du Comité français de droit international privé
Trib.	Tribunale
Trib. civ.	Tribunal civil
Trib. com.	Tribunal commercial

Trib. gr. inst.	Tribunal du grand instance
u.a.	unter anderem
u. U.	unter Umständen
v.	versus
v. a.	vor allem
VandLRev	Vanderbilt Law Review
vgl.	vergleiche
VictLR	Victorian Law Reports
VirgJIntL	Virginia Journal of International Law
WM	Wertpapier-Mitteilungen
WVK	Wiener Übereinkommen über das Recht der Verträge vom 23. 5. 1969 (BGBl. 1985 II 927)
ZAIP	Zeitschrift für ausländisches und internationales Privatrecht
z.B.	zum Beispiel
ZfRV	Zeitschrift für Rechtsvergleichung
z.T.	zum Teil
ZvglRW	Zeitschrift für vergleichende Rechtswissenschaft

STUDIEN ZUM VERGLEICHENDEN UND INTERNATIONALEN RECHT

Herausgeber: Bernd von Hoffmann und Erik Jayme

Band 1 Ferdinand Henke: Die Datenschutzkonvention des Europarates. 1986.

Band 2 Peter Czermak: Der express trust im internationalen Privatrecht. 1986.

Band 3 Peter Kindler: Der Ausgleichsanspruch des Handelsvertreters im deutsch-italienischen Warenverkehr. Eine rechtsvergleichende und kollisionsrechtliche Untersuchung. 1987.

Band 4 Wilhelm Denzer: Stellung und Bedeutung des Engineers in den FIDIC-Bauvertragsbedingungen. 1988.

Band 5 Marijan-Maximilian Lederer: Die internationale Enteignung von Mitgliedschaftsrechten unter besonderer Berücksichtigung der französischen Enteignungen 1982. 1989.

Band 6 Rainer Esser: Klagen gegen ausländische Staaten. 1990.

Band 7 Chang Jae-Ok: Auf dem Weg zu einer Materialisierung des Immateriellen ? Personen-, Persönlichkeitsschutz und Geldersatz des immateriellen Schadens in rechtsvergleichender Hinsicht am Beispiel des koreanischen und japanischen Zivilrechts unter besonderer Berücksichtigung des deutschen Rechts. 1990.

Band 8 Paul-Frank Weise: Lex mercatoria. Materielles Recht vor der internationalen Handelsschiedsgerichtbarkeit.1990.

Band 9 Werner Born: Der Auftrittsvertrag für Musikgruppen im Bereich der Rock- und Popmusik. 1990.

Band 10 Ralf Erich Jürgens: IPR und Verfassung in Italien und in der Bundesrepublik Deutschland. 1990.

Band 11 Rainer Gildeggen: Internationale Schieds- und Schiedsverfahrensvereinbarungen in Allgemeinen Geschäftsbedingungen vor deutschen Gerichten. 1991.

Band 12 Klaus Grabinski: Die kollisionsrechtliche Behandlung des Durchgriffs bei rechtlich verselbständigten Unternehmen in privater oder öffentlicher Hand. 1991.

Band 13 Dieter Stummel: Konkurs und Integration. Konventionsrechtliche Wege zur Bewältigung grenzüberschreitender Insolvenzverfahren. 1991.

Band 14 Joachim Güntzer: Die Rechtsstellung des Geschäftsführers im spanischen Aktienrecht. Die Neuregelung des spanischen Aktienrechts nach dem Beitritt Spaniens zur EG. 1991.

Band 15 Sabine Isenburg-Epple: Die Berücksichtigung ausländischer Rechtshängigkeit nach dem Europäischen Gerichtsstands- und Vollstreckungsübereinkommen vom 27.9.1968. Untersuchungen zum Anwendungsbereich von Art. 21 EuGVÜ unter schwerpunktmäßiger Behandlung der Frage nach der Bestimmung eines europäischen Streitgegenstandsbegriffs. 1992.

Band 16 Ulrich Nickl: Die Qualifikation der culpa in contrahendo im Internationalen Privatrecht. 1992.

Band 17 Theo Rauh: Leistungserschwerungen im Schuldvertrag. Eine rechtsvergleichende Untersuchung des englischen, US-amerikanischen, französischen und deutschen Rechts unter besonderer Berücksichtigung der gerichtlichen Praxis. 1992.

Band 18 Bernadette Chaussade-Klein: Vorvertragliche "obligation de renseignements" im französischen Recht. 1992.

Band 19 Josef Sievers: Verbraucherschutz gegen unlautere Vertragsbedingungen im französischen Recht. Vom Code civil zum "Code de la consommation" – die Entstehung eines Sonderprivatrechts für Verbraucher. 1993.

Band 20 Achim Schäfer: Grenzüberschreitende Kreditsicherung an Grundstücken, unter besonderer Berücksichtigung des deutschen und italienischen Rechts. 1993.

Band 21 Eugenio Hernández-Breton: Internationale Gerichtsstandsklauseln in Allgemeinen Geschäftsbedingungen. Unter besonderer Berücksichtigung des deutsch-südamerikanischen Rechtsverkehrs (dargestellt am Beispiel Argentinien, Brasilien und Venezuela). 1993.

Band 22 Ingo Reng: Unterhaltsansprüche aufgrund nichtehelicher Lebensgemeinschaft – Internationales Privatrecht und ausländisches materielles Recht. 1994.

Band 23 Stefanie Roloff: Die Geltendmachung ausländischer öffentlicher Ansprüche im Inland. 1994.

Band 24 Katharina Ludwig: Der Vertragsschluß nach UN-Kaufrecht im Spannungsverhältnis von Common Law und Civil Law. Dargestellt auf der Grundlage der Rechtsordnungen Englands und Deutschlands. 1994.

Band 25 Malte Diesselhorst: Mehrparteienschiedsverfahren. Internationale Schiedsverfahren unter Beteiligung von mehr als zwei Parteien. 1994.

Band 26 Manfred Kost: Konsensprobleme im internationalen Schuldvertragsrecht. 1995.

Band 27 Wolff-Heinrich Fleischer: Das italienische Wettbewerbsrecht und die Probleme des selektiven Parfümvertriebs unter Berücksichtigung der Rechtslage in Frankreich und Deutschland. 1995.

Band 28 Angelika Fuchs: Lateinamerikanische Devisenkontrollen in der internationalen Schuldenkrise und Art. VIII Abschn. 2 b) IWF-Abkommen. 1995.

Band 29 Jacques Matthias Aull: Der Geltungsanspruch des EuGVÜ: "Binnensachverhalte" und Internationales Zivilverfahrensrecht in der Europäischen Union. Zur Auslegung von Art. 17 Abs. 1 S. 1 EuGVÜ. 1996.

Band 30 Hartmut Ost: EVÜ und fact doctrine. Konflikte zwischen europäischer IPR-Vereinheitlichung und der Stellung ausländischen Rechts im angelsächsischen Zivilprozeß. 1996.

Band 31 Stefan Wagner: Die Testierfähigkeit im Internationalen Privatrecht. 1996.

Band 32 Wolfgang Jakob Hau: Positive Kompetenzkonflikte im Internationalen Zivilprozeßrecht. Überlegungen zur Bewältigung von *multi-fora disputes*. 1996.

Band 33 Markus Schütz: UN-Kaufrecht und *Culpa in contrahendo*. 1996.

Band 34 Volker Geyrhalter: Das Lösungsrecht des gutgläubigen Erwerbers. Ein "vergessener" Kompromiß und die Auswirkungen auf das heutige deutsche Recht unter besonderer Berücksichtigung des internationalen Sachenrechts. 1996.

Band 35 Andreas Kramer: Abwicklungsstörungen bei Kaufverträgen. Die Lieferung vertragswidriger Sachen im deutschen und italienischen Recht. 1996.

Band 36 Petra Krings: Erfüllungsmodalitäten im internationalen Schuldvertragsrecht. 1997.

Manfred Kost

Konsensprobleme im internationalen Schuldvertragsrecht

Frankfurt/M., Berlin, Bern, New York, Paris, Wien, 1995. XLII, 280 S.
Studien zum vergleichenden und internationalen Recht – Comparative and International Law Studies. Herausgeber: Bernd von Hoffmann und Erik Jayme. Bd. 26
ISBN 3-631-48515-8 br. DM 89.--*

Die Arbeit beschäftigt sich mit einer heftig umstrittenen Grundfrage des internationalen Schuldvertragsrechts. Bis zum Inkrafttreten des IPR-Neuregelungsgesetzes herrschte Unklarheit über den sachlichen Anwendungsbereich des Vertragsstatuts. Nunmehr wird in den Artikeln 27 Absatz 4 und 31 EGBGB klargestellt, daß das Zustandekommen sowohl der Rechtswahlvereinbarung als auch des Schuldvertrages dem Vertragsstatut untersteht. Die Arbeit behandelt die sich aus der Anwendung dieses Rechts ergebenden Probleme und versucht, die in Artikel 31 EGBGB angesprochene Abgrenzung zwischen "Zustandekommen" und "Wirksamkeit" des Vertrages vorzunehmen. Daneben wird die kontrovers diskutierte Frage untersucht, in welchen Fällen es nicht gerechtfertigt erscheint, die Zustimmung einer Partei zum Vertrag nach dem Vertragsstatut zu bestimmen (Artikel 31 Absatz 2 EGBGB). Es werden Fallgruppen für Situationen entwickelt, unter denen sich eine Partei auf das Recht ihres gewöhnlichen Aufenthaltsortes berufen kann.

Aus dem Inhalt: Konsens und Rechtswahlvereinbarung · Konsens und Hauptvertrag · Anwendungsbereich Artikel 31 Abs. 1 EGBGB · Artikel 31 Absatz 2 EGBGB: Entstehungsgeschichte, Verhältnis zu Absatz 1, Anwendungsbereich, Maßstab und Fallgruppen

Printed by
CPI books GmbH, Leck

Kolibri 360 GmbH
Ferdinand-Jühlke-Straße 7
99095 Erfurt, Deutschland
produktsicherheit@kolibri360.de